SELECTIONS FROM EARLY GERMAN LITERATURE

BY

KLARA HECHTENBERG COLLITZ, Ph.D.

FORMERLY OF THE DEPARTMENT OF GERMANIC PHILOLOGY IN SMITH COLLEGE
AND IN OXFORD UNIVERSITY

NEW YORK -:- CINCINNATI -:- CHICAGO
AMERICAN BOOK COMPANY

TO
THE MEMORY OF MY UNCLE
OBER-REGIERUNGSRAT
Eduard Höfer
W. P. I

PREFACE.

WHILE from an ideal point of view it might seem desirable that students of German literature should be acquainted with Old and Middle High German, yet such a plan would, of course, be impracticable for elementary College classes and for High Schools. On the other hand, students of German literature should have an occasion to become acquainted with abstracts, at least, or specimens of the authors discussed by the instructor; and it would appear preferable to have such specimens in Modern German rather than to lay them before the pupils in an English translation, because it is possible in this way to keep nearer to the originals as regards both the form and the spirit.

The editor's intention was to make use of such translations only in which the meter of the original is observed. A few exceptions from this rule, however, proved necessary in cases where no suitable translations in the original meter were available (Nos. 42 and 43, 49–51, 61, 79–81).

A few specimens of alliterative poetry from Old Norse and Anglo-Saxon have been added, which, though not strictly belonging to German literature, yet serve to illustrate, and are almost necessary for the understanding of contemporary Old High German and Old Low German poetry.

While the order of the selections is chronological, an exception to this rule has been made in case of the younger versions of the story of Hildebrand and Hadubrand (Nos. 5 and 6). Nor did it seem advisable to separate the A.-S. Waldhere Fragments (Nos. 40 and 41) from the Waltharius Manu Fortis.

As regards orthography and punctuation, it seemed preferable to adopt the present official rules rather than to preserve the more or less different methods in the various versions. Otherwise these versions have been altered as little as possible.

No one will expect in a work of this character an exhaustive biblio-

graphy. Texts have been mentioned for merely practical purposes.
This is especially true of the references to the originals in regard to
which the intention has been to quote only one handy edition. Those
who seek additional information are referred to the current histories
of German literature. It has seemed advisable, however, to give a
fuller list of the various German translations of Old and Middle High
German texts, for the reason that even in the best works in German
literature the translations are generally not given in full.

When this work had already made much progress, there appeared,
in 1907, a similar collection, intended like the present one for American and English students. It did not seem necessary, however, on
this account to discontinue the present work. There is no reason
why there should not exist several readers in German literature, as
little as there is any objection to the existence of more than one
German grammar.

KLARA HECHTENBERG COLLITZ.

CONTENTS.

5

IV. MIDDLE HIGH GERMAN PERIOD (about 1150–1500).

EPIC POETRY.

POPULAR EPIC.

COURT EPIC.

LATER EPIC POETRY AND BEAST EPIC.

LYRIC POETRY (AND "SPRUCHPOESIE").

"MINNESANG'S FRÜHLING."

GOLDEN AGE OF THE MINNESANG.

Contents.

I. EARLIEST PERIOD. GOTHIC (4th century).

Contemporary historians speak very highly of Gothic poetry; but unfortunately no original literary products have been preserved. We derive our knowledge of the language from fragments of a translation of the Bible by Ulfilas or Wulfila (see p. 273). He was born in 310, became bishop of the Arian Goths in 341, and died about 382 in Constantinople.

1. ULFILAS' TRANSLATION OF THE BIBLE.

Matthew vi, 9–13.

GOTHIC.	GERMAN.
Atta unsar, þu in himinam, weihnai namo þein. Qimai þiudinassus þeins. Wairþai wilja þeins, swe in himina jah ana airþai. Hlaif unsarana þana sinteinan gif uns himma daga. Jah aflet uns þatei skulans sijaima, swaswe jah weis afletam þaim skulam unsaraim. Jah ni briggais uns in fraistubnjai, ak lausei uns af þamma ubilin, unte þeina ist þiudangardi jah mahts jah wulþus in aiwins.	Unser Vater in dem Himmel. Dein Name werde geheiliget. Dein Reich komme. Dein Wille geschehe, auf Erden, wie im Himmel. Unser täglich Brot gib uns heute. Und vergib uns unsere Schuld, wie wir unsern Schuldigern vergeben. Und führe uns nicht in Versuchung. Sondern erlöse uns von dem Übel. Denn Dein ist das Reich und die Kraft und die Herrlichkeit in Ewigkeit. Amen.

(Luther.)

II. OLD HIGH GERMAN PERIOD (about 750–1100).

As there exists a strong resemblance in contents, style, technique, and meter between Old High German poetry and that of other Germanic dialects in this period, a few specimens from these latter have been added by way of comparison. — We distinguish between Pagan and Christian literature, although it must be admitted that the line cannot always be drawn sharply, since pagan poetry was written down at a time when Christianity had already been introduced.

PAGAN LITERATURE.

THE MERSEBURG CHARMS (8th century).

These "Charms" were found in Merseburg in 1841. The manuscript dates from the 10th century; but language, style, and meter point to an earlier date. They are written in rude alliterative verse. The first Charm introduces us to the Old German Idisi, the Valkyries of the Scandinavians who watch over the fortunes of war. In the second Charm, Wodan cures Balder's horse of lameness.

2. ZUR BEFREIUNG AUS KRIEGSGEFANGENSCHAFT.

Einstmals sassen Idise,   sassen auf der Erde hin;
Ein'ge flochten Fesseln,   andre hemmten Feindesschar,
Andre klaubten und knüpften   Kniestricke Kriegern auf:
,,Entspring Haftbanden,   entgeh' Feindes Händen!"

3. ÜBER DEN VERRENKTEN FUSS EINES PFERDES.

5

Phol und Wodan   fuhren zu Walde;
Da ward dem Fohlen Balders   sein Fuss verrenkt.
Da besprach ihn Sinthgunt   und Sunna, ihre Schwester,
Da besprach ihn Frija   und Volla, ihre Schwester,
Da besprach ihn Wodan,   da er wohl es konnte:

10

,,So Beinverrenkung,   wie Blutverrenkung, als Gliedverrenkung,
Bein zu Beine,   Blut zu Blute,
Gelied zu Geliedern,   als ob geleimt sie seien!"

(Bötticher.)

4. THE LAY OF HILDEBRAND (about 800).

The Lay of Hildebrand is a fragment of an alliterative heroic poem preserved in a copy made by two monks, in the monastery of Fulda, at the beginning of the 9th century. — Hildebrand and his son Hadubrand stand opposed to each other after a separation of thirty years. The father, faithful to his master Theodoric, had fled with him from the wrath of Odoacer and found refuge among the Huns. He is now on his way home to wife and child. He feels convinced that his opponent is Hadubrand and offers him arm-rings, which he had received from Attila, King of the Huns. But the young man sees in the old warrior's story only an excuse to avoid a conflict. Hence a combat between father and son seems unavoidable. It begins, but here the manuscript breaks off, so that we are left in doubt as to the end of the fight.

Ich hörte sagen,   sich heischten zum Kampf
Hildebrand und Hadubrand   unter Heeren zwei'n,
Sohn und Vater.   Sie sah'n nach der Rüstung,
Die Schlachtgewänder schnallten sie,   gürteten die Schwerter an,
5 Die Recken, über die Ringe,   und ritten hin zum Kampfe.
Hildebrand erhob das Wort;   er war der hehrere Mann,
Erfahrener und weiser;   zu fragen begann er,
Mit wenigen Worten,   wer sein Vater wäre
Der Helden im Volke,   „oder welcher Herkunft du seist.
10 Sagst du mir nur einen,   die andern weiss ich mir,
Kind, im Königreiche;   kund ist mir alles Erdenvolk."
Hadubrand erhob das Wort,   Hildebrands Erzeugter:
„Das sagten vor alters   mir unsere Leute,
Alte und erfahrene,   die der Tod schon fortnahm,
15 Dass Hildebrand hiesse   mein Vater, ich heisse Hadubrand.
Früh zog er gen Osten,   floh vor Otakers Zorn
Hin mit Dietrichen   und seiner Degen viel.
Er liess im Lande   der Hilfe ledig sitzen
Das Weib in der Wohnung   und unerwachsenen Sohn,
20 Erbenlos das Volk,   da er ostwärts hinritt.
Aber darben musste   Dietrich seitdem
Meines Vaters,   der freundlose Mann.
Dem Otaker war er   ohne Massen verhasst;
Aber dem Dietrich   der teuerste Degen,
25 Immer an des Volkes Spitze;   fechten war ihm stets zu lieb.
Kund war er allen   kühnen Mannen:
Nicht mein' ich, dass er weile   noch in der Welt der Menschen." ....
„Weiss es Allvater   oben im Himmel,
Dass du nie hinfort   mehr fährst zum Kampfe
30 Mit so gesipptem Mann............" —
Da wand er vom Arme   gewundene Ringe
Aus Kaisermünzen,   wie der König sie ihm gab,
Der Herrscher der Hunnen: „dass ich mit Huld dir's gebe."
Hadubrand erhob das Wort,   Hildebrands Erzeugter:
35 „Mit Geren soll man   Gabe empfahen,
Schärfe wider Schärfe.   Du scheinst dir, alter Heune,
Doch allzu listig,   lockest so mich
Mit deinen Worten,   willst mich mit deinem Speere werfen.

Bist so zum Alter kommen,   dass du immer trogst.
Mir aber sagten   Seefahrende
Westlich übern Wendelsee,   hinweg nahm ihn der Krieg.
Tot ist Hildebrand,   Heribrands Erzeugter."
5   Hildebrand erhob das Wort,   Heribrands Erzeugter:
„Wohl hör' ich das und sehe   an deinem Harnische,
Du habest daheim noch   einen guten Herrn,
Musstest nicht entrinnen   noch aus diesem Reiche."

.   .   .   .

„Weh nun, waltender Gott,   Wehgeschick erfüllt sich!
10   Ich wallte der Sommer   und Winter sechzig,
Dass man stets mich scharte   zu der Schiessenden Volk;
Vor keiner der Städte   doch kam ich zu sterben;
Nun soll mich mit dem Schwerte   das eig'ne Kind erschlagen,
Mit der Waffe treffen,   oder ich sein Töter werden.
15   Doch magst du nun leichtlich,   wenn dir langt die Kraft,
Von so altem, hehrem Mann   Heergerät gewinnen,
Den Raub erbeuten,   hast du irgend Recht dazu.
Der sei doch nun der ärgste   der Ostleute,
Der dir den Kampf nun weig're,   nun dich so wohl des lüstet.
20   In handgemeiner Schlacht   entscheide die Begegnung,
Wer von uns heute   die Harnische räumen müsse,
Oder dieser Brünnen   beider walten."
Da liessen sie zum ersten   die Eschen schmettern
In scharfen Schauern,   dass sie in den Schilden standen;
25   Dann stapften sie zusammen,   die Steinbarten klangen,
Sie hieben harmlich   die hellen Linden,
Bis ihnen die Schilde   zerschlagen waren,
Zermalmt mit den Waffen. . . . .   (*Simrock.*)

5. The Younger Lay of Hildebrand (15th century).

In the so-called *Dresdener Heldenbuch* (1472) compiled by Kaspar von der
Rön, we find another treatment of the Lay of Hildebrand, *i. e.* twenty-nine strophes
in the "Hildebrand tone." — A folk song of the 16th century hardly varies in
contents from the poem in Kaspar von der Rön's collection. It consists of
twenty strophes, and is written in the Nibelung strophe, which testifies to the fact
that it must be based on an older version.

„Ich will zu Lande reiten,"   sprach Meister Hildebrand,
„ist gleich von langen Zeiten   der Weg mir unbekannt.
In fremden Landen waren   wir manchen lieben Tag,
dass mein in dreissig Jahren   Frau Ute nicht mehr pflag."

5   „Willst du zu Lande reiten,"   sprach Herzog Amelung,
„was begegnet dir auf der Haide?   ein stolzer Degen jung,
dort auf des Berners Marke,   der junge Alebrand:
Und rittest du selbzwölfter,   du würdest angerannt."

„Ist er im Reiten denn so wild   in seinem Übermut,
10   ich zerhau ihm seinen grünen Schild,   es tut ihm nimmer gut
Ich zerhau ihm seine Brünne   mit einem schnellen Schlag,
dass wohl ein Jahr darüber   seine Mutter klagen mag."

„Das tu du nicht," versetzte   von Bern Herr Dieterich,
„dass du den Jungen tötest,   Hilbrand, das bitt ich dich.
15   Du sollst ihn freundlich bitten   wohl um den Willen mein,
dass er dich lasse reiten,   so lieb ich ihm mag sein."

Als er von Garten ausritt   wohl zu des Berners Mark
er kam in grosse Arbeit   von einem Helden stark.
Von einem jungen Degen   ward er da angerannt:
20   „Was suchst du hier, du Alter,   in meines Vaters Land?

„Du führst einen Harnisch lauter,   recht wie ein Königskind,
Du machst mich jungen Helden   mit sehnden Augen blind.
Du solltest daheim verbleiben   und haben gut Gemach
bei heissen Kohlengluten."   Der Alte lacht' und sprach:

25   „Sollt' ich daheim verbleiben   und haben gut Gemach?
Viel Streitens muss ich treiben: davon werd' ich oft schwach.
Muss reiten und streiten   so manche Heeresfahrt;
das glaube mir, du Junger,   drum grauet mir der Bart."

„Den Bart will ich dir raufen,   du alter grauer Mann,
30   dass dir das Blut soll laufen   herab wohl auf den Plan.
Den Harnisch und den grünen Schild   musst du mir übergeben,
dazu auch mein Gefangner sein,   dass du behältst das Leben!"

„Mein Harnisch und mein grüner Schild   hat stets mir Schutz gewährt,
ich traue Gott vom Himmel wohl: mir ist leicht Glück bescheert.‟
Sie liessen von den Worten   und griffen nach dem Schwert:
Was diese zwei begehrten,   das wurden sie gewährt.

5   Der Junge gab dem Alten   gar einen harten Schlag,
des Hildebrand der alte   von Herzen sehr erschrak.
Der Junge sprang zwölf Klafter   zurück mit seinem Leib.
Der Alte sprach: „Solch Springen,   das lehrte dich ein Weib.‟

„Sollt' ich von Weibern lernen,   das wär mir eine Schand:
10   Ich habe Ritter und Knechte   in meines Vaters Land.
Viel Ritter sind und Grafen   an meines Vaters Hof,
und was ich nicht gelernet hab',   das lern' ich aber noch.‟

Wohl kluger Sinne pflegen   sah man den alten Mann,
bis er dem jungen Degen   sein Waffen unterrann.
15   Er tät ihn zu sich zücken,   wo er am schmalsten war
und warf ihn auf den Rücken   wohl in das grüne Gras.

„Wer sich an alten Kesseln reibt,   den schwärzt gar leicht der Rahm:
Also geschieht dir Jungem   hier von mir altem Mann.
Nun sage mir und beichte,   dein Priester will ich sein,
20   bist du ein junger Wölfing,   so lass ich dich gedeihn.‟

„Wölfinge, das sind Wölfe   die laufen in dem Holz;
ich bin aus Griechenlanden   ein junger Degen stolz.
Meine Mutter heisst Frau Ute,   die edle Herzogin,
und Hildebrand mein Vater,   dem ich gar unkund bin.‟

25   „Heisst deine Mutter Ute,   die edle Herzogin;
so wisse, dass ich Hildebrand,   dein lieber Vater bin.‟
Auf schloss er seinen goldnen Helm   und küsst' ihn auf den Mund:
„Nun sei der reiche Gott gelobt,   dass wir beide noch gesund.‟

„Ach Vater mein, die Wunden,   die ich dir hab' geschlagen,
30   die wollt' ich dreimal lieber   an meinem Haupte tragen.‟
„Nun schweige still, mein lieber Sohn,   der Wunden wird wohl Rat:
Der reiche Gott, der sei gelobt,   der uns vereinigt hat.‟

Das währte von der None   bis zu der Vesperzeit,
da kehrte heim gen Berne   Herr Alebrand vom Streit.
Was führt' er an dem Helme?   von Gold ein Kränzelein.
Was führt' er an der Seiten?   den liebsten Vater sein.

5   Er führt' ihn an der Mutter Tisch   und setzt' ihn obenan.
Er bracht' ihm Essen und Trinken;   die Mutter war ihm gram.
„Ach Sohn, mein allerliebster Sohn,   der Ehren ist zu viel,
der den Gefangnen obenan   zur Tafel setzen will."

„Nun schweiget, liebe Mutter,   und hört, was ich Euch sage,
10   er hat mich auf der Haiden   schier gar zu Tod geschlagen.
Nun hört mich, liebe Mutter,   kein Gefangner soll er sein:
Es ist Hilbrand der alte,   der liebste Vater mein.

„Ach Mutter, liebste Mutter,   nun biet' ihm Zucht und Ehr."
Da hub sie an zu schenken   und trug's ihm selber her.
15   Was hatt' er in dem Munde?   Von Gold ein Ringelein:
In den Becher liess er's sinken   der liebsten Frauen sein.

(Simrock.)

6. HILDEBRAND AND ALEBRAND.

This extract is taken from the Thidreksaga (Dietrichsage), which was
written by a Norwegian in the middle of the 13th century after German
sources. It contains a collection of German heroic legends, the center of which
is Dietrich von Bern.

König Dietrich und Meister Hildebrand fuhren da ihres Weges
und kamen in einen grossen Wald in Amelungenland; da lag ein Schloss
nahebei; darüber herrschte ein Herzog, der Ludwig hiess. König
20   Dietrich und Frau Herrat blieben zurück in dem Walde; Hildebrand
aber ging hin zu dem Schlosse. Da stund ein Mann und klöbte Scheiter.
Hildebrand fragte ihn, wem das Schloss gehöre. Er antwortete, dass
er Herzog Ludwig heisse und sein Sohn, Konrad.
Hildebrand fragte ihn: „Wer herrscht nun über Bern?" Der Mann
25   antwortete: „Er heisst Herzog Alebrand, des alten Hildebrands Sohn."
Hildebrand fragte weiter: „Ist er ein tüchtiger Mann?" Der Mann
antwortete: „Er ist ein so rüstiger Held, wie man nur sein kann, und

dazu beides, höflich und mild, obschon er sehr grimmig ist gegen seine
Feinde und lässt keinen seinesgleichen sein."

Hildebrand fragte fürder nach Märe. Der Mann antwortete: „Hier
ist nun die Märe, dass König Ermenrich von Rom tot ist."

5 Da freute sich Meister Hildebrand sehr, sagte jedoch, dass das üble
Märe wäre.

Darauf folgte der Mann ihm hin zu der Burg. Hildebrand sprach:
„Geh hinauf in die Veste und bitte Konraden, des Herzogs Sohn,
hieher zu mir zu kommen, dieweil er leichter auf den Füssen sein
10 wird, als sein Vater."

Der Mann ging hinauf in die Veste und sagte zu Konraden: „Hier
steht ein Mann vor der Pforte mit weissem Barte; der bat, dass du zu
ihm gehn solltest; er gab mir einen Goldring für meine Mühe."

Da ging Konrad zu diesem Manne und frug, was er wolle. Hilde-
15 brand antwortete: „Ich will auch mit deinem Vater reden: ich heisse
Hildebrand, Herrn Dietrichs, Königs von Bern, Mann."

Da trat Konrad zu ihm und sprach: „Komm, du allerglückseligster
Mann, Meister Hildebrand; ich bin dein Blutsfreund, geh hinauf zu
meinem Vater, du sollst uns willkommen sein."

20 Hildebrand antwortete: „Das kann nun diesmal nicht geschehen:
sage mir einige gute Märe."

Konrad antwortete: „Hier ist nun die Märe, dass König Ermenrich
von Rom tot ist."

Hildebrand fragte: „Wer soll da König werden?"

25 Konrad antwortete: „Das soll der böse Verräter Sibich werden."

Da sprach Hildebrand: „Habe Dank für gute Märe."

Da sprach Konrad zu Meister Hildebranden: „Sage du mir nun auch
einige gute Märe: wannen bist du kommen?"

Hildebrand antwortete: „Die Märe kann ich wohl sagen, dass Jarl
30 Elsung von Babilonia nun tot ist, so auch, dass König Dietrich von
Bern nun hieher ins Land kommen ist."

Konrad antwortete: „Gott sei Lob! Ist Herzog Alebrand dein
Sohn; der herrscht nun über Bern und ganz Amelungenland, so dass
Sibich sich nichts davon bemächtigte." . . . .

35 Meister Hildebrand ritt nun allesweges gen Bern; da begegnete ihm
Alebrand auf einem weissen Hengste, in allem so gerüstet, wie zuvor
gesagt war; er hatte beides, Habicht und Hund mit sich. Hildebrand
sah, dass er wohl reiten konnte; drum ritt er stracks ihm entgegen.

Auch Alebrand begegnete ihm ritterlich, und ihrer jeder stiess auf
des andern Schild, so dass die Lanzen entzwei brachen. Danach
sprangen sie von ihren Hengsten und zogen ihre Schwerter aus und
stritten gar ritterlich, bis dass sie beide müde waren; da setzten sie
5 sich nieder und ruhten sich.

Alebrand sprach: „Sage mir deinen Namen, und wer ist dieser alte
Mann, der so lange gegen mich gefochten hat? Sage mir alsbald
deinen Namen, oder es gilt dein Leben." Hildebrand antwortete: „Du
sollst erst mir deinen Namen sagen; du sollst alsbald mein Gefangener
10 sein und es gezwungen tun."

Da schwang Alebrand sein Schwert empor mit beiden Händen und
hieb auf Hildebranden, und der wieder auf ihn, und keiner sparte da
des andern; sie fochten so lange, bis sie beide müde wurden und ruhten
sich abermals.

15 Da sprach Alebrand: „Sage mir stracks deinen Namen, oder du
sollst wahrlich sterben. Wenn du es aber nicht mit Güte tun willst,
so sollst du es ohne deinen Dank tun."

Damit hieb Alebrand, beides, oft und hart, und ward so zornig,
dass er den alten Mann erschlagen wollte; aber der wehrte sich wunder-
20 lich.

Hildebrand sprach: „Bist du einer von der Wölfingen Geschlechte,
so sage mir stracks deinen Namen, oder du sollst sterben!"

Alebrand antwortete: „Wenn du dein Leben behalten willst, so sage
mir stracks deinen Namen. Nicht bin ich von der Wölfingen Ge-
25 schlecht, und fürwahr bist du wunderlich, dass, obschon du so alt bist,
du dennoch wagest, mich dergleichen zu fragen."

Darauf fochten sie abermals härtiglich. Da hieb Hildebrand einen
starken Hieb auf Alebrands Schenkel, so dass der Panzer entzwei
ging, und er empfing da eine so starke Wunde, dass ihn das Bein nicht
30 länger tragen konnte.

Da sprach Alebrand zu Hildebranden: „Du hast den Teufel in
deiner Hand; darum will ich nun meine Waffen übergeben; ich habe
nicht Stärke genug, länger mit dir zu fechten; nimm hier mein Schwert."

Und als Hildebrand nach dem Schwerte reichte, da hieb der junge
35 Alebrand zu und wollte dem alten Hildebrand die Hand abhauen.

Hildebrand aber hielt den Schild vor und sprach: „Den Hieb lehrte
dich ein Weib und nicht dein Vater."

Darauf setzte ihm Hildebrand so hart zu, dass er über den Haufen fiel, und der alte Hildebrand fiel oben auf ihn und schlug ihn mit dem Griff seines Schwertes vor die Brust und sprach: „Sage mir stracks deinen Namen, oder es gilt dein Leben."

Der Junge antwortete: „Mir ist nun nicht mehr viel gelegen an
5 meinem Leben, nachdem ein so alter Mann mich überwunden hat."

Der Alte sprach: „Wenn du dein Leben behalten willst, so sage mir stracks, ob du mein Sohn Alebrand bist; so bin ich dein Vater Hilde-brand."

Alebrand antwortete: „Bist du mein Vater Hildebrand, so bin ich
10 dein Sohn Alebrand."

Darnach stunden sie beide auf, umarmten sich und küssten sich und waren da beide vergnügt und stiegen auf ihre Rosse und ritten gen Bern.

Alebrand fragte: „Wo schiedet Ihr von König Dietrich von Bern?"
15 Hildebrand antwortete und sagte ihm alles, wie es darum stund.

(F. H. v. d. Hagen.)

EDDA (about 900–1200).

We have to distinguish between two Eddas, usually termed the older and the younger Edda. The former, lost for several centuries, was rediscovered in 1643 by Bishop Brynjolf Sweinsson in Skalholt, Iceland. It is a collection of mythological and heroic songs in alliterative verse. Some of them are only fragments, occasionally with supplementary remarks and explanations. The collection was ascribed to the learned Icelander Sämund Sigfusson (about 1100), and is therefore sometimes called Sämunds Edda.

The younger Edda, found in 1623 by the scholar Arngrimm Johnson in Iceland, contains mythological tales in prose, frequently intercepted and adorned by fragmentary bits of poetry, and instructions for the "Skalden-kunst." It was written by the Icelandic historian Snorri Sturluson (1178–1241).

7. DER SEHERIN WEISSAGUNG.

(Vǫluspǫ́.)

(I.)

1. Ich heische Gehör   von den heil'gen Geschlechtern,
    von Heimdalls Kindern,   den hohen und niedern;
    Walvater wünscht es,   so will ich erzählen
    der Vorzeit Geschichten   aus frühster Erinn'rung.

2. Zu der Riesen Ahnherrn   reicht mein Gedächtnis,
   die vor Zeiten   erzeugt mich haben;
   neun Welten kenn' ich,   neun Räume des Weltbaums,
   der tief im Innern   der Erde wurzelt.

3. In der Urzeit war's,   als Ymir lebte:
   da war nicht Kies noch Meer   noch kalte Woge;
   nicht Erde gab es   noch Oberhimmel,
   nur gähnende Kluft,   doch Gras nirgends.

4. Da lüpften Burs Söhne   die Lande empor
   und erschufen   den schönen Midgard,
   von Süden beschien   die Sonne den Boden,
   da wuchs auf dem Grunde   grünendes Kraut.

5. Die Sonne von Süden,   gesellt dem Monde,
   rührte mit der Rechten   den Rand des Himmels;
   nicht wusste die Sonne,   wo sie Wohnung hatte,
   die Sterne wussten nicht,   welche Stätte sie hatten.

6. Da gingen zu Sitze   die Götter alle,
   die heiligen Herrscher,   und hielten Rat:
   sie benannten die Nacht,   Neumond und Vollmond,
   Morgen und Abend,   Mittag und Vesper,
   die Zeiten all   zur Zählung der Jahre.

7. Auf Idafeld kamen   die Asen zusammen,
   Altäre zu schaffen   und Tempel zu bauen;
   sie gründeten Essen,   das Gold zu schmieden,
   hämmerten Zangen   und Handwerkszeug.

8. Im Hofe übten sie   heiter das Brettspiel —
   an blitzendem Gold   gebrach's ihnen nicht —
   bis die mächtigen drei   Mädchen kamen,
   die Töchter der Riesen   aus Thursenheim.

17. Da kamen zum Meerstrand   mächtig und hold
    aus diesem Geschlecht   drei der Asen;
    auf freiem Felde   fanden sie kraftlos
    Ask und Embla,   unsichern Loses.

18. Hauch und Seele   hatten sie nicht,
    Gebärde noch Wärme   noch blühende Farben;
    den Hauch gab Odin,   Hönir die Seele,
    Lodur die Wärme   und leuchtende Farben.

19. Eine Esche kenn' ich,   Yggdrasil heisst sie,
    den gewaltigen Baum   netzt weisses Nass;
    von dort kommt der Tau,   der die Täler befeuchtet;
    immergrün steht er   an der Urd Quelle.

20. Es steht ein Saal   am Stamme des Baumes,
    drei weise Jungfrau'n   wohnen darin:
    [die eine heisst Urd,   die andre Werdandi
    — sie schnitzten in Schindeln —   Skuld ist die dritte;]
    des Lebens Lose   legten sie fest
    den Menschenkindern,   der Männer Schicksal.

21. Ich weiss als ersten   der Weltenkriege,
    als Gullweig sie   mit Geren stiessen
    und sie in Hawis   Halle verbrannten,
    dreimal verbrannten   die dreimal geborne,
    [oft und häufig,   doch immer noch lebt sie.]

22. Heid hiess man sie,   wo ins Haus sie kam,
    die sinnvolle Zaub'rin   mit dem Sehergeist;
    hirnverrückende   Hexenkunst trieb sie,
    leidiger Weiber   Lust war sie stets.

23. Da gingen zu Sitze   die Götter alle,
    die heiligen Herrscher,   und hielten Rat:
    ob Zins die Asen   zahlen sollten
    oder alle Götter   die Opfer geniessen.

24. Den Schaft hatte Odin   geschleudert ins Heer
— das *auch* geschah   im ersten Weltkrieg —
Da brach der Wall   in der Burg der Asen;
die streitbaren Wanen   zerstampften das Feld.

25. Da gingen zu Sitze   die Götter alle,
die heiligen Herrscher,   und hielten Rat:
wer die ganze Luft   mit Gift erfüllte
und der Brut der Riesen   die Braut des Od gab?

26. Nur Thor schlug zu,   voll trotz'gen Mutes
— selten sitzt er,   wenn er solches vernimmt —
da wankten die Eide,   die Worte und Schwüre,
die festen Verträge,   die man vordem schloss.

27. Ich weiss Heimdalls   Horn verborgen
unterm Himmelsluft trinkenden   heiligen Baum;
drauf seh' ich fallen   die feuchten Ströme
aus Walvaters Pfande —   könnt ihr weit'res verstehen?

(II.)

28. Einsam sass ich aussen,   als der alte Fürst
der Asen kam   und ins Aug' mir sah:
„Was strebst du zu wissen?   Warum stellst du die Probe?
Odin, ich weiss,   wo dein Auge du bargst!“

29. Ich weiss Odins   Auge verborgen
Im Wasserquell Mimirs,   dem weitberühmten;
Met trinkt Mimir   am Morgen täglich
aus Walvaters Pfande —   könnt ihr weit'res verstehen?

30. Heervater schenkte   Halsband und Ringe,
weil ich sinnvolle Rede   und Sehergeist hatte.
Viel Weisheit hab' ich,   kann weiter schauen,
alle Welten   durcheilte mein Blick.

31. Weit umher sah ich   die Walküren kommen,
gerüstet zum Ritt   in die Reihen der Helden;

Skuld hielt den Schild,   Skogul folgte,
Gud, Hild, Gondul   und Geirskogul.
Nun macht' ich euch kund   die Mädchen Herjans,
bereit, zur Erde   den Ritt zu lenken.

32. Des Schicksals Schluss   entschieden sah ich
für Odins Sohn,   den edlen Balder;
hoch überm Boden   erhob sich ragend
die schön gewachs'ne,   schlanke Mistel.

33. Aus *diesem* Zweige,   der dünn aussah,
ward ein Schmerzenspfeil: seinen Schuss tat Hod,
doch Baldrs Bruder   war bald erzeugt,
einnächtig kämpfte   des Odins Sohn.

34. Das Haupt nicht kämmt' er,   noch die Hände wusch er,
ehe Baldrs Feind   auf dem Brandstoss lag;
doch Frigg beweinte   in Fensalir
Walholls Unglück —   könnt ihr weit'res verstehen?

35. Gebunden sah ich   im bruchigen Hain
die Unheilgestalt,   den argen Loki.
Dort sitzt Sigyn,   versunken im Schmerz
ob dem Weh des Gatten —   könnt ihr weit'res verstehen?

36. Es ergiesst sich von Osten   durch giftige Täler
mit Schwertern und Dolchen   die schäumende Slidr.
.   .   .   .
.   .   .   .

37. Im Norden erhob sich   auf dem Nidagefilde
Ein Saal von Gold   für Sindris Geschlecht;
auf Okolnir   stand ein andrer
Biersaal des Riesen,   der Brimir heisst.

38. Einen Saal sah ich stehen,   der Sonne fern,
auf Nastrand, die Türen   nach Norden gerichtet;
durchs Rauchloch strömte   ein Regen von Gift;
denn die Wände des Saals   sind umwunden von Schlangen.

39. Durchwaten dort sah ich   wilde Ströme
meineid'ge Männer   und Mordgesellen;
dort sog Nidhogg   an entseelten Leibern,
der Wolf zerriss Menschen —   könnt ihr weit'res verstehen?

40. Ostwärts sass die Alte   im Eisenwalde
und gebar allda   die Brut des Fenrir;
von allen diesen   wird einer einmal
der Erwürger der Sonne   in Wolfsgestalt.

41. Er ernährt sich vom Fleische   gefallener Männer
Und besudelt mit Blut   den Sitz der Götter;
der Sonnenschein dunkelt,   in den Sommern darauf
kommt wüstes Wetter —   könnt ihr weit'res verstehen?

42. Auf dem Hügel sass dort,   die Harfe schlagend,
der Hüter der Riesin,   der heitre Eggther;
ihm schrie zu Häupten   der schönrote Hahn
im Vogelwalde,   Fjalar geheissen.

43. Ob den Göttern krähte   Gullinkambi,
Der in Heervaters Halle   die Helden weckt;
doch ein andrer kräht   in der Erde Tiefen,
mit russbraunen Federn   in den Räumen der Hel.

44. Garm bellt laut   vor Gnipahellir:
Es reisst die Fessel,   es rennt der Wolf!
Viel Weisheit hab' ich,   kann weiter schauen
auf das grimme Schicksal,   das den Göttern naht.

45. Es befehden sich Brüder   und fällen einander,
die Bande des Bluts   brechen Schwestersöhne;
arg ist's in der Welt   viel Unzucht gibt es —
Beilzeit, Schwertzeit,   es bersten die Schilde,
Windzeit, Wolfzeit,   eh' die Welt versinkt —
nicht einer der Menschen   wird den andern schonen.

46. Mims Söhne hasten,   es meldet das Ende
     der gellende Ton   des Gjallarhornes;
     laut bläst Heimdall,   in der Luft ist das Horn,
     Heervater spricht   mit dem Haupte Mims.

47. Yggdrasil bebt,   der Eschen höchste,
     es rauscht der alte Baum,   der Riese wird frei;
     in Angst sind alle   in der Unterwelt,
     eh' der Blutsfreund Surts   seine Bahn betritt.

48. Wie steht's bei den Asen?   Wie steht's mit den Elben?
     Ganz Riesenheim rast,   im Rat sind die Asen;
     es stöhnen die Zwerge   vor den steinernen Türen,
     der Waldberge Herrscher —   könnt ihr weit'res verstehen?

49. Garm bellt jetzt laut   vor Gnipahellir,
     es reisst die Fessel,   es rennt der Wolf!
     Viel Weisheit hab' ich,   kann weiter schauen
     auf das grimme Schicksal,   das den Göttern naht.

50. Von Osten fährt Hrym,   im Arme den Schild,
     durch die Wogen wälzt sich   die Weltschlange
     im Riesenzorne;   rauh krächzt der graue Aar,
     Leichen zerreissend;   los wird Naglfar.

51. Es segelt von Norden   über die See ein Schiff
     mit den Leuten der Hel,   und Loki steuert;
     dem Wolfe folgen   die wilden Gesellen,
     mit ihnen ist Byleipts   Bruder im Zuge.

52. Vom Mittag kommt Surt   mit dem Mörder der Zweige,
     vom Schwerte leuchtet   der Schlachtgötter Sonne,
     die Steinberge stürzen,   es straucheln die Riesinnen,
     Hel schlingt die Menschen,   der Himmel birst.

53. Es naht der Hlin   ein neuer Harm,
     Wenn Walvater auszieht,   den Wolf zu bestehn,
     und den Surt der weisse   Würger des Beli;
     der Frigg Freude   wird fallen alsdann.

54. Widar kommt dann,   Walvaters Sohn,
der gewaltige Held,   mit dem Wolf zu kämpfen;
die Klinge stösst er   dem Kinde des Riesen
durch den Rachen ins Herz   und rächt den Vater.

55. Auch Hlodyns Sohn,   der herrliche, kommt dann;
die Erdumschlingerin   öffnet gähnend
den weiten Schlund   bis zur Wölbung des Himmels —
doch Odins Sohn   geht dem Untier entgegen.

56. Seiner Wut erliegt   der Weltbeschützer;
alle Leute müssen   verlassen die Heimat;
es fährt neun Schritte   Fjorgyns Sohn
vor der Schlange zurück,   die nicht scheut den Frevel.

57. Die Sonne wird schwarz,   es sinkt die Erde ins Meer,
vom Himmel fallen   die hellen Sterne;
es sprüht der Dampf   und der Spender des Lebens,
den Himmel beleckt   die heisse Lohe.

58. Garm bellt jetzt laut   vor Gnipahellir,
es reisst die Fessel,   es rennt der Wolf!
Viel Weisheit hab' ich,   kann weiter schauen
auf das grimme Schicksal,   das den Göttern naht. — —

(III.)

59. Aufsteigen seh' ich   zum andern Male
aus der Flut die Erde   in frischem Grün;
über schäumenden Fällen   schwebt der Adler,
Fische fängt er   an felsiger Wand.

60. Auf Idafeld kommen   die Asen zusammen
und reden vom ries'gen   Umringer der Erde,
an der grossen Ereignisse   Gang sich erinnernd
und des obersten Gottes   alte Runen.

61. Dort werden auch wieder   die wunderbaren
    goldnen Tafeln   im Grase sich finden;
    die einst in der Urzeit   die Asen besassen.

    . . . .

62. Auf unbesätem Acker   werden Ähren wachsen,
    alles Böse schwindet,   denn Baldr erscheint:
    Hropts Siegerburg   beziehen Hod und Baldr,
    die Wohnung der Streitgötter —   könnt ihr weit'res verstehen?

63. Dann wählt sich Hönir   den Wahrsagezweig
    . . . .
    und es thronen die Söhne   von Tweggis Brüdern
    im weiten Windheim —   könnt ihr weit'res verstehen?

64. Einen Saal seh' ich stehen —   — die Sonn' überstrahlt er —
    mit Gold gedeckt   auf Gimles Höhen:
    dort werden wohnen   wackere Scharen
    und ein Glück geniessen,   das nimmer vergeht.

65. Von oben kommt   der allgewalt'ge
    hehre Herrscher   zum höchsten Gericht.

    . . . .
    . . . .

66. Von unten her fliegt   der arge Drache,
    die funkelnde Natter,   vom nächtigen Fels:
    im Fittich trägt,   überm Felde schwebend,
    Nidhogg die Leichen,   doch nun muss er sinken.

                                               (Gering.)

8. THE LAY OF THRYM.

(Þrymskviþa.)

1. Wild war Wingthor,   als er erwachte
    und Mjolnir vermisste,   den mächtigen Hammer;
    es schüttelte den Bart,   es schwenkte das Haar
    der Erde Sohn,   um sich greifend.

2. Das erste Wort,   das er aussprach, war dies:
  „Höre du, Loki,   was hiermit ich melde —
  noch ahnt es keiner   im Erdenreiche,
  noch oben im Himmel —   der As' ist des Hammers beraubt!"

3. Sie gingen zum herrlichen   Hofe der Freyja;
  das erste Wort,   das er aussprach, war dies:
  „Willst du mir, Freyja,   dein Federkleid leihen,
  den geraubten Hammer   zurückzuholen?"

4. „Ich gäb' es dir gern,   wenn von Gold es auch wäre
  oder leuchtendem Silber,   ich lieh' es dir doch!"
  Da flog Loki,   das Federkleid rauschte;
  hinter sich liess er   die Gehöfte der Asen
  und erreichte bald   der Riesen Heimat.

5. Auf dem Hügel sass Thrym,   der Herrscher der Thursen,
  wand den Rüden Bänder   aus rotem Golde
  und machte den Rossen   die Mähne glatt.

Thrym.

6. Wie steht's bei den Asen,   Wie steht's bei den Elben?
  Was reistest du einsam   nach Riesenheim?

Loki.

Schlimm steht's bei den Asen,   schlimm steht's bei den Elben;
Hast du Hlorridis   Hammer verborgen?

Thrym.

7. „Ich habe Hlorridis   Hammer verborgen
  acht Meilen tief   im Erdenschosse;
  keiner wird ihn   wieder bekommen,
  führt man mir Freyja   zur Frau nicht her."

8. Da flog Loki,   das Federkleid rauschte,
  hinter sich liess er   die Heimat der Riesen
  und eilte heim   zu der Asen Gehöften.

Es trat im Hof schon   Thor ihm entgegen,
das erste Wort,   das er aussprach, war dies:

9. „Meldest Erfolg du,   der die Mühe verlohnte?
in der Luft verkünde   den langen Bericht!
Wer sitzt, vergisst oft,   was er zu sagen hat,
und der Liegende kommt gern   mit Lügen zu Tage."

Loki.

10. „Ich melde Erfolg,   der die Mühe verlohnte:
Thrym hat den Hammer,   der Thursen Beherrscher;
keiner wird ihn   wieder bekommen,
führt man ihm Freyja   zur Frau nicht hin."

11. Sie gingen zum herrlichen   Hofe der Freyja,
das erste Wort,   das er aussprach, war dies:
„Schmücke dich, Freyja,   mit dem Schleier der Braut,
wir zwei müssen reisen   ins Riesenland."

12. In schrecklichem Zorn   schnaubte Freyja,
die Burg der Asen   erbebte davor,
zerbrochen fiel nieder   das Brisingenhalsband:
„Die männertollste   müsste ich heissen,
reiste ich mit dir   ins Riesenland."

13. Die Asen alle   eilten zum Thingplatz,
die Asinnen auch   kamen alle zum Rat;
das berieten   die ruhmvollen Götter,
wie man Hlorridis Hammer   holen könnte.

14. Das Wort nahm Heimdall,   der weisseste Ase —
er wusste die Zukunft,   den Wanen gleich: —
„Schmücken wir Thor   mit dem Schleier der Braut,
er trage das breite   Brisingenhalsband.

15. „Reicht ihm den Ring   mit den rasselnden Schlüsseln,
Lasst Weiberröcke   ihm wallen ums Knie,
die Brust ziert ihm   mit breiten Steinen
und krönt den Kopf ihm   mit kunstvollem Putz."

16. Thor gab Antwort, der Asen stärkster:
 „Weibisch werden mich nennen die waltenden Götter,
 lass' ich mich schmücken mit dem Schleier der Braut."

17. Da sagte Loki, der Sohn der Laufey:
 „Schweige du, Thor, nicht schwatze solches!
 Bald werden die Thursen thronen in Asgard,
 holst du dir nicht deinen Hammer wieder."

18. Da schmückten sie Thor mit dem Schleier der Braut
 und mit dem breiten Brisingenhalsband.

19. Sie reichten den Ring ihm mit den rasselnden Schlüsseln,
 liessen Weiberröcke ihm wallen ums Knie,
 zierten die Brust ihm mit breiten Steinen
 und krönten den Kopf ihm mit kunstvollem Putz.

20. Da sagte Loki, der Sohn der Laufey:
 „Als Magd verkleidet werde ich mitgehn,
 wir zwei müssen reisen ins Riesenland."

21. Heim trieb man hurtig die gehörnten Böcke
 und schirrt' an die Deichsel die schnellen Renner;
 die Berge barsten, es brannte die Erde,
 Thor, Odins Sohn, fuhr ins Thursenland.

22. Da sagte Thrym, der Thursen Beherrscher:
 „Steht auf, ihr Riesen, bereitet die Bänke;
 nun führt man Freyja zur Frau mir her,
 des Njord Tochter aus Noatun.

23. „Es gehn zu Hofe goldgehörnte Kühe,
 tiefschwarze Ochsen, dem Thursen zur Lust;
 viel Kleinode hab' ich und köstlichen Schmuck,
 nur Freyja allein fehlte mir noch."

24. Der Abend war zeitig angebrochen
 und Bier zum Trunke den Thursen gebracht;
 einen Ochsen ass Thor und acht Lachse,

alles Würzwerk auch,   das den Weibern bestimmt war,
dazu trank Sifs Gatte   der Tonnen drei des Mets.

25. Da sagte Thrym,   der Thursen Beherrscher:
    „Wo fandest du je   so gefrässige Bräute?
    Nie sah ich Bräute   solche Bissen schlingen,
    noch mehr des Metes   ein Mädchen trinken."

26. Bei Freyja sass   die findige Magd,
    die Erwid'rung wusste   auf das Wort des Riesen:
    „Nichts ass Freyja   seit acht Nächten,
    So heiss war ihr Sehnen   nach der Heimat der Riesen."

27. Den Schleier hob er,   ein Schmätzchen begehrend,
    doch entsetzt sprang er   in den Saal zurück:
    „Warum funkeln so furchtbar   Freyjas Augen?
    Mir deucht, es flamme   Feuer darin!"

28. Bei Freyja sass   die findige Magd,
    die Erwid'rung wusste   auf das Wort des Riesen:
    „Kein Auge schloss Freyja   seit acht Nächten,
    So heiss war ihr Sehnen   nach der Heimat der Riesen."

29. Hinein trat des Thursen   betagte Schwester,
    die das Brautgeschenk   zu erbitten wagte:
    „Lass vom Arm dir die roten   Ringe streifen
    willst gern du erwerben   die Gunst der Alten,
    die Gunst der Alten,   ihre ganze Huld."

30. Da sagte Thrym,   der Thursen Beherrscher:
    „Bringt nun den Hammer,   die Braut zu weihen,
    den Mjolnir legt   in des Mädchens Schoss,
    in Wars Namen   weiht unsern Bund."

31. Dem Hlorridi lachte   das Herz in der Brust,
    als der hartgesinnte   den Hammer erblickte;
    Thrym erschlug er zuerst,   den Thursengebieter,
    und zerschmetterte ganz   das Geschlecht der Riesen.

32. Er erschlug auch des Thursen   betagte Schwester,
    die das Brautgeschenk   erbeten hatte;
    Schläge bekam sie   an der Schillinge statt,
    und Hammerhiebe   erhielt sie für Ringe.
    So holte sich Odins Sohn   seinen Hammer wieder.

(Gering.)

9. The Short Sigurd Lay.

(Sigurþarkviþa en skamma.)

1. Einstmals kam Sigurd   zum Saale Gjukis,
   der Wolsungenspross   nach wildem Kampfe;
   er schloss den Bund   mit der Brüder zweien,
   die Helden schwuren sich   heilige Eide.

2. Man bot ihm Gudrun,   Gjukis Tochter,
   mit glänzender Mitgift   zur Gattin an;
   sie tranken und plauderten   Tage hindurch,
   Sigurd der junge   und die Söhne Gjukis.

3. Dann brachen sie auf,   um Brynhild zu werben;
   auch Sigurd war   gesellt dem Zuge,
   der Wolsungenspross,   der waffengeübte;
   ihm selbst war das Weib   versagt vom Schicksal.

4. Besonnen legte   des Südens Held
   das blosse Schwert   in des Bettes Mitte;
   nicht küsste die holde   der hunnische König,
   noch wagt' er das wonnige   Weib zu umarmen —
   er gab sie als Jungfrau   Gjukis Sohne.

5. Nicht Kränkung war ihr   noch Kummer begegnet,
   sie kannte das Leid   des Lebens noch nicht,
   nicht drückte sie Schuld,   der Verdacht selbst fehlte —
   nun nahte die Not   durch der Nornen Grimm.

6. Einsam sass sie   am Abend draussen,
   da rann ihr rasche   Rede vom Munde:
   „Haben muss ich   den Heldenjüngling
   und im Arm ihn hegen —   sonst ende Sigurd!

7. „Geredet hab' ich,   mag Reue auch folgen;
  sein Weib ist Gudrun —   Gunnar ward mir!
  Die endlose Qual   schufen arge Nornen."

8. Oftmals schritt sie,   Unheil brütend,
  auf die eisigen Gletscher   am Abend hinaus,
  wenn dem Liebsten Gudrun   zum Lager folgte
  und Sigurd sie hüllte   mit seidner Decke.

9. „Behaglich ruht nun   der hunnische König
  und geniesst sein Glück   in der Gattin Armen;
  mir fehlt der Freund   und die Freude am Leben,
  und sättigen muss ich   die Seele mit Grimm."

10. Durch der rasenden Hass   ward reif der Mordplan:
  „Bald bist du, Gunnar,   des Glanzes beraubt,
  mein Land und mich selbst   verlieren sollst du;
  froh werd' ich nie   an des Fürsten Seite.

11. „Ich will fahren dorthin,   wo ich vormals lebte,
  zum befreundeten Kreise   der Vatersippen;
  träge dort werd' ich   verträumen mein Leben,
  wenn du sterben nicht lässt   den stolzen Sigurd
  und höher dich hebst   als die Herrscher alle.

12. „Es fahre der Sohn   in des Vaters Geleit!
  Nicht weise wär's,   einen Wolf zu züchten!
  Den Helden ist's leichter,   zu hindern die Rache,
  wenn kein männlicher Spross   des Gemordeten lebt."

13. Gunnar senkte   vergrämt sein Haupt,
  er brütete finster   den vollen Tag.

14. Der Recke wusste nicht   Rat zu finden,
  was in dieser Lage   das dienlichste wäre:
  er wusste durch Eid   sich dem Wolsung verpflichtet,
  und herbe schien ihm   des Helden Verlust.

15. Alles erwog er in ernstem Sinnen:
wann war das je in der Welt geschehn,
dass ein Königsweib ihre Krone aufgab?
Zu heimlichem Rate berief er den Hogni.

16. „Alle die andern sind der einen nicht gleich,
dem Kinde Budlis, der Krone der Frauen;
mein Leben lieber verlieren möcht' ich,
als Brynhilds schimmernden Schatz entbehren.

17. „Bist bereit du, für Geld den Recken zu töten?
Gut wär's, zu besitzen das Gold des Rheines,
froh zu walten des funkelnden Hortes
und ruhig zu leben in reicher Fülle."

18. Nur wenige Worte erwiderte Hogni:
„Für uns wär's Unrecht, das auszuführen,
mit dem Schwert zu zerschneiden geschworne Eide,
geleistete Eide, gelobte Treue.

19. „In der Welt nicht weiss ich so wackere Helden,
noch edlere Sippe im Erdenkreise,
wenn wir viere des Volkes walten
und lebend der hunnische Heerkönig bleibt.

20. „Wenn wir fünfe sämtlich Söhne erzeugten,
würde stattlich und stolz unser Stamm sich breiten;
wo der Wind her weht, ich weiss es genau:
zu heftig, Bruder, ist Brynhilds Hass."

Gunnar.

21. „Wir müssen den Gutthorm zum Morde reizen,
er ist jugendlich unklug und jach zur Tat;
auch hemmen ihn nicht heilige Eide,
geleistete Schwüre, gelobte Treue."

22. Zu reizen war leicht der rasch entschlossne:
bald steckte dem Sigurd der Stahl im Herzen;
doch erhob sich noch einmal der herrliche Recke,
und das rächende Schwert erreichte den Feind.

23. Auf Gutthorm flog   Grams leuchtende Klinge,
    von des Königs Hand   mit Kraft entsendet;
    in der Mitte durchschnitt sie   den Mordgesellen:
    es lagen Hände   und Haupt zur Linken,
5   es fielen zur Rechten   die Füsse nieder.

24. Entschlummert war Gudrun   auf schwellenden Kissen,
    an Sigurds Seite,   von Sorgen frei,
    doch sie erwachte,   der Wonne beraubt,
    denn sie floss im Blute   von Freys Liebling.

10 25. Sie schlug die Hände   so schallend zusammen,
    dass der Heldenherz'ge   sich hob im Bette:
    „Nicht weine, Gudrun,   so grimmige Zähren,
    blutjunges Weib,   da die Brüder leben.

26. „Nicht alt genug   ist mein Erbe leider,
15   dass er fliehen könnte   der Feinde Hof;
    sie haben zu schnell   den schändlichen Plan,
    den kaum ersonnenen,   keck vollzogen.

27. „Gebierst du auch sieben,   ein solcher Neffe
    wird nie zum Thing   mit den Niflungen reiten.
20   Ich weiss genau,   wer das Werk geplant:
    Brynhild allein   hat das Böse verschuldet.

28. „Vor allen Männern   war ich ihr teuer,
    doch täuschte ich nie   das Vertrauen Gunnars;
    ich hielt die Schwüre,   die heiligen Eide,
25   nicht wollt' ich für Brynhilds   Buhlen gelten."

29. Sigurd verschied;   dem entsetzten Weibe
    schwanden die Sinne,   doch schlug sie sinkend
    so heftig noch einmal   die Hände zusammen,
    dass die Kelche laut   erklirrten im Winkel
30   und hell die Gänse   im Hofe aufschrien.

30. Da lachte Brynhild,   Budlis Tochter,
ein einziges Mal   aus innerstem Herzen,
als vom Lager sie   erlauschen konnte
das gellende Weinen   von Gjukis Tochter.

31. Da sprach der Herrscher   der Helden, Gunnar:
„Nicht Heiterkeit kündet   dein helles Gelächter,
rachsüchtiges Weib!   noch ein reines Gewissen;
warum wandelt sich so   deine weisse Farbe,
aller Frevel Mutter?   Nicht fern ist dein Tod!

32. „Wohl hättest du's,   o Weib! verdient,
wenn wir Atli erdolchten   vor deinen Augen,
wenn den Bruder du sähest   durchbohrt vom Stahl
und die blutigen Wunden   verbinden müsstest."

Brynhild.

33. „Du fochtest zu oft,   um als feige zu gelten,
Doch fürchtet nicht Atli   dein feindliches Droh'n;
er wird länger als ihr   des Lebens sich freuen
und stets an Macht   der stärkere sein.

34. „Ich sag' es dir, Gunnar —   du selbst auch weisst es —
dass ihr schwer euch alle   mit Schuld beludet.
Einst lebt' ich frei   und ledig des Zwanges
in des Bruders Burg,   mir gebrach's nicht an Gold.

35. „Ich begehrte nie,   einem Gatten zu folgen,
bis ihr Gjukunge damals   durchs Gitter rittet,
drei Herrscher des Volks   auf hohen Rossen —
besser war es,   ihr bliebet daheim.

36. „Dem erlauchten Herrscher   verlobt' ich mich da,
der im Goldschmuck sass   auf Granis Rücken;
ihr glichet ihm nicht   an Glanz de Augen,
[noch war euer Äusseres   ähnlich dem seinen,]
ob ihr stolz auch prunktet   im Strahl der Kronen.

40. „Nur *einen* Fürsten,   nicht andere liebt' ich,
denn Wankelmut war   meinem Wesen fremd;
dies alles wird Atli   dereinst erkennen,
wenn das Ende Brynhilds   zu Ohren ihm kommt.

41. „Widerlich ist's,   wenn ein Weib aus Leichtsinn
einer anderen Mann   in die Arme schliesst.

. . . .

So wird mein herber   Harm dann gerächt."

42. Da erhob sich Gunnar,   der Herrscher des Volkes,
um den Hals der Gattin   die Hände schlang er;
und alle versuchten —   von einigen wirklich
war's redlich gemeint —   sie zurück zu halten.

43. Doch heftig stiess sie   den Helden von sich,
ihr den langen Weg   zu verleiden, war fruchtlos;
da berief er den Hogni   zum heimlichen Rate,
dem sein innerstes Herz   er eröffnen durfte.

44. „Im Saal' will ich sehen   die sämtlichen Mannen,
deine wie meine,   es drängt die Not!
dass dem Weibe man wende   die wilden Gedanken,
bis lindernd die Zeit   ihr Leid besiegt."

45. Nur wenige Worte   erwiderte Hogni:
„Erfüllen mög' sich   ihr finstres Geschick!
Verleide ihr keiner   den langen Weg,
und verwehrt sei ihr ewig   die Wiedergeburt!

46. „Verwünscht schon kam sie   aus Weibesschoss

. . . .

geboren ward sie,   um Böses zu stiften,
manchem Manne   zum Missgeschick."

47. Erzürnt brach Gunnar   die Zwiesprache ab,
zu schaun, wie die Gattin   ihr Gold verteilte;
es schweifte Blick   auf des Schatzes Fülle
und des Saalgesindes   entseelte Leiber.

48. In die Goldbrünne fuhr sie   grimmigen Sinnes,
    eh' die Brust sie durchbohrte   mit blitzendem Stahl;
    dann lehnt' sie ins Kissen   sich langsam zurück,
    an Mord noch denkend,   das Messer im Herzen.

49. „Hervor nun mögen   die Frauen treten,
    die funkelndes Gold   zu empfangen wünschen;
    ich gebe jeder   glänzenden Schmuck,
    Laken und Decke   und lichte Gewänder."

50. Sie standen in stummem   Staunen zuerst,
    dann gaben sie *eine*   Antwort sämtlich:
    „Tot sind genug,   wir trachten zu leben;
    noch vieles können   wir Frauen wirken."

51. Die Königin sprach   nach kurzem Besinnen,
    die linnengeschmückte,   die lenzesjunge:
    „Gezwungen soll keiner —   das ziemte sich schlecht —
    missen das Leben   um meinetwillen.

52. „Doch es brennen dereinst   auf euerm Gebein
    Kleinode nicht,   noch die Körner Menjas,
    wenn die Norne euch nötigt,   mir nachzufolgen.

53. „Setze dich, Gunnar!   die Gattin redet,
    die bald erbleicht,   die blondgelockte:
    Noch habt ihr das Boot   nicht im Hafen geborgen,
    wenn auch ich des Lebens   verlustig bin.

54. „Die Schwester versöhnst du   schneller als glaublich,
    wenn das kluge Weib   in des Königs Halle
    auch trauernd noch denkt   an den toten Gatten.

55. „Sie wird eines Mädchens   Mutter werden;
    der Sonne Strahlen   wird Swanhild verdunkeln
    und leuchtender sein,   als der lichte Tag.

56. „Einem mannhaften Gatten   vermählst du Gudrun,
doch der Degen viele   verderben wird sie,
die zufrieden nicht lebt   an des Fürsten Seite;
Atli wird sie   zur Ehe erhalten,
Budlis Erbe,   mein eigner Bruder.

57. „Viel denk' ich dran,   wie ihr da verfuhrt,
als ihr schnöde verrietet   die Schmerzerfüllte;
. . . .
mein Los war Leid,   solang' ich geatmet.

58. „Oddrun wirst du   zur Ehe begehren,
doch verweigert dir Atli   des Weibes Hand;
im geheimen drum pflegt ihr   holde Minne,
denn innig liebt sie dich,   wie ich es gesollt,
wär's so im Schicksal   beschieden gewesen.

59. „Ein übles Los   wird dir Atli bereiten,
der dich schleudern lässt   in die Schlangengrube.

60. „Doch schnell darauf   geschehen wird es,
dass Atli selber   das Ende findet,
betrogen ums Glück   durch den Tod der Söhne:
denn grimmigen Sinns   wird ihn Gudrun ermorden
mit des Eisens Schärfe   im eignen Bette.

61. „Grösserer Ruhm   für Gudrun wär' es,
sich zu einen im Tode   dem ersten Gatten,
wenn auf heilsamen Rat   sie hören wollte
und den Mut besässe,   der mich beseelt.

62. „Die Stimme versagt mir —   nicht sterben wird Gudrun
auf meine Mahnung   mir zuliebe;
von wogenden Fluten   hinweg geführt
kommt jenseits sie an   in Jonakrs Lande.

63. „Von ihr wird Jonakr   junge Söhne,
aus ihrem Schosse   Erben gewinnen;
doch Swanhild wird fort   in die Ferne gesendet,
des Helden Sigurd   holde Tochter.

64. „Ins Unheil bringt sie   Bikkis Arglist —
denn zu jeglichem Bösen   ist Jormunrek fähig —
tot ist dann Sigurds   gesamtes Geschlecht,
und grösser geworden   ist Gudruns Trauer.

65. „Der Wünsche letzten   gewähre mir, Gunnar —
nichts weitres wird Brynhild   erbitten im Leben: —
so breit lass schichten   die Buchenscheite,
dass für alle reichlicher   Raum sich finde,
die wir treu dem Sigurd   im Tode folgten.

66. „Mit Schilden und Teppichen   schmücke den Holzstoss,
. . . .
gewebte Stoffe   und welsche Sklaven!
An der Seite des hunnischen   Helden verbrennt mich!

67. „Verbrennt mit dem hunnischen   Helden ferner
vier meiner Sklaven   in festlichem Schmuck,
zwei zu Häupten   und zwei zu Füssen,
der Hunde zwei   und der Habichte zwei;
würdig ist alles dann   eingerichtet.

68. „Es scheide uns wieder   der schimmernde Stahl,
der goldverzierte,   in gleicher Weise,
wie einst, als wir beide   ein Bett bestiegen
und uns grüsste das Volk   mit dem Gattennamen.

69. „Dann trifft seine Fersen   die Pforte nicht,
das glänzende Tor,   das goldgefärbte,
wenn dem fürstlichen Herrn   mein Gefolge sich anschliesst;
nicht ärmlich wird   unser Einzug sein.

70. „Denn fünf der Mägde   folgen ihm nach
und acht Leibeigne   aus edlem Geschlecht,
die als Kind ich erhielt   von König Budli
und aufwachsen sah   in der Ahnen Burg.

71. „Gar manches sprach ich,　würd' mehr noch künden,
　　verschlösse mir nicht　das Schicksal den Mund.
　　Das Wort versagt mir,　die Wunden schwellen —
　　ihr vernahmt nur Wahres —　nun naht der Tod.‟

(Gering.)

10. The First Gudrun Lay.

(Gudhrûnarkvidha fyrsta.)

Gudrun sass über dem toten Sigurd; sie weinte nicht wie andere
Frauen; aber schier wäre sie vor Leid zersprungen. Auch traten
Frauen und Männer hinzu, sie zu trösten; aber das war nicht leicht.
Es wird gesagt, Gudrun habe etwas gegessen von Fafnirs Herzen und
seitdem der Vögel Stimmen verstanden. Auch dies wird von Gudrun
gesagt:

1. Einst war's, dass Gudrun　zu sterben begehrte,
　da sie sorgend sass　über Sigurden.
　Nicht schluchzte sie,　noch schlug sie die Hände,
　brach nicht in Klagen aus　wie Brauch ist der Frauen.

2. Ihr nahten Helden,　höfische Männer,
　das lastende Leid　ihr zu lindern bedacht.
　Doch Gudrun konnte　vor Gram nicht weinen,
　schier zersprungen　wär sie vor Schmerz.

3. Herrliche Frauen　der Helden sassen,
　goldgeschmückte　neben Gudrun.
　Eine jede sagte　von ihrem Jammer,
　dem traurigsten,　den sie ertragen hatte.

4. Da sprach Gjaflaug,　Gjukis Schwester:
　„Mich acht' ich auf Erden　die Unseligste.
　Der Männer verlor ich　nicht minder als fünf,
　der Töchter zwei　und drei der Schwestern,
　acht Brüder;　ich allein lebe.‟

5. Doch Gudrun konnte　vor Gram nicht weinen,
　so trug sie Trauer　um den Tod des Gemahls,
　so fühlte sie Grimm　um des Fürsten Mord.

6. Da sprach Herborg, die Hunnenkönigin:
„Von herberm Harm hab' ich zu sagen:
Sieben Söhne sind im südlichen Land
und mein Mann, der achte, mir erschlagen.

7. „Über Vater und Mutter und vier Brüder
haben Wind und Wellen gespielt:
Die Brandung zerbrach die Borddielen.

8. „Selbst die Bestattung besorgen musst' ich,
die Holzhürde selber zur Helfahrt schlichten.
Das alles litt ich in *einem* Halbjahr,
und niemand tröstete in der Trauer mich.

9. „Dann kam ich in Haft als Heergefangne
noch vor dem Schluss desselben Halbjahrs.
Da besorgt' ich den Schmuck und die Schuhe band ich
alle Morgen der Gemahlin des Hersen.

10. „Sie drohte mir immer aus Eifersucht,
wozu sie mit harten Hieben mich schlug.
Niemals fand ich so freundlichen Herrn,
aber auch nirgend so neidische Herrin."

11. Doch Gudrun konnte vor Gram nicht weinen,
so trug sie Trauer um den Tod des Gemahls,
so füllte sie Grimm um des Fürsten Mord.

12. Da sprach Gullrond, Gjukis Tochter:
„Wenig weisst du, Pflegerin, ob weise sonst,
das Herz einer jungen Frau zu erheitern.
Weshalb verhüllt ihr des Helden Leiche?"

13. Sie schwang den Schleier von Sigurd nieder,
und wandt ihm die Wange zu des Weibes Schoss:
„Nun schau den Geliebten, füge den Mund zur Lippe
und umhals ihn, wie einst den heilen König."

14. Auf sah Gudrun   einmal nur,
    sah des Helden Haar   erharscht vom Blute,
    die leuchtenden Augen   erloschen dem Fürsten,
    vom Schwert durchbohrt   die Brust des Königs.

15. Da sank aufs Kissen   zurück die Königin,
    ihr Stirnband riss,   rot war die Wange,
    ein Regenschauer   rann in den Schoss.

16. Da jammerte Gudrun,   Gjukis Tochter,
    die verhaltnen Thränen   tropften nieder,
    und hell auf schrieen   im Hofe die Gänse,
    die zieren Vögel,   die Zöglinge Gudruns.

17. Da sprach Gullrond,   Gjukis Tochter:
    „Euch vermählte   die mächtigste Liebe
    von allen, die je   auf Erden lebten.
    Du fandest aussen   noch innen Frieden,
    Schwester mein,   als bei Sigurd nur."

18. Da sprach Gudrun,   Gjukis Tochter:
    „So war mein Sigurd   bei den Söhnen Gjukis,
    wie hoch aus Halmen   sich hebt edel Lauch,
    oder ein blitzender Stein   am Bande getragen,
    ein köstlich Kleinod,   über Könige scheint.

19. „So deucht' auch ich   den Degen des Königs
    höher hier   als Herjans Disen.
    Nun lieg' ich verachtet   dem Laube gleich,
    das im Froste fiel,   nach des Fürsten Tod.

20. „Nun miss' ich beim Male,   miss' ich im Bette
    den süssen Gesellen: das schufen die Gjukungen,
    die Gjukungen schufen   mir grimmes Leid,
    schufen der Schwester   endlosen Schmerz.

21. „So habt ihr den Leuten   das Land verwüstet,
    wie ihr übel   die Eide hieltet.

Nicht wirst du, Gunnar,   des Goldes geniessen:
Dir rauben die roten   Ringe das Leben,
weil du Sigurden   Eide schwurst.

22. „Oft war im Volk   die Freude grösser,
als mein Sigurd   den Grani sattelte,
und sie um Brynhild   zu bitten fuhren,
die unselige,   zu übelm Heil."

23. Da sprach Brynhild,   Budlis Tochter:
„An allem Unheil   ist Atli schuld,
Budli's Sohn,   der Bruder mein.

26. „Als wir in der Halle   des hunnischen Volkes
des Wurmbetts Feuer   an dem Fürsten ersahn,
des Besuches hab' ich   seitdem entgolten,
dieses Anblicks muss   immer mich reuen."

27. Sie stand an der Säule,   den Schaft ergriff sie;
es brannte Brynhilden,   Budlis Tochter,
Glut in den Augen,   Gift spie sie aus,
als sie die Wunden sah   an Sigurds Brust.

Darauf ging Gudrun in Wälder und Wüsten bis Dänemark, wo sie
bei Thora, Hakons Tochter, sieben Halbjahre weilte.   Brynhild wollte
Sigurden nicht überleben.   Sie liess acht Knechte und fünf Mägde
töten.   Darauf durchbohrte sie sich selbst mit dem Schwerte, wie
gesagt ist in dem kürzern Sigurdsliede.   (*Simrock.*)

II. EXTRACTS FROM "SNORRI's *Poetik*" (*i. e.* the younger Edda;
written down between 1220 and 1230).

(Skáldskaparmál.)

Es wird erzählt, dass die drei Asen *Loki, Odin* und *Hönir* einmal
auszogen, um die Welt zu besichtigen.   Sie kamen zu einem Flusse und
gelangten auch an einen Wasserfall.   In diesem war ein Otter, der im
Wasserfall einen Lachs gefangen hatte.   Da hob Loki einen Stein auf und
warf ihn nach dem Otter; er traf den Kopf und das Tier war sofort tot.

Loki rühmte sich seiner Jagdbeute, da er mit einem Wurfe Otter und
Lachs erlangt habe. Sie nahmen nun den Otter und den Lachs und
führten beide mit sich fort. Bald darauf kamen sie zu einem Gehöft
und gingen hinein; es wohnte dort *Hreidmar*, ein ansehnlicher Bauer,
5 dem auch die Kunde der Zauberei verliehen war. Die Asen baten ihn,
ihnen für die Zeit der Abendmahlzeit und die darauffolgende Nacht
Aufnahme zu gewähren; ihre Kost, fügten sie hinzu, hätten sie selber
mitgebracht, und zeigten ihm ihre Jagdbeute. Als Hreidmar diese
erblickte, rief er seine Söhne *Regin* und *Fafnir* herbei und sagte ihnen,
10 dass ihr Bruder Otr erschlagen sei, und wer die Tat begangen habe.
Nun gingen der Vater und die Söhne auf die Asen los, nahmen sie fest
und banden sie; denn der Otter war, wie sie sagten, Hreidmars Sohn
gewesen. Die Asen erboten sich, für ihr Leben so viel Busse zu zahlen,
als Hreidmar verlange; daraufhin ward ein Vergleich abgeschlossen
15 und durch Eide bekräftigt. Der Otter ward darauf abgehäutet;
Hreidmar nahm den Otterbalg und sagte den Asen, dass sie ihn mit
rotem Golde füllen und auch von aussen ganz damit bedecken sollten:
damit wäre dann die Sühne geleistet. Odin ordnete nun an, dass Loki
sich in das Gebiet der Schwarzelben begeben solle. Er kam zu einem
20 Zwerge, der *Andwari* hiess und so zauberkundig war, dass er zuzeiten
als Fisch im Wasser lebte. Loki fing ihn mit den Händen und verlangte,
dass er, um sein Leben zu lösen, alles Gold ausliefere, das er in seinem
Steine habe. Der Zwerg gab all sein Gold her, doch barg er in seiner
Hand einen kleinen Goldring. Dieses sah Loki und verlangte, dass er
25 auch diesen Ring ihm überantworte. Der Zwerg bat, ihm diesen Ring
nicht fortzunehmen, da er durch ihn seinen Besitz wieder mehren
könnte; Loki aber sagte, er dürfe nicht einen Pfennig zurückbehalten,
nahm ihm den Ring fort und wandte sich zum Gehen. Da sprach der
Zwerg, dass der Ring jedem, der ihn besitze, den Tod bringen werde.
30 Loki erwiderte, das schiene ihm sehr gut, und er fügte hinzu, dass der
Fluch sich dann erfüllen solle, wenn er selbst den Ring demjenigen
übergebe, der ihn haben solle, und dieser ihn annehme. Er ging nun
fort und kam zu Hreidmars Gehöft zurück und zeigte dem Odin das
Gold. Als dieser den Ring erblickte, däuchte er ihm wunderbar
35 schön, und er nahm ihn von dem übrigen Golde fort. Hreidmar füllte
nun den Otterbalg und stopfte hinein, soviel er konnte, und als er
gefüllt war, stellte er ihn aufrecht. Darauf trat Odin hinzu, der das
Fell von aussen mit Gold bedecken sollte. Dann rief er den Hreidmar

und sagte, er möge herankommen und nachsehen, ob der Balg nicht gänzlich verhüllt sei. Der Bauer sah sehr genau nach; er erblickte noch ein Haar von dem Schnurrbarte und verlangte, dass auch dieses bedeckt werde: andernfalls sei es mit dem Vergleiche zu Ende. Da
5 zog Odin den Ring hervor und bedeckte damit das Barthaar; damit, sagte er, habe er nun seine Verpflichtung erfüllt. Als nun Odin seinen Speer ergriffen hatte und Loki seine Schuhe und sie nichts mehr zu fürchten brauchten, da sprach Loki, dass das in Erfüllung gehen solle, was Andwari gesprochen habe, dass nämlich der Ring jedem, der ihn
10 besitze, den Tod bringe; und dieser Fluch hat seitdem seine Kraft bewährt. Nun ist es erzählt, warum das Gold Otterbusse heisst oder die erzwungene Gabe der Asen oder das streitbringende Erz.

Nun nahm Heidmar das ganze Gold als Sohnesbusse an sich; Fafnir und Regin verlangten aber auch etwas davon, als Busse für
15 ihren Bruder. Heidmar gönnte ihnen jedoch keinen Pfennig von dem Schatze, und deshalb töteten sie ihren Vater. — Darauf verlangte Regin, dass Fafnir das Gold zu zwei gleich grossen Hälften mit ihm teilen solle. Fafnir erwiderte, es sei nicht von ihm zu erwarten, dass er dem Bruder von dem Golde etwas abgebe, nachdem er den Vater
20 deswegen getötet habe; er hiess Regin, eilig sich davon zu machen, sonst werde es ihm ebenso ergehen wie Heidmar. Fafnir hatte den Helm, den Heidmar besessen hatte, an sich genommen und ihn sich aufs Haupt gesetzt — er ward der Schreckenshelm genannt, weil er alle lebenden Wesen, die ihn sahen, in Furcht versetzte — und ebenso
25 auch das Schwert, welches *Hrotti* heisst. Regin hatte das Schwert, das *Refil* genannt wird, und flüchtete nun fort; Fafnir aber begab sich nach der *Gnitaheide* und richtete sich dort eine Wohnstätte ein. Dann verwandelte er sich in einen Drachen und legte sich auf das Gold.

Regin begab sich nun zu König *Hjalprek* nach *Thjod* und wurde
30 dessen Schmied. Er nahm dort auch den *Sigurd* in Pflege, den Sohn von Sigmund, dem Sohne Wolsungs, und der Hjordis, Eylimis Tochter. Sigurd war der ausgezeichnetste aller Heerkönige, was Geschlecht, Kraft und Mut angeht. Regin teilte ihm mit, wo Fafnir auf dem Golde ruhte, und reizte ihn, sich des Schatzes zu bemächtigen. Regin schmie-
35 dete ihm auch das Schwert, das *Gram* heisst; dieses war so scharf, dass es einmal, als Sigurd es in fliessendes Wasser steckte, eine Wollflocke mitten durchschnitt, die der Strom gegen die Klinge getrieben hatte. Darauf spaltete Sigurd mit dem Schwerte den Amboss Regins von oben

herab bis in den Holzblock hinein. Nun begaben sich Sigurd und
Regin nach der Gnitaheide; dann grub Sigurd auf dem Wege Fafnirs
ein Loch und setzte sich hinein. Als dann Fafnir zum Wasser kroch,
durchbohrte ihn Sigurd mit dem Schwerte, und so fand er den Tod.
5 Regin kam herbei; er sagte, Sigurd habe seinen Bruder getötet, und
verlangte das als Busse, dass er Fafnirs Herz nehme und am Feuer
brate; darauf beugte sich Regin nieder und trank Fafnirs Blut und
streckte sich dann hin, um zu schlafen. Als nun Sigurd das Herz briet
und meinte, dass es gar sei, und mit dem Finger fühlte, ob es noch
10 hart wäre, da kam der Saft aus dem Herzen an seinen Finger und verbrannte ihn; er führte daher den Finger zum Munde, und als das Herz-
blut auf seine Zunge gelangte, da verstand er die Vogelsprache und
vernahm, was die Spechtmeisen sagten, die im Baume sassen. Die
eine sprach:

15   „Dort sitzt Sigurd,   besudelt mit Blut,
       am Feuer brät er   des Fafnir Herz;
       schlau schiene mir   der Schenker der Ringe,
       äss' er den leuchtenden   Lebensmuskel.

       „Dort liegt Regin,   hält Rat mit sich,
20   will betrügen den Jüngling,   der treu ihn wähnt;
       er zeiht ihn fälschlich   aus Zorn der Schuld,
       der Ränkeschmied   will rächen den Bruder."

Da ging Sigurd zu Regin und erschlug ihn. Dann schritt er zu
seinem Rosse, das *Grani* heisst, und ritt weiter, bis er zu der Wohnung
25 Fafnirs kam. Dort nahm er alles Gold und band es in Bündel und
legte diese auf Granis Rücken. Dann stieg er selber auf und setzte
seinen Weg fort. Nun ist erzählt, warum das Gold Fafnirs Lager oder
Wohnstätte heisst, oder das Erz der Gnitaheide, oder Granis Bürde.
Nun ritt Sigurd weiter, bis er auf einem Berge ein Haus fand. Darin
30 schlief eine Frau in Helm und Panzer. Er zog sein Schwert und schnitt
ihr den Panzer ab; da erwachte sie und nannte sich Hild; sie wird auch
Brynhild genannt und war Walküre. Von dort ritt Sigurd zu dem
Könige, der *Gjuki* heisst; seine Frau führte den Namen *Grimhild*, und
die Kinder der beiden waren *Gunnar, Hogni, Gudrun* und *Gudny;*
35 *Gutthorm* war ein Stiefsohn Gjukis. Dort weilte Sigurd lange Zeit und
heiratete Gudrun, die Tochter Gjukis; Gunnar aber und Hogni schlos-

sen mit Sigurd Blutsbrüderschaft. Demnächst begaben sich Sigurd und
die Söhne Gjukis zu Atli, dem Sohne Budlis, um für Gunnar um die
Hand seiner Schwester Brynhild zu werben; diese sass auf *Hindarfjall*,
und ihren Saal umzingelte die Waberlohe; sie hatte aber den Eid
abgelegt, nur den zum Manne zu nehmen, der durch diese Flamme
zu reiten wage. Sigurd und die Gjukunge — die auch Niflunge heissen
— ritten nun zu dem Berge hinauf, und Gunnar sollte die Waberlohe
durchreiten. Er hatte das Pferd, das *Goti* hiess; dieses jedoch scheute
sich, in das Feuer zu laufen. Da wechselten Sigurd und Gunnar die
Gestalt und ebenso ihre Namen, denn Grani wollte unter keinem
andern gehen als unter Sigurd. So sprang also Sigurd auf Granis
Rücken und ritt durch die Waberlohe. An demselben Abend hielt er
seine Hochzeit mit Brynhild; als sie aber ins Bett kamen, zog er sein
Schwert Gram aus der Scheide und legte es zwischen sich und die
Jungfrau. Am Morgen darauf, als er aufgestanden war und sich an-
gekleidet hatte, gab er der Brynhild als Linnengabe den goldenen Ring,
den Loki dem Andwari fortgenommen hatte, und nahm ihr als Erin-
nerungszeichen einen andern Ring. Dann sprang Sigurd auf sein
Ross und ritt zu seinen Genossen; er wechselte mit Gunnar wiederum
die Gestalt, und nun zogen sie mit Brynhild heim zu Gjuki. Sigurd
zeugte mit Gudrun zwei Kinder: *Sigmund* und *Swanhild*.

Es geschah einmal, dass Brynhild und Gudrun zum Wasser gingen,
um ihre Haare zu bleichen; als sie nun an den Fluss kamen, watete
Brynhild tiefer vom Ufer in den Strom hinein und sagte, dass sie auf
ihrem Kopfe nicht das Wasser dulden wolle, das aus Gudruns Haaren
fliesse, da sie einen weit beherzteren Gatten habe. Gudrun aber
schritt ihr nach in den Strom und sagte, dass sie deswegen wohl ober-
halb von Brynhild ihr Haar im Flusse waschen könne, weil sie den
Mann besitze, dem weder Gunnar noch irgend ein andrer Mann in
der Welt an Kühnheit zu vergleichen sei: „denn er erschlug Fafnir und
Regin und nahm beider Erbe."

Da antwortete Brynhild: „Eine grössere Heldentat war es, dass
Gunnar durch die Waberlohe ritt, was Sigurd nicht zu tun wagte."

Gudrun lachte und sprach: „Meinst du, dass Gunnar durch die
Waberlohe geritten sei? Der, meine ich, ist zu dir ins Bett gestiegen,
der mir diesen goldenen Ring gab; der Goldring aber, den du an der
Hand hast und als Linnengabe empfingst, heisst Andwaranaut, und
nicht glaube ich, dass Gunnar ihn auf der Gnitaheide geholt hat."

Da schwieg Brynhild und ging heim. Darauf reizte sie Gunnar und Hogni, den Sigurd zu töten; aber da sie Blutsbrüder Sigurds waren, veranlassten sie den Gutthorm, ihren Bruder Sigurd zu erschlagen. Er durchbohrte ihn mit dem Schwerte, während er schlief; aber als er die
5 Wunde empfing, warf er sein Schwert Gram nach Gutthorm, das den Mann mitten durchschnitt. So fiel Sigurd und auch sein dreijähriger Sohn Sigmund, den sie ebenfalls töteten. Dann durchstach sich Brynhild selbst mit dem Schwerte, und sie wurde mit Sigurd verbrannt. Gunnar und Hogni aber nahmen Fafnirs Erbe und den Andwaranaut
10 in Besitz und herrschten über die Lande.

König *Atli*, Budlis Sohn, der Bruder Brynhilds, heiratete darauf Gudrun, die vorher mit Sigurd vermählt war, und beide hatten Kinder miteinander. Atli lud Gunnar und Hogni zu sich ein, und diese folgten seiner Einladung. Ehe sie aber von Hause aufbrachen, senkten sie
15 das Gold, das Fafnir besessen hatte, in den Rhein, und es ist seitdem niemals wiedergefunden. König Atli hatte zuvor Kriegsvolk zusammengezogen; er griff Gunnar und Hogni an, und beide wurden gefangen genommen. Darauf liess er dem Hogni bei lebendigem Leibe das Herz ausschneiden, und so erlitt er den Tod; den Gunnar liess er
20 in die Schlangengrube werfen; doch ward ihm heimlich eine Harfe zugesteckt, die er mit den Zehen schlug, da ihm die Hände gebunden waren, so dass alle Schlangen einschliefen; nur eine Natter kroch an ihm herauf und stach ihn unterhalb der Brust, steckte den Kopf in die Höhlung und hängte sich ihm an die Leber, bis er tot war. Gunnar und
25 Hogni werden Niflunge oder Gjukunge genannt; darum heisst das Gold auch der Niflunge Hort oder Erbe. Bald danach tötete Gudrun ihre beiden Söhne und liess aus ihren Schädeln, die mit Gold und Silber überzogen wurden, Trinkgefässe machen. Als nun das Erbmahl der Niflunge veranstaltet ward, liess Gudrun bei dem Gelage in
30 diesen Schalen dem König Atli Met reichen, der mit dem Blute der Knaben vermischt war; die Herzen derselben liess sie braten und gab sie dem Könige zu essen. Als dies geschehen war, sagte sie ihm selber mit vielen schnöden Worten, was sie getan hatte. Es fehlte nicht an berauschendem Met, so dass die meisten Leute dort, wo sie gerade
35 sassen, in Schlaf sanken. In derselben Nacht ging sie zu dem Könige hinein, während er schlief, und mit ihr Hognis Sohn; sie brauchten ihre Waffen wider ihn, und so fand er den Tod. Darauf warfen sie Feuer in die Halle, und alles Volk, das darin war, verbrannte. Da-

nach ging sie zum Meere und sprang in die Flut und wollte sich töten; aber die Wogen trugen sie über den Meerbusen in das Land, das König *Jonakr* beherrschte. Als dieser sie sah, nahm er sie zu sich und heiratete sie; sie hatten drei Söhne, mit Namen *Sorli*, *Hamdir* und *Erp;* diese hatten alle rabenschwarzes Haar wie Gunnar und Hogni und die übrigen Niflunge.

Dort wurde auch *Swanhild*, die Tochter des Helden Sigurd, aufgezogen; sie war aller Frauen schönste. Davon hörte König *Jormunrek* der Mächtige und sandte seinen Sohn *Randwer*, der die Swanhild für ihn werben sollte. Als dieser nun zu Jonakr kam, ward ihm die Jungfrau überantwortet, damit er sie dem Jormunrek zuführe. Da sagte *Bikki*, es wäre passender, wenn Randwer die Swanhild nähme, da er jung sei, wie sie, Jormunrek dagegen hochbetagt. Dieser Rat gefiel den beiden jungen Leuten wohl. Bikki aber verriet das dem Könige. Da liess König Jormunrek seinen Sohn festnehmen und zum Galgen führen. Der Jüngling nahm seinen Habicht und rupfte ihm die Federn aus und hiess ihn so seinem Vater bringen; darauf ward er gehängt. Als nun König Jormunrek den Habicht sah, da ward er dessen inne, dass, wie der Habicht unfähig zum Fliegen und federlos war, so wäre sein Reich in trauriger Lage, da er selber alt und kinderlos war. Als nun König Jormunrek von der Jagd aus dem Walde heimkam und die Königin Swanhild da sass und ihr Haar bleichte, da ritten sie über sie hinweg und traten sie unter den Hufen der Rosse zu Tode. Als Gudrun dieses erfuhr, da reizte sie ihre Söhne, die Swanhild zu rächen. Sie machten sich zu der Fahrt bereit, und Gudrun gab ihnen so feste Helme und Panzer, dass eiserne Waffen sie nicht verletzen konnten. Sie gab ihnen auch den Rat, dass sie, wenn sie zu König Jormunrek kämen, bei Nacht, wenn er schliefe, ihn überfallen sollten; Sorli und Hamdir sollten ihm dann Hände und Füsse abschlagen und Erp das Haupt. Als sie aber auf dem Wege waren, da fragten sie Erp, welche Hülfe sie von ihm zu erwarten hätten, wenn sie König Jormunrek angriffen? Er antwortete, dass er ihnen so helfen wolle, wie die Hand dem Fusse. Sie sagten, die Unterstützung, die die Hand dem Fusse gewähren könne, sei von gar keinem Werte, und da sie auf ihre Mutter sehr ergrimmt waren, die sie mit harten Worten fortgesendet hatte, und ihr gerne das antun wollten, was sie am meisten schmerzen würde, so töteten sie den Erp; denn diesen liebte sie am meisten. Ein wenig später, während Sorli dahinschritt, strauchelte er mit dem einen Fusse und stützte sich mit der Hand; da sprach er: „Jetzt half die Hand dem Fusse: besser wäre es doch, wenn Erp noch lebte." Als sie nun zu König Jormunrek kamen, war es Nacht, und er lag im Schlafe; da hieben sie ihm Hände und Füsse ab; er aber fuhr aus dem Schlafe empor und rief seinen Leuten zu, dass sie aufwachen möchten. Da sprach Hamdir: „Auch der Kopf wäre jetzt herunter, wenn Erp noch lebte." Die Leute vom Gefolge waren schnell aufgestanden und griffen die Brüder an, konnten ihnen aber mit Waffen nichts anhaben. Da rief Jormunrek, man solle sie mit Steinen erschlagen und so geschah es. So fielen Sorli und Hamdir, und nun war das ganze Geschlecht Gjukis und alles, was von ihm abstammte, tot.

Es lebte aber noch eine Tochter Sigurds, die *Aslaug* hiess. Sie ward bei *Heimir* in Hlymdalir erzogen, und von ihr stammen mächtige Geschlechter ab. So heisst es, dass Sigmund, der Sohn Wolsungs, so kräftig war, dass er Gift trinken konnte, ohne Schaden zu nehmen; aber Sinfjotli, sein Sohn, und Sigurd waren so hart von Haut, dass ihnen Gift nicht schädlich war, wenn es ihnen von aussen auf den blossen Körper kam.

Warum heisst das Gold *Frodis Mehl?* Das erklärt die folgende Sage: *Skjold* hiess ein Sohn Odins, von dem die Skjoldunge abstammen; er wohnte und herrschte in dem Lande, das jetzt Dänemark heisst, damals aber Gotland genannt ward. Skjold hatte einen Sohn, der *Fridleif* hiess und nach ihm die Lande beherrschte. Ein Sohn dieses Fridleif war *Frodi*, der das Königreich nach ihm in Besitz nahm, zu der Zeit, als der Kaiser Augustus in der ganzen Welt Frieden schaffte und Christus geboren ward. Weil aber Frodi von allen Königen im Norden der mächtigste war, ward nach ihm, so weit die dänische Zunge erklingt, der Friede benannt, und so nennen ihn auch die Norweger den Frieden Frodis. Damals tat kein Mensch dem andern ein Leid an, mochte er auch den Mörder seines Vaters oder Bruders ledig oder gebunden finden; damals gab es auch keine Diebe und Räuber, so dass ein goldener Ring lange auf der Jalangrsheide liegen konnte, ehe ihn einer aufnahm. König Frodi zog einst zu einem Gastgelage nach Schweden zu dem Könige, der *Fjolnir* hiess; dort kaufte er zwei Mägde, die *Fenja* und *Menja* hiessen; sie waren beide gross and stark. In jener Zeit wurden in Dänemark zwei Mühlsteine gefunden, die so gross waren, dass keiner stark genug war, um sie zu drehen; und die Eigenschaft hatten diese Steine, dass man mit ihnen alles das auf der

Mühle mahlen konnte, das derjenige, der mahlte, bestimmte. Diese
Mühle hiess *Grotti*. *Hengikjopt* war der Name des Mannes, der dem
Frodi die Mühle gab. König Frodi liess die Mägde zu der Mühle
führen und befahl ihnen, für Frodi Gold, Frieden und Glück zu mahlen,
5 und verstattete ihnen nur so lange zu ruhen oder zu schlafen, als der
Kuckuck schwieg oder ein Lied gesungen werden konnte. Es heisst
nun, dass sie das Lied sangen, welches der Grottasang heisst, und ehe
das Lied zu Ende war, hatten sie für Frodi Unfrieden gemahlen, so
dass in derselben Nacht der Seekönig landete, der *Mysing* hiess.
10 Dieser tötete den Frodi und machte gewaltige Beute; da war Frodis
Friede dahin. Mysing nahm den Grotti und auch Fenja und Menja
mit sich und befahl ihnen, Salz zu mahlen. Um Mitternacht fragten
sie, ob er nicht des Salzes überdrüssig sei; er aber hiess sie weiter mahlen.
So mahlten sie denn noch eine Weile länger; da aber sanken die Schiffe,
15 und dort ist seitdem ein Strudel im Meere, wo die See durch das Loch
des Mühlsteins fällt. Seitdem ist auch das Meer salzig.

(Gering.)

Beowulf (about the 8th century).

Beowulf, an Anglo-Saxon poem in alliterative verse, is the only Old-Ger-
manic epic which has come down to us in a complete form. It illustrates the
deeds of the hero Beowulf, especially his fight with the sea monster Grendel,
with the latter's mother, and, lastly, with a dragon, in which he loses his life.
— The legend, based on an historic event, was introduced into Great Britain
by the Angles. Here it was probably very much enlarged, and then received
its present form. The only manuscript dates from the 10th century.

12. The Fight with the Monster.

Es nahte also,   vom Nebel verhüllt,
Grendel vom Moor her,   der gottverfluchte.
Zu würgen dachte   der wilde Frevler
20 Die Helden sämtlich   im hohen Saale;
Unterm Wolkendach schritt er   dem Weinhause zu,
Bis entgegen ihm glänzte   die goldene Halle
Mit den bunten Schindeln.   Zum Bau des Hrodgar
Kam der Elende nicht   zum ersten Male,
25 Doch fand er nie   in früheren Tagen,
Der höllische Wicht,   so wackeren Helden!

So kam zum Hause   der Kämpe geschritten,
Der freudenlose.   Seinem Faustgriffe wich
Die schwere Tür   trotz geschmiedeter Riegel;
Böses sinnend   erbrach er zornig
Des Hauses Eingang.   Hurtig alsdann
Trat der Feind in den Flur,   den farbiggemalten,
Grimmigen Sinnes;   wie glühende Flamme
Schoss aus den Augen   ein scheussliches Licht.
   Im Hause sah er   der Helden viele
Friedlich schlafen,   der Freunde Schar,
Die erlesenen Krieger: da lachte sein Herz.
Vor Tag noch hoffte   der teuflische Unhold
Das Leben aller   vom Leibe zu trennen,
Da Fülle von Frass   ihm zu finden glückte.
Doch beschlossen war's   in des Schicksals Rat,
Dass er Menschen nicht wieder   morden sollte
Nach dieser Nacht.   Der Neffe Hygelacs
Gab scharf Obacht,   wie der schädliche Wicht
Seine bösen Krallen   gebrauchen würde.
Nicht dacht' an Aufschub   das arge Scheusal:
Mit schnellem Griff   einen Schläfer packt' er
Als ersten Raub,   zerriss ihn eiligst,
Biss in den Körper,   das Blut in Strömen
Schlürfte er ein   und schlang gewaltig,
Bis des Leblosen   Leib verzehrt war,
Samt Füssen und Armen.   Der Feind schritt weiter
Und griff mit der Hand   nach dem heldenmüt'gen
Kämpfer im Bett,   seine Klauen spreizend.
Doch der Edle war rasch: auf den Arm gestützt
Packt' er des tückischen   Teufels Rechte.
   Da merkte der Molch,   dass im Mittelgarten
Er vormals nimmer   gefunden hatte,
Im Erdenrunde,   bei anderem Manne
Eine festere Faust;   nun befiel sein Herz
Beklemmende Furcht,   doch er konnte nicht fort;
Er strebte hinaus,   sein Versteck zu suchen
Bei den üblen Teufeln: die Arbeit heute
War anderer Art   als in alten Tagen.

Uneingedenk nicht   der Abendrede
War Hygelacs Neffe,   er hob sich vom Lager
In voller Länge   und fester packt' er,
Dass die rauhen Finger   des Riesen brachen.
Der drängte hinaus,   doch dicht auf den Fersen
Folgt' ihm der Jüte.   Gefloh'n wär er gerne
Zu der Klause im Sumpf,   doch die Krallen wusst' er
In des Helden Gewalt.   Der Weg war harmvoll,
Den der Höllenwicht diesmal   nach Heorot ging!
Es dröhnte der Saal,   die Dänen gerieten,
Die Burgbewohner,   in bangen Schrecken,
Die Recken alle.   In rasender Wut
Waren beide Kämpfer.   Der Bau erkrachte;
Ein Wunder war's,   dass die Weinhalle trotzte
Dem Toben der Streiter,   in Trümmer nicht stürzte
Das funkelnde Haus,   doch zu fest war es
Innen und aussen   mit eisernen Klammern
Geschickt umspannt;   von der Schwelle freilich
Wich manche Metbank —   melden hört' ich's —,
Geziert mit Gold,   wo die Zornigen stritten. —
So hatten's erwartet   die Weisen des Hofes,
Dass die herrliche Halle,   die horngeschmückte,
Kein Sterblicher je   zerstören könnte
Durch List oder Kraft,   wenn nicht mit qualmender Lohe
Umarmung es täte.   Ein unerhörter
Lärm erscholl,   und lähmender Schrecken
Drang in das Herz   den Dänen allen,
Die vom Hügel her   das Geheul vernahmen,
Das grause Lied,   das der Gottesfeind,
Der sieglose, sang,   beseufzend sein Unheil,
Der Hölle Häftling.   Es hielt ihn fest
Der Mann, der damals   die meiste Stärke
Von allen besass   im Erdenrunde.
    Zu hindern dacht' es   der Hort der Krieger
Dass der leidige Mörder   lebend entrinne,
Der nie den Menschen   zum Nutzen war.
Überdies schwang mancher   der Mannen des Fürsten
Eine alte Waffe,   bewährtes Erbstück,

Um Beowulfs Leben,   des lieben Gebieters,
Nach Kräften zu schützen,   des kühnen Helden;
Sie wussten's ja nicht,   die wahrhaften Streiter,
Da zum Kampfe sie   ihre Klingen zogen
5 Und von rechts und links   nach dem Räuber hieben,
Den Garaus ihm zu machen: dem Erzschelm konnte
Kein einziges Eisen   auf Erden schaden,
Der Schlachtschwerter keins,   da durch schwarze Kunst
Gefeit er war wider feindliche Waffen,
10 Wider dräuende Schneiden.   Dennoch sollte
Noch am nämlichen Tage   der nächtliche Geist
Elend enden,   der ausgestoss'ne,
Und fernhin gehn,   in die finst're Hölle.
    Nun merkte der,   der am Menschengeschlechte
15 So vielen Frevel   früher verübte
Aus Vergnügen am Mord,   der Gottverhasste,
Dass den Leib er nimmer   losmachen konnte,
Den Hygelacs Neffe,   der heldenmüt'ge,
Mit der Hand gepackt —   verhasst war beiden
20 Des Gegners Leben!   Der grimme Unhold
Ward endlich wund: an der Achsel klaffte
Ein riesiger Spalt,   es rissen die Sehnen,
Es brachen die Knochen.   Beowulf war
Der glückliche Sieger,   und Grendel musste
25 Todkrank flüchten   ins tiefe Moor,
Ins freudlose Heim.   Der Frevler wusste,
Dass das Ziel ihm gesteckt war,   gezählt der Tage
Dürftiger Rest!   Den Dänen allen
Ward des Wunsches Gewährung   nach wildem Kampfe.
30   So hatte gefriedet   der fremde Held,
Der kluge und tapfre,   des Königs Halle,
Vom Feind ihn befreit.   Er war froh seines Nachtwerks,
Der gelungenen Krafttat.   Geleistet war's,
Was mit dreister Rede   den Dänen versprochen
35 Der jütische Fürst.   Von jeglichem Leide
Hatt' er kühn sie erlöst,   von der quälenden Sorge,
Die in Drangsal und Not   sie erduldet lange,
Von entsetzlicher Schmach.   Als sichtbares Zeichen

Legte der Held   unterm hohen Dache
Arm und Hand   und Achsel nieder,
Was Grendel zurückliess,   die ganze Tatze.

13. Beowulf's Funeral.

Dort schichteten nun   den Scheiterhaufen
5   Die treuen Jüten   dem toten Recken;
Dran hängten sie Helme   und Heerschilde,
Wie geboten der Held,   und blinkende Panzer.
Dann legten sie trauernd   den teuren Herrn
In des Holzes Mitte,   den herrlichen König.
10   Dann ward von den Männern   ein mächtiges Feuer
Auf dem Berge entfacht,   und brauner Qualm,
Vom Klagegeschrei   der Krieger begleitet,
Stieg gekräuselt empor   aus der knisternden Lohe
In den stillen Äther, —   die sterbliche Hülle
15   War hurtig verzehrt   von den heissen Gluten.
Nun erhoben aufs neu'   ob des Herrschers Verlust
Ihren Wehruf die Männer;   die Witwe auch,
Der geschlungene Flechten   die Schläfe umkränzten,
Beklagte den Gatten,   die kummervolle:
20   Ihr schwan' es, sprach sie,   von schweren Zeiten,
Von Gemetzel und Mord,   von mächtiger Feinde
Schrecklichem Wüten,   von Schmach und Gefängnis. —
Nun verflog der Rauch   in die Fernen des Himmels.
    Es wölbten nun   der Wettermark Leute
25   Den Hügel am Abhang,   gar hoch und breit
Und weithin sichtbar   den Wogenfahrern.
In der Frist von zehn Tagen   war fertig das Werk,
Des Ruhmreichen Mal.   Die Reste des Brandes
Umschloss der Wall,   so schien es würdig
30   Den weisen Männern.   Das weite Grab
Nahm auch Ringe und Schmuck   und Rüstungen auf,
Den ganzen Schatz,   den gierige Krieger
Dereinst erbeutet: die Erde empfing
Das rote Gold —   dort ruht es noch jetzt,
35   So unnütz den Menschen,   wie's immer gewesen,

Dann umritten den Hügel   die rüstigen Helden,
Der Edlinge zwölf,   die nach altem Brauch
In Liedern sangen   die Leichenklage
Und den König priesen.   Die kühnen Taten
5 Rühmten sie laut   und sein ritterlich Wesen,
In Wort und Spruch   sein Wirken ehrend
In geziemender Weise.   Das ziert den Mann,
Den geliebten Herrn   durch Lob zu erhöh'n
In treuem Sinn,   wenn des Todes Hand
10 Aus des Leibes Hülle   erlöst die Seele. —
So klagten jammernd   die Krieger der Jüten
Um des Brotherrn Heimgang,   die Bankgenossen,
Der am höchsten stand   von den Herrschern der Erde
Als gütigster Geber,   als gnädigster Fürst,
15 Der rastlos bestrebt war   den Ruhm zu mehren.

(Gering.)

CHRISTIAN LITERATURE.

EARLY CHRISTIAN POETRY.

14. THE WESSOBRUNN PRAYER (about 780).

The Wessobrunn Prayer was found in a manuscript (now in Munich),
which formerly belonged to the monastery of Wessobrunn in Bavaria. In the
last two pages of this manuscript, which contains a strange medley of monastic
lore in Latin, are to be found, under the heading *De poeta*, some twenty-one
lines of German. They consist of three disconnected parts, namely (1) the
beginning of a pagan cosmogony in verses, then (2) one strophe which starts
to describe the creation of the world from a Christian point of view, and finally
(3) a prose prayer. — The theme is that of Psalm xc, 2.

Das erfuhr ich unter den Menschen   als der Wunder grösstes,
Dass Erde nicht war,   noch Himmel darüber,
Noch irgend ein glänzender Stern,   noch Sonne leuchtete,
Noch Mond, noch die herrliche See.

20 Als da nichts war   von Enden noch Wenden,
Da war der eine   allmächtige Gott,
Der Männer mildester,   und manche mit ihm
Gütige Geister.   Und heiliger Gott. . . .

Allmächtiger Gott, der du Himmel und Erde schufest und den
Menschen so vieles Gute gegeben hast, gib mir rechten Glauben an
deine Gnade und guten Willen und Weisheit und Klugheit und Kraft,
dem Teufel zu widerstehen und das Böse zu vermeiden und deinen
5 Willen zu vollbringen.

15. THE MUSPILLI (about 880).

The name of Muspilli was given by Schmeller to a fragment (which he
edited in Munich, 1832) of 103 alliterative verses. They are written on
the blank sheets of a Latin manuscript known to have been in the possession
of Ludwig the German (843–876). Hence Schmeller supposed the king himself had written it down. — We find here in the description of the Germanic
"Muspilli" or "World Destruction" (cp. *Mudspelli* in the O. Sax. Heliand,
Muspell in the Norse Edda) a remnant of the old pagan religion in the guise
of the Christian Apocalypse. The battle between the angels and the spirits of
darkness for the souls of the dead at the Last Judgment is depicted with an
imaginative power foreign to mediaeval Christianity, while the fight between
Elijah and the Antichrist reminds us of the Scandinavian Thor's destruction of
the Serpent of Midgard. Yet there is scarcely anything in the Muspilli that
cannot be traced to canonical sources; the Christian ideas have merely become
tinged by Germanic imagination.

. . . . sein Stündlein komme, dass er sterben soll.
Denn gleich, wenn der Geist zum Gang sich erschwinget
und seinen Leichnam liegen lässet,
so naht sich ein Heer von den Himmelsgestirnen,
10 ein andres vom Feuerpfuhl: da fechten sie drum.
Sorgen mag die Seele, so lang der Sieg noch schwankt,
zu welchem der Heere sie geholt möge werden.
Denn so sie des Satans Gesellin wird,
geleitet wird sie da sogleich, wo ihr Leid geschieht,
15 in Feuer und in Finsternis: das ist ein schrecklich furchtbar Los.
Holen sie aber die, die vom Himmelreich kommen,
Und wird sie der Engel Eigentum:
da darf sie sogleich ins Paradies eingehn,
da Leben ist ohne Tod, Licht ohne Finsternis,
20 ein Saal ohne Sorgen, und siech niemand.
Wer dann im Paradiese ein Dach gewinnt,
ein Haus im Himmel, der hat hohes Genügen.
Darum ist mächtig not aller Männer jeglichem,

dass sein Sinn ihn antreibe   [und er gewaltig eile],
Gottes Willen   gern zu tun
und der Hölle Feuer   hastig zu fliehen,
Schwefelpfuhls Schmerzen;   da schürt der uralte Satan

5   heisse Lohe.   Drum mag sich hüten davor,
sorgen eilig,   der sich sündig weiss.
Weh dem, der in Finsternis soll   seine Frevel büssen,
geplagt im Pechpfuhl;   das ist gar peinvolles Los,
dass der Mensch heulet zu Gott   und ihm Hilfe nicht kommt.

10   Es hofft auf Erlösung   die leidende Seele,
nicht ist sie in Erinnerung   dem ewigen Gotte;
denn hier in der Welt   nicht wirkte sie danach.

Wenn nun der reiche König   zum Gericht entbietet,
allda erscheinen soll   der Geschlechter jegliches:

15   da darf kein Erdenkind   das Gebot missachten,
dass nicht männiglich   zu der Malstatt komme.
Da soll er vor dem Richter   darüber Rechenschaft geben,
was er auf dieser Welt   je gewirkt hat.

Das hört' ich weissagen   die Weisen der Erde,

20   dass der Antichrist werde   mit Elias streiten.
Der Wolf ist gewaffnet: da wird unter ihnen Wettstreit erhoben.
Die Kämpen sind so kräftig,   der Kampfpreis ist so hehr.
Elias streitet   ums ewige Leben,
will den Rechtliebenden   das Reich festigen:

25   darum wird ihm helfen   des Himmels Gebieter.
Der Antichrist steht   bei dem Altfeinde,
steht bei dem Satanas,   der ihn versenken wird:
darum soll er auf der Walstatt   wund hinfallen,
und in dem Strausse   stürzen siegelos.

30   Doch viele meinen der Gottesmänner,   dass Elias fallen werde.
Wenn des Elias Blut   zur Erde träufet,
so entbrennen die Berge,   kein Baum bleibt stehen
auf der weiten Welt;   die Wasser vertrocknen,
das Meer verschluckt sich,   es schmilzt in Flammen der Himmel.

35   Der Mond fällt,   es brennt Mittelgart,
kein Stein bleibt stehen;   da naht der Strafetag,
fähret mit Feuer,   die Völker heimzusuchen:

da mag dann kein Gatte dem andern   helfen vor dem Götterbrand.
Wenn der breite Glutregen   alles verbrennet,
und Lohe und Sturmwind   alles durchläutert:
wo ist dann die Mark,   darum man einst mit seinen Verwandten stritt?
5 Die Mark sie ist versenget,   die Seele steht bedränget,
Weiss nicht die Schuld zu zahlen,   fährt hin zu Höllenqualen.
Darum kommt's dem Menschen zu Statten,   wenn er zu der Malstatt
                                            kommt,
dass er rechtmässig   richte jegliche Sache.
Dann braucht er nicht zu bereuen,   wenn er zum Gerichte kommt.
10 Nicht weiss der elende Mann,   was für einen Aufpasser er hat,
wenn er um Reichtum   das Recht beuget:
dass der Böse dabei   verborgen steht.
Der zeichnet auf   alles und jegliches
was Böses je und je   der Mensch vollbrachte,
15 dass er es alles verrät,   wenn er zum Gerichte kommt;
drum sollte kein Sterblicher   Bestechung annehmen.
Wenn das himmlische Horn   hallt durch die Lüfte,
und sich der Weltrichter   auf den Weg erhebt:
dann hebt sich mit ihm   der Heere grösstes;
20 das ist all so kühn,   dass niemand mit ihm kämpfen mag.
Dann fährt er zu der Malstätte,   die da abgemarket ist:
da ergeht das Gericht,   von dem man stets geredet.
Dann fahren Engel   über die Länder,
wecken die Völker,   weisen zum Dinge.
25 Da soll männiglich   aus dem Moder erstehen,
sich lösen aus des Grabes Banden,   soll ihm wieder sein Leben kommen,
dass er all seine Schuld   offen gestehe,
und ihm nach seinen Werken   das Urteil werde.
Wenn der nun thronet,   der da teilen soll,
30 dem da gebühret zu richten   die Lebendigen und die Toten,
dann steht rings um ihn   der Engel Menge;
guter Menschen   ist so grosser Kreis.
Dahin kommen zum Gerichte   so viele, die da von der Rast erstehen,
dass von allen Menschen keiner   da ausbleiben darf.
35 Da soll dann die Hand sprechen,   das Haupt sagen,
Aller Glieder jegliches   bis herab auf den kleinen Finger,
was es unter dieser Menschheit   Mordes vollbracht hat.

Da ist so listig kein Mensch,   dass er etwas erlügen möge.

dass er verhehlen möge   einige Handlung,

dass es nicht alles vor dem Könige   kundgemacht werde,

— er hätt' es denn mit Almosen   alles vergütet

5 und mit Fasten   die Frevel gebüsst.

Denn der ist wohlgemut,   der seine Werke gebüsst hat,

wenn er zur Gerichtsstatt kommt.

Da wird dann hergetragen   das heilige Kreuz,

dran Christus der Herr   erhängt und gequält ward.

10 Dann zeigt er die Male   die er in der Menschheit empfieng,

die er um dieser Welt   willen erduldete.

(Vetter.)

THE OLD SAXON GENESIS (about 830).

In 1894, Zangemeister discovered, in a Latin manuscript of the Vatican, Old Saxon fragments comprising in all 337 verses. One of the fragments consists of verses of the Heliand, while others contain a poetic treatment of stories from the Old Testament. Since, according to Flacius, the poet of the Heliand is supposed to have treated the Old as well as the New Testament, the suggestion was made that he was also the author of these fragments of an Old Saxon Genesis. But such important deviations in language and meter were discovered by the side of striking coincidences that to-day two different authors are generally assumed.

16. ADAMS KLAGE.

„Wehe uns, du, o Eva, hast nun," sprach Adam,   „unheilvoll gewendet

Unser verschwistert Geschick!   Nun musst du schauen die schwarze Hölle,

Gierig gähnet sie;   von hier mit Grausen auch

15 Hörest du das Heulen;   dem Himmelreiche

Ist fremd solch ein lodernd Feuer: ja, es war der Gefilde schönstes,

Das wir durch unsres Herren Gunst   noch haben könnten,

Wo du dem nicht folgtest,   der uns zu dem Frevel verführt,

Dass wir wegwarfen   das Wort des Herren,

20 Des Himmelsköniges.   Nun füllt Harm die Brust uns,

Wir schrecken vor dem Schicksal: sagte der Schöpfer doch selbst,

Dass uns vor solcher Busse   bangen müsste,

Vor so herbem Leide.   Jetzt quälen mich der Hunger und der Durst

Bös und bitter schon;   früher waren wir von beiden verschont.

Was soll nun mit uns werden,   oder wie sollen wir in dieser Welt hier
leben?
Wo gar oft der Wind wehet   von Westen oder Osten,
Von Süden oder Norden;   nun sammeln Wolken sich,
Es kommen Hagelschauer   und hüllen den Himmel,
5 Das geht dann giessend herab   und mit grausiger Kälte;
Und heute wieder vom Himmel,   heiss erstrahlend,
Blinket die blendende Sonne;   und wir stehn blossen Leibes,
Kein Kleid auf unsrem Körper: wir haben keine Deckung,
Nicht Schatten hier noch Schirmdach;   und auch bescheret ward
10 Zum Mahle uns gar nichts.   Jetzt haben wir den allmächtigen Herrn,
Gott zum Gegner.   Und wie soll es uns gehen nur?
Nun muss ich mich härmen,   weil ich damals bat den Himmelsherrscher
Gott,
Den gebietenden und guten,   [dass er dich hier bilde für mich,
Aus meinem Fleisch und Beine: denn du hast verführet mich,
15 So dass mein Herr mich hasset;   mir wird's zum Harme sein
Immer und ewig,   dass ich dich je mit Augen geschaut."]

17. Kains Bestrafung.

Heimwärts nun zog er von hinnen fort,   wo seine Hand sich versündigt
Böslich an dem Bruder;   er liess ihn ohne Erbarmen liegen
Und in dem tiefen Tale   zu Tod bluten ihn da.
20 Leblos lag er,   Lagerstatt bieten
Sollte der Sand ihm.   Nun wandte Gott selbst an Kain,
Der waltende, seine Worte   (denn ihm wallte gegen den Mörder,
Den bösen, das Blut auf)   und fragte ihn, wohin denn wohl sein Bruder
jetzt,
Der Knab, sei gekommen.   Da sagte ihm Kain zur Antwort
25 (Er hatte mit seiner Hand ja   so heillos begangen
Das wehvollste der Werke,   und die Welt war so tief nun
Versunken in Sünden):   „Nicht brauch' ich sorgen um ihn," sprach er,
„Schauen auf seine Schritte,   noch war des Schöpfers Gebot,
Dass ich hätte ihn hier   hüten sollen,
30 Bewachen auf dieser Welt ihn."   Er wähnte gewisslich,
Dass er verhalten könnte   dem Herrn der Erden,
Verhehlen sein Handeln.   Da sprach zu ihm unsres Herren Wort:

„Allsolches hast du gewirket," sagte er,   „dass dich, solange du weilst
auf der Welt,
In deinem Herzen härme,   was du mit deinen Händen getan hast.
Vergossest du doch das Blut des Bruders!   Nun erblichen liegt er
Von wehvollen Wunden;   er gebrauchte doch niemals Gewalt gegen dich,
5 Noch schalt er je schlecht dich,   und du hast gegen ihn den Schlag ge-
führt,
Zu Tod ihn getroffen.   Und triefend rinnt aus dem Körper,
In den Sand sinkt sein Blut nun;   die Seele wandelt,
Der Geist Grames voll,   nach Gottes Weisung.
Sein Blut schreiet zum Gebieter und Herren,   und es saget, wer so
Böses begangen hat,
10 So Übles auf diesem Erdenkreise: nicht ärger kann wohl irgend einer
Der Männer und misslicher   in Mittgard wirken
Noch bösere Bitternisse,   als du deinem Bruder jetzo
Frevelhaft vollführt hast."   Und zu fürchten begann
Kain ob dieser Kunde vom Herren   und klagte, er wisse wahrlich,
15 Dass er nicht könne des Waltenden Weisheit wohl   im Weltenlaufe
Sein Handeln verhehlen.   „Und drum wird mir das Herze so schwer
sein," sprach er,
„Bangen in meinem Busen,   weil ich meinen Bruder schlug
Mit meiner Hand wuchtig.   Gewisslich wird nun immerfort dein Hass
mich suchen,
Folgen deine Feindschaft mir,   weil ich ja die Freveltat begangen.
20 Da bei meinen Sünden schwer   versagt deine Güte,
Dem Gräuel nicht gleich kommt   deine grosse Gnade,
So kann ich auch wert es nicht sein,   waltender Herr du,
Dass du mir erlässest   die leidige Sünde,
Vom Frevel mich befreiest.   Da ich mein Herz nicht wollte fest und
treulich
25 Lenken nur nach deinem laut'ren Willen,   nun, wahrlich, kann ich hier
mich nicht mehr meines Lebens freuen:
Mich wird erwürgen, wer immer mich auf diesen Wegen findet,
Erschlagen mich um meine Schandtat."   Ihm gab zum Bescheid nun er
selber,
Des Himmels Beherrscher: „Hier wirst du jetzt noch," sprach er,
„Leben in diesem Lande (lange Zeiten).   Magst du auch beladen sein
30 Mit Fluch und mit Frevel,   nicht will ich dich friedlos legen;

Doch werde dir ein Wahrzeichen,　und so wirst wahrlich du
Weilen auf dieser Welt hier,　wenn du es wert auch nicht bist.
Doch flüchtig wirst du sein, und gefürchtet　führst du von heut
Dein Leben in diesem Lande,　so lange als du dies Licht schauest.
5 Dir fluchen werden die frommen Menschen,　und du wirst nicht wieder
　　　　　　　　　　　　　　kommen vor deines Vaters Antlitz,
Worte je zu wechseln mit mir:　es wartet und brennt
Deines Bruders Rache　bös in der Hölle."

18. ADAMS NACHKOMMEN: SETH UND ENOCH.

Da ging von dannen er, Grimm im Herzen:　hatte ihn doch Gott selber
Strenge verstossen.　Bestürzt vernahmen sie die Botschaft:
10 Adam nun ward und Eva　die arge Schandtat,
Ward der Qualtod kund,　den da musste ihr Kind leiden.
Und dem Adam erfüllte　all sein Herze
Trauer und Trübsinn,　da er wusste, dass tot sein Sohn sei.
Auch sie nun ward bekümmert , die einst das Kind ernähret,
15 Den Sohn hatte gesäuget.　Und sie säubert von Blut
Des Toten Gewandung:　da wird ihr so trüb ums Herze.
Kummer ward ihnen da zwiefach:　nicht nur des Kindes Tod,
Des Helden Hinfahrt;　auch dass mit seiner Hand musste geben
Kain ihm solchen Qualtod.　Und nicht hatten sie der Kinder da mehr
20 Lebend hier in diesem Lichte,　sondern nur den Einen, der da so leidig
　　　　　　　　　　　　　　war
Dem Schöpfer wegen seiner Schandtat,　und an jenem konnten sie wohl
　　　　　　　　　　　　　　schwerlich je
Freudiges erfahren,　der da solcher Feindschaft pflog
Und vergoss das Blut des Bruders.　Drob ward den beiden nun,
Dem Gattenpaar,　gramvoll ums Herze.
25 Oft wenn im Sand beide　so seufzend da standen,
Sagten sie selber sich wohl,　ja gewiss, das hätten nur ihre Sünden ver-
　　　　　　　　　　　　　　schuldet,
Dass sie nicht hier auf Erden　Erben hätten,
Die würdig erwüchsen.　Ward doch ihnen beiden
Mancherlei Marter noch,　bis durch seine Macht der Herr,
30 Der hochhimmlische Gott,　ihren Harm nun stillte,
Dass ihnen wurden endlich,　des Erbes zu walten,

Männer und auch Maide.　Zu Menschen sie gedieh'n,
Von Wuchse wohlgestalt;　gewitzt wurden sie,
Reif im Reden.　Rasch aber mehrte
Seiner Hand Geschöpfe　der hohe Herrscher,
5　Dass ihnen ein Sohn ward geboren,　den nannten sie Seth mit Namen,
(So war's in Wahrheit);　und Wachstum gab
Der himmlische Herr ihm　und ein Herz voll Güte,
Ein glücklich Ergeh'n.　Er war Gott so teuer,
Gnädig war der ihm und auch gütig;　denn jenem ist Glück beschert,
10　Der da mit solcher Ergebung pflegt　Gott zu dienen.
Er lobte nun und pries　den Leuten eifrig
Des Schöpfers Gnade:　ein Geschlecht ist von ihm kommen.
Ein Schlag gar gut,　. . . .
Von Worten weise;　gewitzt wurden sie,
15　Reif auch an Rate,　und sie gerieten dann gar wohl.
Von Kain nun aber kamen　kraftvolle Männer,
Helden so hochfahrend,　hatten gar harten Willen,
Weh zu wirken;　dem Wort des Waltenden
Nicht folgten fügsam sie,　erhuben ihm frevlen Streit,
20　Reiften zu Riesen alle:　das war die ruchlose Brut,
Von Kain gekommen.　Da geschah's, sie erkoren sich
Zu Gatten gegenseitig:　es ward vergiftet so
Die Sippe des Seth nun　und der Söhne Schaar
Mit Frevel beflecket,　und es wurden feind sie all'
25　Und leid die Leute dem,　der dies Licht erschuf.
Nur war bei ihnen *ein* Mann doch　von edler Gesinnung,
Mannhaft in seinem Mut,　und er war makellos,
Reif und beredt auch,　und er war rasch denkend,
Enoch war sein Name.　Der ward auf Erden hier
30　Kund wohl den Kühnen　in diesem Kreis der Welt;
Denn er in seinem Körper ward　von der Könige allbestem,
Lebend mit seinem Leib ward er　(nicht ist er in diesen Landen ge-
storben) —
Ja, *so* geholet ward er von hier:　der Herrscher des Himmels
Nahm ihn hin an jene Stätte,　wo er stetig wird
35　Weilen in Wonnen,　bis ihn dann wieder in diese Welt wird senden
Der hochhimmlische Gott　den Heldensöhnen,
Die Leute zu lehren.　Doch dann kommt der leidige Feind auch,

Das ist Antichrist, der alle Völker
Der Welt entweihet; mit seinen Waffen dann
Wird erschlagen er den Enoch, mit scharfer Schneide:
Unter der Faust Schlagkraft entflieht die Seele
5 Und wandelt den Weg des Heils, und des Waltenden Engel kommt nun,
Zu richten ihn, den Ruchlosen, mit dem Racheschwerte.
Da wird dem Antichrist das Ende bereitet,
Der Feind gefället; das Volk wird wieder gewendet
Zu Gottes Reiche, zur Gnade nun die Menschheit
10 Für lange Zeiten, und es steht nun wieder im Lande gut.

19. Dem Abraham wird das Schicksal Sodoms verkündet.

Da hatten wieder so sehr sich von Sodom die Leute,
Die Männer so vermessen; sie erregten des Mächtigen Zorn,
Des waltenden Herren, da sie wüst hausten,
Vollführeten Freveltaten: hatte doch so viel das falsche Volk
15 An Gräuel begangen, dass es nimmermehr Gott der Herr
Dulden durfte. Er hiess nun dreie fahren
Der Engel gen Osten in seinem Auftrage,
Sandte nach Sodom sie und gab ihnen auch selbst das Geleit.
Als sie über Mamre, die mächtigen, kamen,
20 Da fanden sie Abraham dort an seinem Altar stehen,
Wirken an der Weihstätte; denn er wollte dem Allwaltenden
Gaben opfern, und er weilte, um Gott zu dienen,
Dort mitten am Tag, von den Mannen der beste.
Er erkannte die Kraft Gottes, sobald er kommen sie sah:
25 Ging ihnen entgegen, und vor Gott nun sank er hin,
Beugte sich und betete; und er bat flehend,
Dass seine Huld er ihm erhalten möge:
„Wohin willst du nun, weiser Herr du,
Allbeherrscher, Vater? ich bin dir eigen als Knecht,
30 Hörig und gehorsam; du bist so hold mir als Herr,
Im Geben so gnädig: von meinem Gut was willst,
O Herr, du haben nur? es steht in deiner Hand ja all.
Mein Leben, von dir ist's Lehengut, ich bin deinen Lehren ja treu;
Herr du mein guter, darf ich wohl hören nun,
35 Wohin du Siegesherr jetzt sinnst zu wandeln?"

Da tönte ihm entgegen   Gottes Antwort,
Kraftvoll kam sie: „Wohl will ich dir das verkünden jetzt," sprach er,
„Geheim nicht halten dir,   wie mein Herze denket.
Sieh, wir wollen nach Süden ziehen,   sind doch in jenem Sodomer Land
5 So lasterhaft die Leute.   Nun flehen die Verlornen zu mir
Tages und auch Nächtens,   und von ihren Taten reden sie,
Sagen mir die Sünden.   Doch will ich nun selber nachseh'n,
Ob die Männer dort sind   solche Meintäter,
Die Leute so lasterhaft.   Alsdann soll sie loderndes
10 Feuer befallen,   will ich ob ihrer frevlen Sünden
Sie schrecklich verschütten: Schwefel vom Himmel
Ergiesset sich glühend,   die Gottlosen sterben,
Die Männer der Meintat,   wenn der Morgen taget!"
   Abraham dann erwiderte   (mit gar eifrigem Sinn
15 Und weiser Wortwahl auch),   indem er zu dem Waltenden sprach:
„Wahrlich! Gutes in Fülle," sprach er,   „Gott Himmelsherrscher,
Vater, verfügst du: Alles ward vollführt durch dich,
Die Welt steht durch deinen Willen,   und Gewalt hast du
Über deine Kinder all'   im Kreis der Erde:
20 Da kannst du wollen doch nicht,   waltender Herr mein,
Alle sie zusammentun,   Sündige und auch Gute,
Die lieb dir sind und leidig;   sind doch die Leute nicht gleich!
Du ringst ja nach Recht nur   im Reich der Welten:
So du nicht willst, dass da entgelte   der gutwillige Mann
25 Des Boshaften Verbrechen,   (nach deinem Gebot freilich
Wird vollbracht ja alles,)   will ich dich bitten nun
(Doch stärker nicht ergrimme darum,   Gott Himmelsherrscher):
Wenn du dort fromm erfindest   fünfzig von den Männern,
Lenksam von den Leuten,   kann dann wohl das Land bestehn,
30 O Schöpfer, in deinem Schutze   und schadlos bleiben?"
Drauf tönte ihm entgegen   Gottes Antwort nun:
„Wenn ich an Frommen finde," sprach er,   „fünfzig bei den Männern,
Menschen dort makellos,   die zum Mächtigen stehen,
Fest und fromm auch,   dann will ich von ihnen nicht fordern das Leben,
35 Darum, weil ich die Reinen doch   retten möchte."
Abraham jetzt erwiderte   zum andern Male,
Fort fuhr er nun   und fragte den Herren:
„Was hast du dann vor," so sprach er,   „Herr mein Gott du,

Wenn du der Diener kannst   dreissig finden,
Makellose Männer?   Möchtest du auch dann sie
Am Leben belassen,   dass sie dürfen im Land bleiben?"
Da sprach der gute   Gott hoch und herrlich,
5 Sagte nicht säumig,   dass er so wollte
Verfahren mit dem Volke: „Kann ich an Frommen in der Schar,"
                                      sprach er,
„Der Degen unter ihnen dreissig   dorten finden,
Die Gott fürchten und gut sind,   dann auch will ich ihnen vergeben
                                      allen
Die Schlechtigkeit und Schandtat,   und ich will auch die Schar des
                                      Volks
10 Um Sodom dorten sitzen   und unversehrt lassen."
    Abraham dann erwiderte   eifrigen Sinnes,
Folgend seinem Vater,   und viel der Worte er sprach:
„Nun muss ich drum bitten," sprach er,   „dass du mir drob böse nicht
                                      wirst,
Vater, du guter,   weil ich so viel nun rede,
15 Zu wechseln wage nun mit dir die Worte: ich weiss, dass ich nicht
                                      würdig des bin,
Es sei, dass du es wollest in all deiner Güte,   Gott Himmelsherrscher
Und Lenker, erlauben mir: mich verlangt sehnlich
Zu erfahren nun deine Fügung,   ob hier die Völker getrost
Leben dürfen   oder erliegen werden,
20 Zu Tode getroffen;   was willst mit ihnen dann du tun, o Herr,
Wenn du dir zugetan   zehn da noch kannst
Finden unter jenem Volke,   fromm von den Männern?
    Dürfen auch dann sie sich   noch freu'n des Lebens,
Dürfen sie im Sodomer Land   sesshaft wohnen,
25 Bleiben dort als Bürger,   weil du nicht so bös auf sie bist?"
Da scholl wieder entgegen   des Schöpfers Antwort ihm:
„Wenn ich mir zugetan," sprach er,   „zehn bei ihnen kann
Von den Leuten dort   im Land erfinden,
Dann noch mögen sie sich alle wegen der Verlässlichen zehn   des Lebens
                                      freuen."
30 Doch nicht ging's, dass Abraham mehr   Gott den Herren
Und fürder fragte,   und er fiel nun nieder zu beten,
Auf die Knie kraftvoll: künftig dienen

Werde Gott gerne er   und auch Gaben opfern ihm
Und wirken nach seinem Willen.   Er wandelte weiter,
Ging zu seinem Gastsaale;   Gottes Engel aber zieh'n
Nach Sodom als Gesandte nun,   wie er selbst es gebot,
5 Der Waltende mit Worten,   da er sie hiess auf diesem Weg wandeln.

20. Der Untergang Sodoms.

Sie sollten nun erfinden,   wie viel Fromme es wohl
Dort in Sodom der Stadt,   der Sünden noch ledige
Männer gäbe,   die noch keine Missetaten,
Frevelwerke vollführet.   Die dem Tode Verfall'nen schrien,
10 Aus jedem der Häuser ward es kund,   wie die heillosen Leute
Verbrechen vollbrachten. —   Da waren Böse so viel,
Volks, das zum Frevel   wie ein Feind hatte
Die Leute verlocket: der Lohn war dort bereitet
Mit Mord dieser Menge   für ihre Meintaten.
15 Damals wohnte im Innern der Stadt   von edlem Stamm ein Mann,
Loth, unter den Leuten,   der zum Lob Gottes
Wirkte in unsrer Welt hier,   hatte sich auch Wohlstand beschafft
Und Güter erworben: er war Gott gar wert.
War aus Abrahames   edlem Stamme,
20 Des Bruders Sohn;   nicht war besser ein Mensch
In der Markung des Jordan,   kein Mann tüchtiger;
War gewappnet auch mit Weisheit   und stand in des Waltenden Huld.
Als zu Golde ging   glänzend die Sonne,
Aller Gestirne strahlendstes,   da stand er vor der Stadt am Tore.
25 Und da sah gegen Abend   der Engel er zweie
Hingehn zu den Häusern,   so wie vom Herrn sie kamen,
Gewappnet mit Weisheit.   Da redete er sie mit Worten an,
Ging ihnen entgegen,   und Gott dann dankte er,
Dem Himmelskönige,   weil er seine Hülfe geliehen,
30 Dass er dürfe mit seinen Augen   anschauen sie.
Und als er auf die Knie sie küsste   und sie kleinlaut bat,
Dass sein Haus sie doch heimsuchten,   (dass in ihre Hand er all
Das Gut ja wolle geben,   das ihm Gott hätte
Verliehen in dem Lande,)   da nun auch nicht lang verzogen sie,
35 Sondern gingen in seine Gasthalle;   und er hörte gläubig an

Die Vorschriften frommen Sinnes, und gar viel ihm sagten sie,
Wahrhafte Worte. Dann auf der Wacht er sass
Und hielt des Herren Boten in heil'gem Schutze,
Gottes Engel. Und des Guten so viel sie,
5 Des Wahren ihm wiesen. Weg zog am Himmel
Der düstere Druck der Nacht, es dämmert der Morgen;
In allen Gehöften nun schon ruft der Frühvogel hell,
Schon der Hahn vor Tage. Da hatten unseres Herren Gesandte
Die Frevel erfunden, die vollführet das Volk
10 Dort in Sodom der Stadt. Da sagten sie Loth auch,
Dass da Mord müsse den Menschenkindern,
Vernichtung diesen Leuten furchtbar und so auch dem Lande nun
                                                                                    werden.
Hiessen ihn da nun zurüsten, und hiessen ihn ziehen von dannen,
Entfernen sich von seinen Feinden und auch nehmen die Frau mit sich,
15 Das Weib aus würdigem Stamme. Und nicht hatte an Verwandten er
                                                                                    da mehr,
Nur seiner Töchter Paar, damit solle er sein schon vor Tagesanbruch
Auf jenem Berge droben, dass ihn das brennende
Feuer nicht erfasse. Da alles zu der Fahrt alsbald
Schleunig beschafft war, schritten die Engel vor.
20 Da führten ihn an den Händen des Himmelsköniges Boten,
Lehrten ihn da und geleiteten ihn lange Stunden,
Bis sie ihn hatten geborgen und von der Burg ferne;
Geboten, da sie niemals erlebten solch ein laut Lärmen,
Solch Brausen und solch Brechen, dass sie nimmer den Blick wendeten,
25 Wenn sie nicht wollten die Stätte stetig wahren.
Dann wandten sich wieder die heiligen Wächter,
Gottes Engel, und gingen schleunig;
Ihre Sendung war nach Sodom; doch gen Süden zog
Loth, wie sie ihn gelehret, er floh jenes lasterhaft Volk
30 Von zuchtlosen Menschen. Da war die Zeit kommen.
Es scholl ein Gedröhn schrecklich; das drang bis in den Himmel,
Ein Bersten und Brechen nun, alle die Burgen da wurden
Mit Rauch jetzt erfüllet; vom Himmel regnete so furchtbar
Das fallende Feuer; die Verfluchten, sie schrie'n,
35 Das Volk jener Frevler; die Flamme fasste rings
Der Burg breitverstreute Stätten; in Brand stand alles,

Steine und Erde,   und ihrer viel, ein streitbar Volk,
Schwanden hin und sanken;   Schwefel brennend jetzt
Schwoll zu den Wohnungen,   die Schändlichen ernteten
Der Laster Lohngeld.   Das Land nun versank,
5   Die Erde in Abgründe;   aus war es gänzlich
Mit Sodom dem Reiche;   von seinen Söhnen ist keiner
Zu Taten erwachsen: im toten Meer sie
Dahinsanken,   so wie es noch heute daliegt,
Flutengefüllet.   Da hatte seine Freveltaten
10   Ganz Sodoms Geschlecht   so sehr gebüsset.
Nur dass da von ihnen Einen   noch auswärts führte
Des Waltenden Wille,   und die Weiber mit ihm,
Selbviert ihn als Führer;   da nun hörten sie der Verfluchten Qual,
Das Brennen der Burgen,   und es wandte den Blick zurück
15   Des Edlen Ehegattin;   denn nicht wollte sie mehr der Engel
Befehle folgen: sie war die Frau des Loth,
So lange sie hatte im Lande   leben dürfen.
Als sie auf dem Berge blieb steh'n   und sandte den Blick zurück,
Da ward sie zum Steine   und wird steh'n alldort,
20   Den Kindern zur Kunde   in dem Kreis der Welt,
Noch nach Ewigkeiten,   so lange als diese Erde sein wird.

                                        (*Siebs.*)

The Heliand (about 830).

This is the title of an Old Low German Messiad in alliterative verses, which
was composed, if the tradition is correct, by a well-known Saxon bard at the re-
quest of Ludwig the Pious.   The name Heliand (O. S. for Saviour) was given
to the poem by Schmeller, who edited it in 1830.   It is the longest and most
important literary monument in the Old Saxon dialect.   As it betrays the use
of Latin sources and of several Bible commentaries, its author must either
have been a cleric well acquainted with popular epics, or a professional poet
to whom the material was communicated by a cleric.   Two manuscripts are
extant, one in Munich (formerly in Bamberg), and one in the British Museum.
Brief fragments are in Prague and in the Vatican Library.

21. Eingang.

Manche waren,   die ihr Gemüt dazu trieb,
Dass sie Gottes Wort   beginnen wollten,
Das Geheimnis zu enthüllen,   das der heilige Christ

Hier unter Menschen   herrlich vollendete
Mit Worten und Werken.   Uns wollten viel weiser
Leute Kinder loben   die Lehre Christs,
Des Herren heilig Wort,   und mit Händen schreiben
Offenbar in ein Buch,   wie seinen Geboten
Die Völker folgen sollten.   Doch viere nur fanden sich
Unter der Menge,   die Macht von Gott hatten,
Hülfe vom Himmel,   heiligen Geist
Und Kraft von Christ.   Sie kor er dazu
Von allen allein,   das Evangelium
In ein Buch zu bringen,   die Gebote Gottes,
Das heilige Himmelswort.   Das hatten nicht andre noch
Aus dem Volke zu fördern,   da nur diese viere
Durch die Kraft Gottes   dazu gekoren wurden.
Matthäus und Marcus   hiessen die Männer,
Lucas und Johannes: sie waren Gott lieb
Und des Werkes würdig: der waltende Gott
Hatt' ihren Herzen   heiligen Geist
Fest anbefohlen   und frommen Sinn,
Weise Worte verliehen,   und grosses Wissen,
Dass sie erheben möchten   mit heiligen Stimmen
Die gute Gotteskunde,   die ihr Gleichnis nicht hat
In Worten dieser Welt,   die so den waltenden
Herrscher verherrlichten,   und heillose Tat,
Frevelwerk fällten   und dem tückischen Feind
Im Streit widerstünden;   denn starken Sinn hatte,
Milden und guten,   welcher der Meister war,
Der edle Urheber,   der allmächtige.
Sie viere sollten   mit Fingern schreiben,
Setzen und singen   und gründlich sagen,
Was sie von Christi   Kraft, der grossen,
Gesehen und gehört,   das er selber gesprochen,
Gewirkt und gewiesen,   des Wunderbaren viel
Vor den Menschen und mancherlei,   der mächtige Herr.
Was von Anbeginn   durch seine einige Kraft
Der Waltende sprach,   da er die Welt erschuf,
Und da alles befieng   mit *einem* Wort,
Himmel und Erde   und alles, was darin

Gewirkt war und gewachsen: das wird mit Gottes Wort
All fest befangen,   und zuvorbestimmt,
Welcher Leute Volk   des Landes sollte
Am weitesten walten,   und wie die Welt dereinst
Ihre Alter enden sollte,   Deren *eins* nur stand
Noch bevor den Völkern: fünfe waren hin,
Das sechste sollte   nun seliglich kommen
Durch die Kraft Gottes   und Christi Geburt,
Des besten Heilands,   dass sein heiliger Geist
In dieser Mittelwelt   den Menschen helfe
Und vielen fromme   wider der Feinde Drang,
Böser Geister Zauber.
                Zu der Zeit lieh Gott
Den Römerleuten   der Reiche grösstes:
Er hatt' ihrem Heergeleit   das Herz gestärkt,
Dass sie Zins zu zahlen   alle Völker zwangen.
Von Romburg aus hatten sie   das Reich gewonnen,
Den Helm auf dem Haupte.   Ihre Herzöge sassen
In jeglichem Lande,   der Leute gewaltend
Über alle Reiche.   Herodes war
In Jerusalem   über der Juden Volk
Zum König gekoren: der Kaiser von Rom
Hatt' ihn dahin,   der mächtige Herrscher,
Mit dem Gesinde gesetzt,   obwohl nicht gesippt
Israels Abkommen,   noch durch edle Geburt
Ihrem Geschlecht entstammt: nur des Kaisers Bestimmung
Von Romburg hatt' ihm   das Reich verliehen,
Dass ihm gehorchten   die Heldengeschlechter,
Die kraftkundigen   Nachkommen Israels,
Unwankende Freunde,   dieweil da waltete
Herodes, des Reiches   und Gerichtes pflegend
Über die Leute.

22. Christi Geburt und Anbetung der Hirten.

Da brachte man von Rom aus   des mächtigen Manns
Über all dies Erdenvolk,   Octavians
Bann und Botschaft: über sein breites Reich
Kam es von dem Kaiser   an die Könige all,

Die daheim sassen   soweit seine Herzöge
Über all den Landen   der Leute gewalteten.
Die Ausheimischen hiess er   die Heimat suchen,
Ihre Mahlstatt die Männer,   dass männiglich vor dem Frohnboten
5 Bei dem Stamme stünde,   von dem er stammte,
In der Burg seiner Geburt.   Das Gebot ward geleistet
Über die weite Welt: die Leute wanderten
Jedes zu seiner Burg.   Die Boten fuhren hin,
Die von dem Kaiser   gekommen waren,
10 Schriftverständige Männer,   und schrieben in Rollen ein,
Genau nachforschend   die Namen alle
Des Lands und der Leute,   und keinem erliessen sie
Den Zins und den Zoll,   den sie zahlen sollten
Männiglich von seinem Haupt.
                      Da schied mit den Hausgenossen
15 Auch Joseph der gute,   wie Gott der mächtige,
Der waltende wollte,   sein wonnig Heim zu suchen,
Die Burg in Bethlehem,   wo beider war,
Des Mannes Mahlhof   und der Jungfrau zumal,
Maria, der guten.   Da war des Mächtigen Stuhl
20 In alten Tagen,   des Edelkönigs,
Davids des hehren,   so lang er die Herrschaft durfte
Unter den Ebräern   zu eigen haben
Und den Hochsitz behaupten.   Seines Hauses waren sie,
Seinem Stamm entsprossen,   aus gutem Geschlecht
25 Beide geboren.   Da hört' ich, dass der Schickung Gebot
Marien mahnte   und die Macht Gottes,
Dass ihr ein Sohn da sollte   beschert werden,
In Bethlehem geboren,   der Geborenen stärkster,
Aller Könige kräftigster.   Da kam an der Menschen Licht
30 Der mächtige Held,   wie schon manchen Tag
Davon der Bilder viel   und der Zeichen geboten
Waren in dieser Welt.   Da ward das alles wahr,
Was spähende Männer   vordem gesprochen,
Wie er in Niedrigkeit   hernieder auf Erden
35 Durch seine einige Kraft   zu kommen gedächte,
Der Menschen Mundherr.   Da ihn die Mutter nahm,
Mit Gewand bewand ihn   der Weiber schönste,

Zierlichen Zeugen,　und mit den zweien Händen
Legte sie liebreich　den lieben kleinen Mann,
Das Kind, in eine Krippe,　das doch Gottes Kraft besass,
Der Menschen mächtigster.　Die Mutter sass davor,
5　Die wachende Frau,　und wartete selber
Und hütete das heilige Kind.　In ihr Herz kam Zweifel nicht,
In der Magd Gemüt.
　　　　　　　　　　Da ward es manchem kund
Über die weite Welt.　Wächter erst erfuhren's,
Die bei den Pferden　im Freien waren,
10　Hütende Hirten,　die bei den Rossen hielten
Und dem Vieh auf dem Felde.　Die sahn, wie die Finsternis
In der Luft sich zerliess,　und das Licht Gottes brach
Wonnig durch die Wolken,　die Wärter dort
Im Felde befangend.　Da fürchteten sich
15　In ihrem Mut die Männer.　Sie sahen den mächtigen
Gottesengel kommen,　und gegen sie gewandt
Befahl er den Feldhirten:　„Fürchtet nicht für euch
Ein Leid von dem Lichte:　Liebes," sprach er, „soll ich
Euch in Wahrheit sagen　und sehr Erwünschtes
20　Künden, von mächtiger Kraft:　Christ ist geboren
In dieser selben Nacht,　der selige Gottessohn
Hier in Davids Burg,　der Herr, der gute.
Des mag sich freuen　das Menschengeschlecht;
Es frommt allen Völkern.　Dort mögt ihr ihn finden
25　In der Bethlehemsburg,　der Gebornen mächtigsten.
Zum Zeichen habt euch das,　was ich erzählen mag
Mit wahren Worten,　dass er bewunden liegt,
Das Kind, in einer Krippe,　ob ein König über alles,
Über Erd' und Himmel　und der Erde Kinder,
30　Der Walter dieser Welt."　Wie er das Wort noch sprach,
So kam zu dem einen　der Engel Unzahl,
Eine heilige Heerschar　von der Himmelsau,
Ein fröhlich Volk Gottes.　Viel sprachen sie,
Manches Lobwort　dem Herrn der Lebenden,
35　Erhoben heiligen Sang　und schwebten zur Himmelsau,
Dann wieder durch die Wolken.　Die Wärter hörten,
Wie der Engel Schar　den allmächtigen

Gott mit wahrhaften   Worten priesen:
„Lob sei," lautete   das Lied, „dem Herrn
Hoch im höchsten   Reiche der Himmel
Und Friede auf Erden   den Völkern allen,
Den gutwilligen,   die Gott erkennen
Mit lauterm Herzen."
                        Die Hirten verstanden wohl
Wes sie die Meldung,   die himmlische, mahnte,
Die fröhliche Botschaft.   Gen Bethlehem kamen sie
Bei der Nacht gelaufen: ihr Verlangen war gross,
Dort selber zu schaun   den erschienenen Christ.
Sie hatte der Engel   wohl unterwiesen
Mit lichthellen Zeichen,   zweifellosen:
So konnten sie wohl kommen   zu dem Kinde Gottes.
Da fanden sie sofort   den Fürsten der Völker,
Der Leute Herrn.   Da lobten sie Gott,
Den waltenden, weithin   nach der Wahrheit kündend
In der Bethlehemsburg,   welch Bild ihnen war
Her von der Himmelsau   heilig erschienen,
Fröhlich auf dem Felde.   Die Frau behielt
Das alles im Herzen,   die heilige Jungfrau,
Im Gemüte die Magd,   was die Männer sprachen.
Da erzog ihn in Züchten   die zierste der Frauen,
Die Mutter, in Minne,   den Gebieter der Menschen,
Das heilige Himmelskind.   Helden besprachen sich
Am achten Tage,   der Edeln manche,
Gutmeinende,   mit der Gottesdienerin,
Dass er *Heiland* zum Namen   haben sollte,
Wie der Gottesengel   Gabriel befahl
Mit wahren Worten   und dem Weibe gebot,
Der Gesandte des Herrn,   da sie den Sohn empfieng
Wonnig zu dieser Welt.   Ihr Wille war stark,
Dass sie ihn so heilig   halten wollte:
Da willfahrte sie dem gern.

23. AUS DER BERGPREDIGT: DAS GEBET DES HERRN.

                        Die Helden standen
Und umgaben den Gottessohn   mit grosser Begierde.

Ihr höchster Wunsch war,   seine Worte zu hören.
Sie schwiegen und dachten,   ihr Bedürfnis war gross,
Im Herzen zu behalten,   was das heilige Kind
Da zum erstenmale   ihnen mit Worten
Grosses erzählte.   Da begann der Zwölfe einer,
Der begabten Jünger   zu dem Gottessohne:
„Guter Herr und Lehrer,   deiner Huld ist uns not,
Deinen Willen zu wirken,   deine Worte zu hören,
Der Geborenen bester.   Darum lehr' uns beten
Jetzt, deine Jünger,   wie Johannes tut,
Der teure Täufer,   der jeglichen Tag
Die Erwählten unterweist,   wie sie den Waltenden sollen,
Den Geber, grüssen.   So uns, deinen Jüngern,
Enthülle das Geheimnis."   Der Herrliche hatte
Da ohne Säumen,   der Sohn des Herrn,
Gute Worte bereit: „Wenn ihr Gott den Herrn
Mit Worten wollt,   den waltenden, grüssen,
Der Könige kräftigsten,   so sprecht, wie ich euch kund tue:
   Vater unser,   aller deiner Kinder,
Der du bist im hohen   Reiche der Himmel,
Geweiht werde dein Name   bei jeglichem Worte;
Zu uns komme   dein kräftiges Reich;
Dein Wille werde   über die Welt gewaltig,
Hie unten auf Erden,   wie er da oben ist
Hoch im hohen   Reiche der Himmel.
Gib uns, teurer Herr,   die tägliche Notdurft,
Deine heilige Hülfe!   Erlass uns, Himmelswart,
Alle Übeltat,   wie wir es andern tun,
Und lass uns nicht leidige   Wichte verleiten,
Ihren Willen zu wirken,   wenn wir des würdig sind,
Dass du uns von allem   Übel erlösest."

24. Die Hochzeit zu Kana.

Nach dreien Nächten dann   ging dieser Völker Herr
Nach Galiläa,   wo zum Gastmal war
Gebeten Gottes Geborner.   Eine Braut war zu geben,
Eine minnigliche Magd.   Da war Maria

Mit ihrem Sohne selbst,   die selige Jungfrau,
Des Mächtigen Mutter.   Des Menschen Herr
Ging mit seinen Jüngern,   Gottes eigen Kind,
In das hohe Haus,   wo die Häupter tranken
Der Juden im Gastsaal.   Unter den Gästen war auch er
Und gab da kund,   dass er Kraft von Gott besass,
Hülfe vom Himmelsvater,   heiligen Geist,
Des Waltenden Weisheit.   Wonne war da viel;
In Lusten sah man   die Leute beisammen,
Gutgemute Gäste.   Umher gingen Diener,
Schenken mit Schalen,   trugen schieren Wein
In Krügen und Kannen.   Zu Kana war da gross
Des Festmals Freude.   Als dem Volk unter sich
Auf den Bänken die Lust   am besten mundete,
Dass sie in Wonne waren,   an Wein gebrach es da,
Am Met beim Mahl: nicht das Mindeste war mehr
Daheim im Hause,   das vor die Herrschaft
Die Schenken trügen,   die Geschirre waren des Tranks
Leer und ledig.
           Nicht lange dauert' es,
So ersah es wohl   die schönste der Frauen,
Die Mutter Christs: mit ihrem Kinde ging sie sprechen,
Mit ihrem Sohne selbst,   und sagt' ihm Bescheid,
Dass die Wirte weiter   des Weins nicht hätten,
Dass der heilige Herr   Hülfe schüfe den Leuten
Nach Wunsch und Willen.
                Da hielt sein Wort bereit
Der mächtige Gottessohn   und sprach zu der Mutter:
„Was geht mich und dich   dieser Männer Trank an,
Unsrer Wirte Wein?   Was sprichst du, Weib, davon
Und mahnst mich vor der Menge?   Noch ist meine
Zeit nicht gekommen."
           Doch zweifelte nicht
In ihres Herzens Sinn   die heilige Jungfrau,
Dass nach diesen Worten   des Waltenden Sohn,
Der Heilande hehrster,   doch helfen wollte.
Da befahl dem Dienervolk   der Frauen schönste,
Den Schenken und Schaffnern,   die der Versammlung dienten,

Der Worte und Werke   sich nicht zu weigern
Und was der heilige Christ   sie heissen wollte
Zu leisten vor den Leuten.
                Nun standen leer
Der Steinkrüge sechs.   In der Stille gebot da
5   Das mächtige Gotteskind,   dass der Männer viel
Nicht wussten in Wahrheit,   was sein Wort da sprach:
Die Schenken sollten   mit schierem Wasser
Die Gefässe füllen: mit den Fingern dann
Segnet' er es selber,   mit seinen Händen,
10   In Wein es wandelnd,   hiess davon aus weitem Becken
Die Schale schöpfen   und gebot den Schenken,
Dem von den Gästen,   der bei dem Gastmahl
Der hehrste wäre,   in die Hand zu geben
Die gefüllte Schale,   der des Volkes dort
15   Nächst dem Wirt gewaltete.
                Wie der des Weines trank,
Da mocht' er's nicht meiden,   dass er vor der Menge sprach
Zu dem Bräutigam: „Das beste Getränk
Pflegen sonst doch immer   zuerst die Wirte
Zu geben beim Gastmahl: wenn dann der Gäste Herz
20   Vom Wein erweckt wird,   dass sie in Wonne sich freuen
Und trunken träumen,   dann trägt man wohl auf
Den leichten Wein;   so ist der Leute Brauch.
Aber du hast wunderlich   deine Bewirtung
Vor den Leuten angelegt: du liessest dem Männervolk
25   Deiner Weine   den wertlosesten
Von allen zuerst   auftragen die Diener,
Beim Gastmahl geben.   Deine Gäste sind nun satt,
Trunken alle   deine Tischgenossen
Und fröhlich das Volk: da setzest du uns vor
30   Aller Weine wonnigsten,   die ich auf der Welt noch je
Irgendwo haben sah.   Damit hättest du zuerst uns sollen
Bewirten und laben: deine Gäste würden es
Dann mit Dank   empfangen haben.‟
                Da ward mancher Degen
Gewahr aus den Worten,   als sie des Weines tranken,
35   Dass der heilige Christ   in dem Hause dort

Ein Zeichen gewirkt.   Sie zweifelten nicht mehr
Und vertrauten ihm gern,   da er Macht habe von Gott,
Gewalt in dieser Welt.   Da ward das weithin kund
Über Galiläa   den Judenleuten,
Wie da selber gewandelt   des Waltenden Sohn
In Wein das Wasser.
                        Das war das erste Wunder,
Das er in Galiläa   den Judenleuten
Als Zeichen zeigte.   Erzählen mag niemand
Noch genugsam sagen,   wie nun bei den Leuten
Des Wunders ward so viel,   wo der waltende Christ
In Gottes Namen   den Judenleuten
Den langen Tag   seine Lehre sagte,
Das Himmelreich verheissend   und dem Höllenzwang
Mit Worten wehrend.   Das wahre Gottesleben
Sollten sie suchen,   wo der Seelen Licht ist,
Des Herren Wonnetraum,   seines Tages Schein,
Ewiger Gottesglanz,   wo mancher Geist
Nach Wunsche wohnt,   der hier wohl bedenkt,
Dass er heilig halte   des Himmelskönigs Gebot.

25. VOM WELTUNTERGANGE.

                        Da ging der waltende Christ
Mit dem Volke fort,   der Völker Herr,
Gen Jerusalem.   Da waren der Juden
Heissmütige Herrscher,   die heilige Zeit
Im Weihtum zu feiern.   Noch war des Volks da viel,
Kühner Kämpen,   die Christi Wort
Nicht gerne hörten,   zu dem Gottessohne
In ihrem Gemüte   keine Minne trugen,
Ein feindselig Volk,   ihm völlig abgeneigt
Im Meuchlermute.   Mordlust trugen sie,
Bosheit in der Brust: ins Böse verkehrten sie
Christi Lehre,   wollten den Kräftigen strafen
Seiner Worte wegen.   Doch waren da viel
Um ihn der Leute   den langen Tag:
Die Geringern hielten ihn   schützend umringt

Wegen seiner süssen Worte,   dass ihn die Widersacher
So vielen Volks halb   zu fahen nicht wagten,
Ihn mieden ob der Menge.   Da stand der mächtige Christ
Mitten in dem Weihtum   und sprach manches Wort
5   Den Völkern zum Frommen.   Viele blieben um ihn
All den langen Tag,   bis dass die lichte
Sonne sich senkte.   Da schied aus dem Tempel
Auch die wogende Menge.
                  Nun war ein berühmter
Berg bei der Burg,   der war breit und hoch,
10   Grün und schön;   die Juden hiessen ihn
Ölberg mit Namen: da hinauf begab sich
Der Nothelfer Christ,   da die Nacht begann,
Und blieb da mit den Jüngern;   der Juden keiner
Wusst' ihn da weilen,   denn im Weihtum wieder
15   War der Leute Herr,   wenn das Licht von Osten kam,
Empfing das Volk da,   und sagt' ihm viel
Wahrer Worte.   In dieser Welt ist nicht,
In diesem Mittelgarten,   ein Mann so beredt
Unter der Leute Kindern,   dass er die Lehren könnte
20   Zu End erzählen,   die da alle sprach
Im Weihtum der Waltende.   Ihnen wies sein Wort,
Nach dem Gottesreiche   begehren sollten
Die Menschen am meisten,   dass sie an jenem mächtigen Tage
Dereinst ihres Herrn   Herrlichkeit empfingen. — — —

25   Da ging der Gottessohn,   und seine Jünger mit ihm,
Aus dem Weihtum, der Waltende,   nach freiem Willen
Und erstieg den Berg,   der Geborne Gottes
Sass mit den Seinen da,   und sagt' ihnen viel
Der wahren Worte.   Von dem Weihtum sprachen da
30   Die Jünger, dem Gotteshaus: es gebe kein schöneres,
Edleres auf Erden   irgend, durch Menschenarbeit,
Von Künstlerhand   also vollkommen
Und reich errichtet.   Da sprach der reiche,
Hehre Himmelskönig: die andern hörten es:
35   ,,Ich kann euch verkünden,   kommen wird die Zeit,
Da nicht stehen bleibt   ein Stein ob dem andern:

Zu Boden fällt der Bau,   von Feuer erfasst,
Von gieriger Lohe,   obgleich er so schön nun ist
Und weislich gewirkt.   Nichts währt dann auf dieser Welt,
Die grüne Au zergeht."   Da gingen die Jünger zu ihm
Und fragten ihn stille: „Wie lange steht noch
Diese Welt in Wonne,   eh die Wende kommt,
Dass der letzte Tag   des Lichtes scheint
Durch den Wolkenhimmel?   Oder wann willst du wieder kommen
In diesen Mittelgarten,   dem Menschengeschlecht
Das Urteil zu erteilen,   Toten und Lebenden,
Herr, mein guter!   Gar heftig verlangt uns
Zu wissen, waltender Christ,   wann das geschehen soll."
Worauf zur Antwort   der allwaltende Christ
Gütlich gab   den Jüngern umher:
    „Das hält so heimlich   der Herr, der gute,
So hat es verhohlen   des Himmelreichs Vater,
Der Walter dieser Welt;   wissen mag es nicht
Ein Held hier auf Erden,   wann die hehre Zeit
In diese Welt soll kommen;   auch kennen sie wahrlich nicht
Gottes Engel,   die gegenwärtig sind
Immer vor seinem Angesicht: sie selber auch
Wüssten es nicht zu sagen,   wann es geschehen solle,
Dass er in diesem Mittelgarten,   der mächtige Herr,
Die Völker heimsuche.   Der Vater weiss es allein,
Der heilige im Himmel,   verhohlen bleibt es
Lebenden und Toten,   wann er den Leuten naht.
Doch erzählen mag ich euch,   welche Zeichen zuvor
Wundersam werden,   eh er in diese Welt kommt
An dem mächtigen Tage.   Das wird am Monde kund
Und so an der Sonne: sie schwärzen sich beide
Von Finsternis befangen;   die Sterne fallen,
Die schimmernden Himmelslichter;   die Erde schüttert,
Die breite Welt erbebt.   Solcher Zeichen bieten sich viel:
Die grosse See ergrimmt,   der tiefe Golfstrom des Meers
Winkt mit seinen Wogen   den Erdenwohnern Grausen.
Dann erstarren die Sterblichen   vor des Sturmes Zwang,
Alles Volk vor Furcht.   Dann ist nirgend Friede,
Waffenkampf wird weit   über diese Welt

Heissgrimm erhoben; die Herrschaft breitet
Volk über Volk; die Fürsten befehden sich
In mächtiger Heerfahrt; die Menge erliegt
Im offenen Allkrieg.   Das ist ein ängstlich Ding,
5   Dass Menschen müssen solchen Mord erheben.
Weit wütet Pest auch über diese Welt,
So gross Menschensterben, als nie auf diesem Mittelkreis
Seuche senkte.   Dann sieht man Sieche liegen,
Zum Tode taumeln, ihre Tage enden,
10   Mit ihrem Leben füllen.   Dann fährt unleidlicher
Hunger heissgrimm über die Heldenkinder,
Die quälendste Kostgier.   Das ist nicht das kleinste
Weh in dieser Welt, das da werden soll
Vor dem Unheilstage.   Wenn ihr das alles
15   Seht auf Erden geschehen, so mögt ihr sicher wissen,
Dass der letzte Tag den Leuten nah ist,
Der mächtige, den Menschen, und die Macht Gottes,
Der Himmelskraft Bewegung, des Heiligen Kunft,
Des Herrn in seiner Herrlichkeit.   Seht, hievon mögt ihr
20   An diesen Bäumen ein Bild erkennen:
Wenn sie knospen und blühen, und Blätter zeigen,
Laub sich löst, dann wissen die Leute,
Dass ihnen sicher der Sommer nah ist,
Warm und wonnesam, mit schönem Wetter.
25   So zeigen auch die Zeichen, die ich aufgezählt,
Wann der letzte Tag den Leuten naht.
Dann sag' ich euch wahrlich, dass auf der Welt nicht ehe
Dies Volk zerfahren wird, bevor sich erfüllt
Mein Wort und bewährt.   Die Wende kommt
30   Des Himmels und der Erde, und mein heilig Wort
Steht fest und währt fort, und erfüllt wird alles,
In diesem Licht geleistet, was ich vor den Leuten sprach.
Nun wacht und wahrt euch, denn gewiss wird kommen
Der grosse Gerichtstag, der eures Gottes Kraft zeigt,
35   Seiner Macht Strenge: die schreckliche Zeit,
Die Wende dieser Welt. — — —

                              Drum mögt ihr in Sorgen sein;
Denn, wenn das geschehn wird, dass der waltende Christ,

Der hehre Menschensohn   mit der Macht Gottes
Kommt in seiner Kraft,   der Könige reichster,
Zu sitzen in seiner Stärke,   und zusammen mit ihm
Der Engel alle,   die da oben sind,
5   Die heiligen, im Himmel,   dann sollen der Helden Kinder,
Der Erde Geschlechter   alle versammelt werden,
Was von Leuten lebt,   was je in diesem Licht
Von Menschen erzeugt·war.   Dieser Menge wird dann,
Allem Menschengeschlechte   der mächtige Herr
10   Erteilen nach ihren Taten.   Dann weist er die Verteilten,
Die verworfnen Leute   zur linken Hand;
Die Seligen schart er   zur rechten Seite,
Und gegen die Guten   grüssend kehrt er sich: — — — —
Nach diesen Worten   wird das Volk geschieden,
15   Die Werten von den Bösen.   Die Verworfnen fahren
In die heisse Hölle,   das Herz voll Harms,
Die ewig Verdammten,   Weh zu erdulden,
Endlose Übel.   Aber aufwärts führt
Der hehre Himmelskönig   der Lautern Heerschar
20   In langwährendes Licht: da ist ewiges Leben,
Gottes Reich bereit   den Rechtschaffenen all.
So hört' ich, dass den Helden   der herrliche Herr
Der Welt Wende   mit Worten schilderte,
Wie die Welt währen soll,   dieweil da wohnen dürfen
25   Die Erdensöhne,   und wie sie am Ende soll
Zergleiten und zergehn.

26. Tod Christi.

Da ward mitten am Tag   ein mächtig Zeichen
Zu Wunder gewirkt   über die weite Welt.
Als der Gottessohn   an den Galgen erhoben war,
30   Der Christ an das Kreuz,   da macht' es kund überall
Der Sonne Verschleierung: ihr schallendes Licht,
Ihr schönes, schien nicht mehr,   sondern Schatten umfing sie
Dumpf und düster: sein Dämmer wirkte
Aller Tage trübsten,   gar traurig dunkeln
35   Über die weite Welt,   dieweil der waltende Christ

Am Kreuze Qual litt,   der Könige kräftigster,
Bis zur None des Tages.   Der Nebel zerging da,
Der Schatten zerschwang sich,   Sonnenlicht schien wieder
Glänzend am Himmel. — — —
                      Der Geborne Gottes rief laut
5   Zu dem himmlischen Vater: ,,In deine Hände befehl' ich
Meinen Geist, in Gottes Willen.   Er ist nun ganz bereit
Zu dir zu fahren,   aller Völker Herr!"
Da neigt' er sein Haupt,   den heiligen Odem
Entliess sein leiblich Teil.
                  Als der Landeswart
10 An dem Stamme starb,   da wurde stracks
Ein Wunder gewirkt,   dass des Waltenden Tod
Alles Sprachlose selbst   verspüren sollte.
Bei seinem Abscheiden   lebte die Erde,
Die starren Berge schütterten,   harte Steine borsten,
15 Die Kiesel kloben.   Klaffend riss der Vorhang
Mitten entzwei,   der schon so manchen Tag
Wunderbar gewirkt   in dem Weihhaus innen
Heil gehangen,   dass der Helden Kinder
Nicht schauen sollten,   was ihnen der Schleier
20 Heiliges hüllte.   Nun sahen den Hort
Die Judenleute.   Aus den Gräbern gingen
Die Entschlafenen hervor,   die durch des Schöpfers Kraft
In ihren Leichnamen   nun lebend erstanden
Aus offener Erde   und vor Augen erschienen
25 Den Menschen zur Mahnung.   Das war ein mächtig Zeichen,
Dass da Christi Tod   erkennen sollte
Das Sprach- und Fühllose,   das nie zuvor gesprochen
Ein Wort in dieser Welt.   *(Simrock.)*

OTFRIED'S BOOK OF THE GOSPELS (about 868).

Otfried, the first German poet whose name is known to us, and the first to use rhyme or assonance instead of alliteration, was a monk and priest in the Alsatian monastery of Weissenburg. He studied for some years under Rabanus Maurus in Fulda, and eventually became the principal of the convent school in Weissenburg. The motive which prompted Otfried to write his *Liber evangeliorum* was the desire to combat the love of pagan poetry in his countrymen by writing Bible stories for them in their own tongue. He shows himself very learned in the exegetical literature of his time, and earnestly strives to give his people an epic similar to those which Juvencus, Sedulius, and Arator had written for readers of Latin. Hence he abandoned alliteration, commonly used in pagan poetry, and adopted in its place rhyme, with which the church hymns had already made him familiar. — The whole poem is divided into five books, and each book into a number of smaller divisions which correspond to the lessons of the Church service. It comprises about 15,000 lines in five books, and is written in the South Franconian dialect.

27. (I, 12:) Pastores erant in regione eadem.

Es hielten dort im Land bei Nacht   treue Hirten gute Wacht:
   gegen Feinde schützten sie   allesamt das liebe Vieh.
Zu ihnen schön und wundersam   Gottes Engel strahlend kam;
   da wurden sie umleuchtet ganz   von seinem hehren Himmelsglanz.
5 Da mochte Furcht sie wohl umfahn,   als ihre Augen ihn ersahn,
   und Furcht erfüllte jeden Mann,   da Gottes Bote nun begann:
„Eine Kunde wundervoll   ich hier euch allen bringen soll!
   Gottes Gnade wird euch kund;   zur Furcht drum habt ihr keinen
                         Grund.
Euch künden soll ich allzumal,   was mir der Himmelsgott befahl,
10 und keiner lebt, der je vernahm   Botschaft so hold und wundersam.
Davon wird diese Welt geweiht   und selig für die Ewigkeit;
   ja, selig jede Kreatur,   die wandelt auf der Erden Flur!
Von jungfräulicher Mutter ist   diesem Land geboren *Christ*,
   der Heiland, der aus himmlischem   Gefilde stammt, zu Bethlehem;
15 Von dort kommt eurer Herrn Geschlecht,   die einst geübt das Fürsten-
                         recht;
   die Mutter, Jungfrau schön und gut,   sie ist aus eurer Fürsten Blut!
Ihr Guten, euch nun zeig' ich's an,   wo man den Heiland finden kann;
   an einem Zeichen nehmt ihr's wahr,   das seltsam ist und wunderbar.
Zur Stadt hinauf nun zieht von hier!   Wie ich gesagt, so findet ihr
20 das neugeborne Kind: es liegt   in einer Krippe eingewiegt!"
Noch eh' er ausgeredet, war   um ihn der Engel ganze Schar,
   der Himmelsboten grosse Zahl,   und sie sangen allzumal:
„In hohen Himmels Heiligtum   sei Gotte hoher Preis und Ruhm,
   und Friede jedem Menschenkind,   das auf Erden wohlgesinnt!"

MYSTICE.

Früh machten sie das Heil uns kund;   das Lied auch lehrt' uns früh ihr
Mund;
    dass ja es in das Herz dir dringt,   was dieser Bibelspruch uns singt!
Nimmer lass in deine Brust   arges Willens böse Lust,
    dass nie er dir den Frieden nimmt,   der dich fürs Himmelreich be-
stimmt!
5 Stets üben lasst uns diesen Sang   zu Gottes würdigem Empfang,
    denn uns zum Vorbild bot ihn dar   vom Himmel hoch die Engelschar.
So ist nun auch ein Seelenhirt,   der wachsam stets erfunden wird,
    es würdig, wird zu seinem Heil   ein Engelsanblick ihm zu teil.
Zum Himmel wieder schweb' empor   singend nun der Engelchor;
10   dort schaun sie hochgebenedeit   des hohen Gottes Herrlichkeit.

28. (I, 25:) VENIT JESUS A GALILEA AD JOHANNEM.

Aus der Heimat kam nun dort   der Herr an den Versammlungsort;
    Johannes sollte dort ihm nahn   und mit dem Taufbad ihn empfahn.
Doch der Prophet stand staunensvoll,   sein Mund von Ehrfurcht über-
quoll;
    Mit diesen Worten weigert' er   dem hohen Heiland sein Begehr:
15 „Ich bin ja nur dein niedrer Knecht,   o Herr! Wie wär' es jemals recht,
    wenn meine Hand solch Werk vollführt   und zum Taufen dich be-
rührt?
Nein, deine Hand, sie lege sich   zur Tauf' auf deinen Knecht, auf mich!
    Nie in den Sinn ja käm' es mir,   mein Amt sei nötig auch bei dir!"
Doch sanft und gütig nahm sofort   der Sohn des Höchsten selbst das
Wort;
20   er sprach, es solle so geschehn   und müsse in Erfüllung gehn:
„Meinem Wunsche komm mir nach,   den ich eben zu dir sprach;
    denn für uns gebührt es sich,   zu tun, was gut ist, williglich."
Erfüllung ward nun rasch gewährt   dessen, was der Herr begehrt;
    er tauf' ihn so, wie er gesollt,   und wie der Herr von ihm gewollt.
25 Auf tat der Himmel sich sofort;   draus scholl des ew'gen Vaters Wort,
    und mit segensvollem Mund   macht' er des Sohnes Glorie kund:
„Das ist mein Sohn, mir hochgeehrt   und mir von ganzem Herzen wert;
    in ihm erkenn' ich selber mich;   denn als Sohn ihn zeugte ich!

Adam entsagte meinem Bund   und richtete sich selbst zugrund;
   jedoch mein Sohn wird, wie ich weiss,   ganz erfüllen mein Geheiss.
Tat jener, was er nie gesollt,   und was ich nimmermehr gewollt,
   so wird von *diesem* das vollführt,   was meinem einz'gen Sohn ge-
          bührt."
5 Da sah hernieder, wie du weisst,   Johannes kommen Gottes Geist,
   der nach der Taufe allsogleich   auf Christus kam vom Himmelreich.
Der heil'ge Geist der Taube glich: So fürwahr auch ziemt' es sich;
   denn es ist die Taube mild   und aller Sanftmut Ebenbild.
Von Galle ist sie ganz befreit   und von jeder Bitterkeit;
10   zum Streit sie nie den Schnabel wetzt   und mit den Krallen nie ver-
          letzt.
Also auch im heil'gen Geist   die höchste Schönheit sich erweist
   und holde Sanftmut allezeit   und gütevolle Lieblichkeit.

MORALITER.

Die Taufe ist uns allen gut: Geweiht ja ist des Wassers Flut,
   seit Christus auf die Erde kam   und auf sich die Taufe nahm.
15 Seit das Wasser floss um ihn,   hat er Reinheit ihm verliehn,
   und aus dem Taufbad wird zu teil   der ganzen Menschheit ew'ges
          Heil.
Wer von den Menschen unverweilt   zu der heil'gen Taufe eilt,
   hier lernen mag er segensvoll,   was er zum Heile glauben soll.
Du liesest, wie es dort erging: Der Sohn die Taufe dort empfing;
20   da sprach der Vater, wie du weisst;   die Taube war da Gottes Geist.
Drum bei der Taufe Heiligkeit,   wo Gottes Gnad' uns Heil verleiht,
   liegt in der heil'gen Flut die Kraft,   die uns ew'gen Segen schafft.
So halten wir den Glauben fest,   der nie von seiner Treue lässt,
   dass uns die Taufe gottgeweiht   gedeihen mög' in Ewigkeit.
25 Mag das Taufbad klar und rein   uns zum ew'gen Heile sein;
   geb' uns der Glaube rechte Kraft   zu seines Dienstes Ritterschaft!

29. (II, 14:) JESUS FATIGATUS EX ITINERE.

Es wollt', als solches nun geschehn,   der Herr die Heimat wiedersehn;
   er ging zurück ins Heimatland,   das aus den Schriften uns bekannt.
Wie es oft der Wandrer Art,   ward er ermüdet von der Fahrt;
30   dem lässt die Arbeit keine Frist,   wer im Berufe mannhaft ist.

Als er durch Samaria kam,　den Weg zu einem Städtchen nahm
　　der Herr, und von der Arbeit matt,　sucht er eine Ruhestatt.
Hier hatt' er einen Sitz erwählt　(müde, wie wir jüngst erzählt)
　　bei einem Brunnen, welcher meist　in unsrer Sprache „Pfütze" heisst.
5 Das Evangelium macht uns klar,　dass um die sechste Stund' es war;
　　am grössten ist die Hitze dann　am Tag und strengt am meisten an.
Es machten sich die Jünger auf,　Speise zu erstehn durch Kauf;
　　sie mühten sich und wollten gern　das Mahl dort halten mit dem Herrn.
Indess sass Christus einsam dort.　Da kam ein Weib an diesen Ort;
10　　zum Wasserholen unverweilt　war die Frau herbeigeeilt.
Indessen sprach der Herr zu ihr:　„Weib, zu trinken gieb du mir!
　　Wohltun wird's mir müden Mann,　wenn ich mich erfrischen kann."
Sie sprach: „Wie käm' es, dass ich dir　gewährte, was du willst von mir?
　　Ein Jude bist du sicherlich,　und aus diesem Volk bin ich!"
15 Darüber nun, weshalb sie dies　ihm sagte und ihn von sich wies,
　　so dass den Trunk sie ihm verwehrt,　hat Johannes uns belehrt:
Denn diese Völker alle zwei,　gerne wahrlich (wo's auch sei)
　　ihre Speise nehmen sie　beim Mahl aus *einer* Schüssel nie.
Er sagte: „Brächtest du's dazu,　erkenntest Gottes Gabe du
20　　und ihn in Wahrheit, welcher hier　einen Trunk erbat von dir,
Du bätest ihn sofort vielleicht,　und dir hätt' er dargereicht
　　ein Wasser, das lebendig fliesst　und Glück und Gnad' ins Herz dir
　　　　　　　　　　　　　　　　giesst."
Sie sprach: „Mein Herr, du hast doch hier　wahrlich kein Gefäss bei dir,
　　dass du es nähmst und hier am Ort　schöpftest von dem Wasser dort.
25 Was sag' ich noch? 's ist zweifellos.　Des Brunnens Tiefe, die ist gross;
　　woher vollends für dich ergiesst　sich Wasser, das lebendig fliesst?
Mich dünkt, dass du nicht grösser bist,　als unser Vater Jakob ist;
　　ich sage dir, er trank daraus,　und mit ihm sein ganzes Haus.
Zudeckt' er dieses Brunnens Flut,　und dadurch schützt' er ihn gar gut;
30　　durch ihn allein ward uns zum Heil　uns dieser selbe Quell zu teil."
Zu ihr nun der Erlöser sprach:　„Weib, denke meiner Rede nach
　　und merke auf und höre still!　das Wort, das ich dir sagen will!
Wer, weil der Durst hierher ihn lenkt,　vom Brunnen hier zu trinken
　　　　　　　　　　　　　　　　denkt,
　　den zwingt, noch eh er sich's gedacht,　wiederum des Durstes Macht.
35 Doch wer an *meinem* Brunnen sich　erlaben möchte williglich,
　　der durch mich zu jeder Frist　gern jedem dargeboten ist,

Ihn wahrlich nimmer Durst bezwingt, da dann in ihm der Brunnen
springt;
denn er erfrischt ihn allezeit zu ewiger Glückseligkeit."

„Du könntest mir zur Ehre nun," sprach sie, „mir eine Güte tun,
wenn mit dem Quell, von dem du sagst, mich Arme du erquicken
magst,
5 So dass ich nicht mir zum Verdruss zum tiefen Quell stets laufen muss,
und von der Mühseligkeit deine Güte mich befreit!"

Er sprach: „Zuvörderst hol' herbei deinen Mann, wo er auch sei;
eilt schnell hieher, du und dein Mann; die Wahrheit hört ihr beide
dann."

Da sprach sie: „Wahrheit ist mir Pflicht: Einen Gatten hab' ich nicht."
10 Und mit göttlicher Geduld gab er die Antwort ihr in Huld:
„Wie es wahr ist, gabst du's zu, keinen Gatten hättest du;
wahr ist auch, was ich jetzt erzählt: Mit fünfen warst du schon vermählt.

Doch den dein Herze lieb gewann, mit dem du lebst, ist nicht dein Mann;
das ist gewiss und offenbar, und so sagtest du, was *wahr*."
15 Sie sprach: „Mein Herz in mir gesteht, du, Herr, bist wahrlich ein
Prophet;
denn das Wort aus deinem Mund, durch niemand wahrlich ward
dir's kund.

Unsre Ahnen haben hier gebetet einst im Bergrevier;
auch *du* suchst (nehm' ich sicher an), den Ort hier, wo man beten
kann.

Ihr Juden freilich (wie man sagt), in Salem, welches herrlich ragt,
20 von altersher die Stadt erblickt, die sich dazu am besten schickt."
Und er: „O Weib, ich sage dir (und du glaub' es sicher mir),
für alle Menschen weit und breit kommen wird dereinst die Zeit,
Dass euer brünstiges Gebet nicht hier noch dort zum Vater fleht.

Gewiss, ihr fleht zu jeder Frist um das, was euch noch dunkel ist;
25 Wir aber beten dort fürwahr, was uns völlig offenbar;
denn das Heil, das ich genannt, durch *unser* Volk wird's euch bekannt.
Dereinst wohl kommt der Zeitpunkt nah (ja, wahrlich, jetzt schon ist
er da),
dass Beter, die es recht verstehn, geistlich zu dem Vater flehn.
Denn er sucht mit Herzlichkeit die rechten Beter allezeit,
30 dass allemal an ihn ergeht ihr echtes, geistliches Gebet.

Denn es ist der Herr ein *Geist,*   der sich von höchster Macht erweist,
  und herzlich Gottes Geist begehrt,   dass man in *Wahrheit* ihn verehrt."
Des Herren Worte aufmerksam   und gespannt das Weib vernahm;
  sie wandte sich nun zu ihm hin   mit einer Antwort tief an Sinn.
5 „Ich weiss es wohl, verkündigt ist   ein Mann uns (und sein Nam' ist
                          Christ),
  durch dessen Ankunft jedermann   von uns einst dieses wissen kann.
Er wird die Güte selber sein,   und alle Dinge insgemein
  macht er uns gar freundlich klar,   verständlich auch und offenbar."
Es gab ihr da an Milde reich   der Herr die Antwort allsogleich:
10   „Ich, der ich rede hier mit dir,   ich selber bin es, glaube mir!"
Indessen kam der Jünger Schar,   die hocherstaunt im Herzen war;
  die wunderten ja innerlich   des Zwiegesprächs der beiden sich,
Dass so voll Demut sich soweit   herabliess seine Herrlichkeit,
  dass das ew'ge Leben gar   des ärmsten Weibes Lehrer war.
15 Doch als sie hörte solch ein Wort,   warf sie ihren Eimer fort,
  lief in die Stadt, und jedermann   sagte sie die Botschaft an:
„O kommt! Den Mann, o seht ihn nur,   der *also* jüngst mit mir verfuhr,
  dass sein *Wort* mir kundgemacht,   was einst mit *Werken* ich vollbracht!
Ihr Herren, sollt' es Christus sein?   Ich glaub' es und gesteh' es ein,
20   und wahrlich, *des*halb sag' ich dies,   weil er so ähnlich sich erwies.
Mich dünkt, so ist's; denn rätselhaft   ist seines Segens Wunderkraft,
  und seltsam ist ihm offenbar,   was heimlich mein Verlangen war."
Aus der Stadt und jedem Haus   eilten sie zu ihm hinaus;
  ihn zu sehen unverweilt   kamen sie herbeigeeilt.
25 Es baten, während jene fern,   die Jünger ihren hohen Herrn,
  auf seinem Sitze auszuruhn   und gütlich sich am Mahl zu tun.
Er sprach, er habe schon gespeist,   und dies betont' er allzumeist:
  Die Speise schaff' ihm süsse Lust,   sei sie auch ihnen unbewusst.
Die Jünger meinten, Speis' hierher   gebracht wohl hätt' ihm irgendwer,
30   indes zum Einkauf unverweilt   sie alle in die Stadt geeilt.
„Meines Vaters Wille ist   meine Speise (dass ihr's wisst!),
  und alles wird von mir erfüllt,   was sein Wille mir enthüllt.
Wie's wahr ist, sagt ihr selber doch: nur vier der Monde währt es
                          noch,
  und (wie es heisst) ist dann bereit   die eigentliche Erntezeit.
35 Nun seht: mit eignen Augen traun   mögt ihr alle um euch schaun,
  so dass ihr keinen Acker seht,   der nicht schon weiss zum Mähen steht.

Jeder Bauer schickt sich an   (wie ich's euch hier verkünden kann),
  dass er die Frucht, die ihm gelingt,   sorgsam in die Scheuer bringt.
Zur Ernte hab' ich euch gesandt!   Das Korn, nicht säet' es eure Hand,
  und ihr tratet insgemein   in die Arbeit andrer ein." —
5 Viele glaubten da an ihn,   bei denen hier der Herr erschien,
  und die zu ihm herbeigeeilt,   und denen er sich mitgeteilt.
Willfährig blieb zwei Tage dort   der Heiland noch an ihrem Ort;
  von Herzen baten sie den Herrn,   und seine Milde tat es gern.
Immer grösser ward die Schar,   die gläubig ihm ergeben war;
10 denn immer mehr ward ihnen wert,   was der Heiland sie gelehrt.
Zum Weibe, das sie mit dem Wort,   dass der Herr in ihren Ort
  gekommen, wunderbar beglückt,   sprachen alle hochentzückt:
„Wir glauben nun, doch *deshalb* nicht,   weil dein Mund die Meldung
                                                   spricht;
  nur *deshalb*, weil uns Heil beschert   und er selber uns belehrt.
15 Die Wahrheit keiner nun vergisst,   dass er unser Heiland ist;
  er kam in diese Zeitlichkeit,   dass er die Welt von Fluch befreit!"

30. (IV, 7:) DE DOCTRINA DOMINI IN MONTE AD DISCIPULOS.

Der Herr verliess den heil'gen Ort;   die Jünger gingen mit ihm fort
  und zeigten ihm indes genau   des Gotteshauses stolzen Bau.
Er sprach: „So wahrlich wird es sein,   dass dieses mächtige Gestein
20 hier auf dem Boden liegt entstellt   und zerstreut und rings zerspellt."
Als er nach diesem Gange jetzt   auf den Ölberg sich gesetzt,
  ward, durch Verwunderung erregt,   der Jünger Frag' ihm vorgelegt:
„Lieber Meister, sag uns an,   wann die Zeit sich nähern kann,
  das Zeichen, *wie* du kommen wirst   und wie einst die Welt zerbirst!"
25 Er sprach: „Habt auf die Dinge acht,   besonnen seid und klug bedacht,
  dass euch der vielen Lügner List   nicht schädlich und verderblich ist.
Wachsend Unheil seinerzeit   erfüllt den Weltkreis weit und breit,
  Hungersnot und arge Sucht   und jammervolle Menschenflucht."
Huldreich sagt' er auch vorher   all die Nöte hart und schwer,
30 die sie träfen mit Gewalt   um seines Namens willen bald.
Auf ihnen lieg' ohn' Unterlass   der Menschen mannigfalt'ger Hass,
  und Missgunst werde nimmer ruhn   und gegen sie das Ärgste tun;
Seinen lieben Jüngern sei   beschieden, dass man sie herbei
  gebunden führe vor Gericht   und hoher Kön'ge Angesicht.

Doch gab er Trost für ihre Not   und selbst für ihren Martertod:
  Es sei der Grund für all die Pein   der Hass ja gegen *ihn* allein.
„Doch vor den Leuten sorgt euch nicht,   da ihr stehn müsst zu Gericht,
  und dass ihr nicht in Ängsten schwebt   um die Antwort, die ihr gebt!
5 Als meine Jünger steht ihr dort;   drum will ich stets ein weises Wort
  mit rechter Rede im Verein   schützend, warnend euch verleihn.
Selbst bin ich dort mit euch im Bund   und rede selbst durch euren
                                 Mund;
  ich geb' ein Herz euch stark und gut   und verleih' euch festen Mut."
Zu ihnen auch der Herr hernach   von dem jüngsten Tage sprach,
10   gedachte auch zur selben Frist   der Zeit, da herrscht der Antichrist,
Der schweren Not, die mit Verdruss   die Welt dann leider dulden muss.
„Ich sag' es euch mit Offenheit: Nie gab es eine solche Zeit!
Auf die Menschen bricht daher   Pein und Drangsal gross und schwer,
  und irgendwo und überall   nie geschah ein solcher Fall.
15 Doch auf der Seinen Heil bedacht,   schnell kürzt es ab des Höchsten
                                 Macht,
  die ihnen immer gnädig ist;   denn furchtbar dräut der Antichrist.
Die Welt erschrecken dann gewiss   Sonn' und Mond in Finsternis,
  und fallen wird dann nah und fern   auf die Erde Stern um Stern.
Wehklagen wird zu jener Frist   alles, was auf Erden ist;
20   das Volk der Menschen weit und breit   wird vergehn in diesem Leid.
Sie sehn vor ihrem Angesicht   herniederkommen zum Gericht
  aus der düstern Wolkennacht   des Menschen Sohn mit grosser Macht;
Von seiner Engel ganzer Schar   hört man himmelhoch fürwahr
  mit voller Kraft allüberall   schmettern den Posaunenschall.
25 Sie sind beauftragt ringsumher   zu sammeln seiner Treuen Heer;
  sie werden da zu ihm gesellt,   wo sie auch weilen auf der Welt.
Wenn ihr im Zweifel alle seid   über diese letzte Zeit,
  klar kann ihr Eintritt keinem sein,   als dem Vater ganz allein;
Voraus ja kann es keiner sehn,   wann es etwa mag geschehn,
30   und wann es will der Herr der Welt,   dass die Erd' in Trümmer fällt.
Jedoch vorher wird allgemein   noch kurze Ruh auf Erden sein,
  wie zu des alten Noah Zeit   einst herrschte falsche Sicherheit.
Und wie die Flut sie rings umfing,   als Noah in die Arche ging,
  so plötzlich, eh' es einer meint,   auch der Menschensohn erscheint.
35 Drum sorgt, dass ihr zu rechter Zeit   alle völlig wachsam seid,
  da ihr's alle nimmer wisst,   wann des Herrn Herabkunft ist.

Denn wüsst' ein Mann, der sicher sich   zu Hause fühlt, wie ärgerlich
    ihm müsste die Enttäuschung sein,   schliche sich ein Dieb herein,
So wär' er unter seinem Dach   zur rechten Zeit ganz sicher wach;
    durchwühlen liess' er nie sein Haus   und jagte flugs den Dieb hinaus.
5 Ging's schier auch über seine Macht,   die ganze Nacht doch hielt' er
                                Wacht,
    und gegen jeden Feind sein Gut   hielt' er stets in guter Hut.
Wie *er*, so seid auch *ihr* bereit;   denn ihr wisset nicht die Zeit;
    seid wachsam stets auf mein Gebot,   dass ihr entgeht der schweren
                                Not!"
Ein Gleichnis, welches wunderbar   geeignet und am Platze war,
10   trug er seiner Jünger Chor   von den zehen Jungfraun vor:
Wie die fünf traf schweres Leid   zur Strafe ihrer Lässigkeit,
    und wie sie das Verderben traf,   weil sie nicht gewehrt dem Schlaf;
Wie gut's den andern *dort* erging,   weil *hier* sie nicht der Schlaf umfing,
    weil sie ihr Herz auf treue Art   beherrscht und sich es rein bewahrt.
15 Ein zweites Beispiel fügt er bei,   dass dringender die Warnung sei:
    Wie ein Herr von hohem Stand   verreiste in ein fremdes Land,
Wie er mit sich zurate ging,   und jeder Knecht von ihm empfing
    von seinem Schatze einen Teil,   um ihn zu nützen mittlerweil.
„Sie sollten (so war sein Geheiss)   sich bemühn in stetem Fleiss,
20   ihn zu vergrössern immer mehr   bis zu seiner Wiederkehr.
Zwei taten ihre Pflicht; der Wert   des Gutes ward durch sie gemehrt;
    aus feiger Furcht ganz offenbar   ein schlechter Mann der dritte war.
Er ward verworfen, und man warf   ihn in die Pein, die hart und scharf;
    mit vollem Rechte tat man dies,   weil er lässig sich erwies.
25 Den andern ward das beste Heil   zum Lohn durch ihren Herrn zuteil;
    ihr Herze macht' er wohlgemut,   wie stets ein guter Herr es tut.
Für die stolzen Städte sein   setzt' er sie als Verwalter ein;
    noch fügt' er grossen Reichtum bei,   dass ihr Dienst auch lohnend sei.
Deshalb wachsam seid auch ihr   immerdar auf Erden hier;
30   bei Nacht wie auch bei Tageslicht   immer denkt an eure Pflicht,
Und *darauf* sollt ihr eifrig sehn,   den Gefahren zu entgehn,
    und nutzt die Kraft, die euch verliehn,   dem Verderben zu entfliehn,
Dass ihr wert seid allvereint,   wenn mein Gerichtstag einst erscheint,
    mir grad ins Angesicht zu sehn   und im Gerichte zu bestehn!"
35 Des Tages lehrt' er voller Kraft   und offen vor der Bürgerschaft;
    sie kamen all in Sorg' und Müh   zu dem Herrn schon morgens früh.

Zum Ölberg abends dann empor   stieg er mit der Jünger Chor;
　　dort (wie wir dessen schon gedacht)   verbracht' er nun die ganze
　　　　　　　　　　　　　　　Nacht.

31. (IV, 32:) STABAT AUTEM IUXTA CRUCEM JESU MATER EIUS.

Und die gute Mutter sein   sah mit an die ganze Pein,
　　und des Heilands Qual und Schmerz   erfüllte wahrlich auch ihr Herz
5 Mit schwerem jammervollem Sinn.   Uns aber ward es zum Gewinn!
　　Es konnte ja nicht anders sein.   Sie treffen *musste* diese Pein!
Ein einz'ger Jünger stand noch dort   jungfräulich rein am Trauerort.
　　Da musst' er bei der Mutter stehn   und musste diesen Jammer sehn.
Weil so gut des Jünglings Herz,   empfahl ihm auch im Todesschmerz
10　der Herr und in der letzten Pein   die jungfräuliche Mutter sein;
Sie zu sich nehmen sollte er,   dass sie nicht lebe trostesleer;
　　sie schützen sollt' er treugesinnt   als Stellvertreter für ihr Kind.
Als er so da hing, sorgt' er doch   für seine arme Mutter noch;
　　drum sorgen wir, wie er befahl,   für *unsre* Mütter allzumal!

32. (IV, 33:) SOL OBSCURATUS, ET TRADIDIT SPIRITUM JESUS.

15 Solche Taten jammervoll   sah die Sonne selbst mit Groll,
　　und sie gönnt' ihr herrlich Licht   den Völkern auf der Erde nicht.
Sie war entsetzt durch diese Tat   und diesen schändlichen Verrat,
　　und sie wollte voller Graun   nicht mehr auf sie herniederschaun.
Sie vergönnte ihnen nicht   ihr wundervolles Angesicht,
20　wollt' ihnen nimmermehr verleihn   ihres Blickes holden Schein.
Den Glanz, der alle Welt erfreut,   von dem ich sprach, entzog sie heut
　　der Welt auf ihrem Himmelsgang   drei volle Tagesstunden lang;
So wollte sie die Erde scheun   (ich rede wahr) von sechs bis neun;
　　es ist doch sonst um diese Zeit   am grössten ihre Helligkeit.
25 Für das Volk zunichte ganz   machte sie den hellen Glanz
　　und verkehrte seine Pracht   in die fürchterlichste Nacht;
Gefangen sah sie ja von fern   und dort hangen ihren Herrn,
　　durch den sie einst erschaffen ward.   Drum war sie schier vor Furcht
　　　　　　　　　　　　　　　erstarrt.
Doch als die neunte Stunde kam,   die Welt ein Wort des Herrn vernahm,
30　Er rief (so hört' es jedermann)   seines Vaters Liebe an:

„Mein Herr und Gott, was hast du mich   vergessen unabänderlich?
Verlorst du ganz mich aus dem Sinn   und gabst mich meinen Feinden
hin?"
Er ward noch mehr mit Qual gekränkt   und mit Essig noch getränkt,
mit einem völlig bittren Wein: aus Hass geschah es ganz allein.
5 Dann hub der Herr aufs neue an   (wie man dort selber lesen kann)
mit seiner Stimme lautem Schall,   und man vernahm es überall:
„Mein Vater, in die Hände dein   geb' ich hin die Seele mein:
Dir, mein Vater, wie du weisst,   nun befehl' ich meinen Geist!"
Alsbald nun zu derselben Frist,   in der er sprach, was ihr nun wisst,
10 liess der Herr, den Gott gesandt,   die Seele in des Vaters Hand.
Der Knechte einer gab ihm da   den Todesstich, als er es sah;
der eilt' herbei mit einem Speer,   des Heilands Seite öffnet' er.
Auf tat gewiss sich uns sogleich   der Eingang in das Himmelreich;
was wir erharrt im Zeitenlauf,   das tat uns seine Seite auf.
15 Blut alsbald und Wasser floss,   als diese Wunde sich erschloss;
durch beides (immer sei's bedacht!)   ward die Erlösung uns gebracht.
Der Vorhang nun zerriss sofort   vor des Tempels heil'gem Ort;
man hängt' ihn hin, dass man mit ihm   verhülle dort die Cherubim
Und den herrlichen Altar,   auch den hohen Tisch fürwahr
20 und die Leuchter rings geehrt;   kein Vorhang war so hoch an Wert.
Dieser Vorhang riss entzwei;   was er verhüllt, nun ward es frei;
es sollte sich den Menschen wohl   nun offenbaren im Symbol.
Was es gewollt, bedeutet hat   zu unserm Heil durch Gottes Rat,
enthüllte jetzt der heil'ge Christ,   dass allen frei der Zugang ist.

33. (IV, 34:) Terra mota est, petrae scissae sunt.

25 Die Erde bebte durch die Kraft   des Herrn bezwungen, und zerklafft
spalteten (ich rede wahr)   die harten Felsen sich sogar.
Auf tat sich da der Gräber Tor,   und es ging daraus hervor
in diese Welt der Toten Schar,   die längst in Gott entschlafen war.
Solch Wunder wohl geschah noch nie: aus den Gräbern stiegen sie
30 bis in die Stadt und zeigten sich   allen Leuten öffentlich,
Dass dies Wunder kund und frei   und allen unverborgen sei:
Den Sieg, den hier der Herr gewann,   erfahren sollt' ihn jedermann.
Laut nun mach' ich's euch bekannt: Mit dem Heiland auferstand
mancher Liebling unsers Herrn;   gedient ja hatten sie ihm gern!

Doch nur dann erst ist's geschehn, als *Christus* wollte auferstehn;
  er ist (was Wonne uns verleiht) der Erstling unsrer Seligkeit.
Mein Wort bewähren voll und klar die Evangelien fürwahr,
  und völlig überzeugend klingt das Wort, das uns die Bibel bringt.
5 Jedoch der Hauptmann von der Schar nahm es mit Entsetzen wahr;
  nach den Wundern dergestalt pries er Gottes Allgewalt.
Durch ihn ward frei ans Licht gebracht des Heilands zweifellose Macht;
  durch ihn ward's allen offenbar, er sei Gottes Sohn fürwahr.
Da wandte sich das Volk. Ihr Herz ward erfüllt von tiefem Schmerz,
10 und traurig abends jeder trat den Heimweg an nach *solcher* Tat.
Ihr Tun ward ihnen schwer bewusst; ein jeder schlug an seine Brust,
  und in sein Haus ein jeder kam, beseelt von Reu und bittrer Scham.
Indessen stunden sie von fern, die befreundet mit dem Herrn;
  allen war es schwer zumut, und ihnen kam es doch zu gut!
15 Und um ihr eignes Leben schwer klagte sie, die jüngst hierher
  mit dem Herrn gekommen war zum Fest, der treuen Frauen Schar.

(L. Freytag.)

34. THE LAY OF LUDWIG (882).

The *Ludwigslied* is a song in rhyme which celebrates the victory of
the West-Frankish Ludwig III over the Normans at Saucourt in 881. The
king is celebrated as the champion of heaven. The author must have been a
Rhenish Frank, since the poem is written in the Rhenish Franconian dialect.

Einen König weiss ich, geheissen ist er Ludwig,
  der Gotte gerne dienet: ich weiss, er ihm es lohnet.
Kind ward er vaterlos: des kam ihm sofort Trost:
20 sein nahm sich an der Herr, sein Erzieher ward er.
Er verlieh ihm Tüchtigkeit, treu Gesind in Freud' und Leid,
  hier den Stuhl in Franken: Geniesse des er lange!
Alles dies er teilte dann unverweilt mit Karlmann,
  seinem Bruder, all das Gut und was ihm erfreut den Mut.
25 Als dies Werk vollendet war, sandte Gott ihm Prüfung dar,
  ob so jung er Mühsal tragen möcht' und Leides Qual.
Grimmer Heiden Volk liess er plötzlich gehn über Meer;
  liess der Franken Kinder mahnen ihrer Sünden.
Diese flugs Verlorene wurden, jen' Erkorene;
30 Züchtigung erduldete, der es einst verschuldete.

Der zur Stunde war ein Dieb,   und er nicht des Todes blieb,
   streng zu fasten der begann,   ward seitdem ein frommer Mann.
Dieser übte Lug und Trug;   jener schritt im Räuberzug;
   zuchtlos lebt ein dritter dann: doch jetzt büsste jedermann.
5 Der Gebieter war da fern,   wirr das Reich bis in den Kern,
   sehr erzürnet war ihm Christ: leider, des entgalt's zur Frist.
Doch erbarmte dessen Gott;   denn er sah die ganze Not,
   und den König hiess sofort   reiten er zum Unheilsort.
„Auf, mein König, bringe Schutz   meinem Volk vor Feindes Trutz;
10   denn des Nordmanns grimmes Schwert   hat das ganze Land ver-
                   heert."
„Herr, sprach Ludwig schnelle,   sieh, ich bin zur Stelle,
   und nicht hindre mich der Tod   dir zu leisten dein Gebot."
Urlaub nahm zu Gott er drauf,   schwang des Krieges Banner auf,
   ritt dahin in's Frankenland,   wo den Nordmann bald er fand.
15 Dankten alle Gott sofort,   die des Königs harrten dort,
   riefen laut da: „König mein,   lange harren wir schon dein!"
Laut aus frohem Mute   Ludwig sprach der Gute:
   „Tröstet euch, Gesellen,   meine Notgestallen;
Wisst es, her mich sandte Gott,   und er selber mir gebot,
20   dass ich mutig stritte   hier in eurer Mitte
   und mich selbst nicht sparte,   bis ich euch bewahrte.
Nun will ich, dass mir folgen   alle Gottes Helden;
   sehet unsre Lebens Frist   schenkt, so lang' er will, uns Christ;
   will er unsre Hinnenfahrt,   deren hat er auch Gewalt.
25 Wer mit Kraft und Schnelle   leistet Gottes Willen,
   kommet er gesund davon,   wird von mir ihm reicher Lohn;
   bleibt er im Gefechte,   seinem Geschlechte."
Nahm den Schild da und den Speer;   mutig ritt er vor dem Heer,
   wollt' zu Schanden machen   seine Widersachen.
30 Da nicht währte, traun, es lang,   dass den Nordmann auf er fand;
   lobte Gott wohl dafür laut,   da er, was er wünschte, schaut.
Hei! wie kühn der König ritt,   sang ein frommes Lied damit;
   dann erklang im Chor der Ton: „Kyrie eleison!"
Der Sang da war gesungen;   der Kampf nun ward gerungen;
35   das Blut schien durch die Wangen: da die Franken rangen.
Mutig focht da männiglich,   niemand so wie Ludwig;
   Schnelligkeit und kühner Mut   war vererbt dem König gut.

Diesen da durchschlug sein Schwert,   dessen Stich durch jenen fährt;
    seinen Feinden sonder Wank   schenkte, traun, er bittern Trank:
Jedem Sohn des Weibes,   weh ihm hier des Leibes!
    Sei gelobt die Gotteskraft,   Ludewig ward sieghaft.
5 Allen Heiligen sagt' er Dank,   sein ward der Siegeskampf;
    und aber König Ludwig   war des Streites selig.
Kampfbereit er immerdar   war, wo dessen Not war.
    Wolle Gott ihm mehren   seines Reiches Ehren!

(Ettmüller.)

LATIN POETRY.

WALTHARIUS MANU FORTIS (about 930).

(Walther von Aquitanien.)

A poem in Vergilian hexameters which takes a high place among the epics of mediaeval Latin literature. It was written by the monk Ekkehard I (died 930), when a pupil in the monastic school at St. Gall. His instructor Geraldus added a dedication, and later on, a monk of the same convent, Ekkehard IV (died 1060), retouched part of the poem. It is based on German heroic songs to which Christian elements were added. A description is given of an episode in the lives of Walther von Aquitanien and his betrothed, Hildegund, daughter of Herrich of Burgundy. The hero Walther, a king's son, and Hildegund are held as hostages by Attila, ruler of the Huns. They escape from Attila's court. On their way homewards, Walther has to fight the greedy King Gunther (who is anxious to obtain the treasures Walther carried away from the land of the Huns) and his twelve vassals on the "Wasgenstein" (=Vosges Mountains). Walther slays eleven of the vassals in single combat; eventually Gunther and Hagen, the last of the twelve, fight together against him. Walther wins, but he is wounded as well as his two opponents. A reconciliation follows, after which bride and treasure are safely brought home.

35. WIE KÖNIG ETZEL HAGEN, WALTHER UND HILTGUNDE ZU GEISELN EMPFING.

Brüder, ihr wisst, Europa heisst das Drittel des Erdrunds,
10 Drin die Völker sich breiten, nach Sprach' und Sitten und Namen,
Mannigfach von einander sich scheidend, in Glauben und Leben.
Unter diesen wohnte dereinst das Volk der Pannonier,
Jenes, das heute zumeist wir Hunnen pflegen zu nennen.
Mächtig blühte dies tapfere Volk durch Waffen und Mannskraft,

Nicht allein unterjochend die ringsumliegenden Länder,
Sondern heerend setzt' es den Fuss an des Oceans Küsten:
Friede nur ward demütigem Flehen, Vernichtung dem Trotze.
Ein Jahrtausend und mehr, so sagt man, währt' ihre Herrschaft.
5 Attila trug einst Kron' in diesem mächtigen Volke.
Voll der Begier, für sich zu erneuern die alten Triumphe,
Liess er das Heerhorn blasen, um heim zu suchen die Franken,
Wo auf erhabenem Thron der König, *Gibich* mit Namen,
Sass, im Herzen die Freude, dass jüngst ihm geboren ein Söhnlein.
10 *Gunther* nannt' er den Spross, von dem ich nachher euch erzähle.
Unfroh rauscht' in das Ohr des bleichenden Königs die Kunde:
Heerend wälzt sich heran von der Donau feindliche Heerschar,
Zahllos, den Sternen des Himmels, des Meeres Sande vergleichbar.
Gibich, nicht vertrauend der Kraft und den Waffen der Mannen,
15 Rief die Seinen zum Rat: „Sagt an, was ist zu beginnen?"
    Alle stimmten sogleich: Nur ein Bündnis könne noch frommen,
Treu' in Etzels Hand zu geloben, wenn er sie biete,
Geiseln zu stellen und Zins zu zahlen nach seinem Gefallen.
„Besser dünkt uns das, als Leben und Land zu verlieren,
20 Oder mit Weib und Kind zu gehen ins bittere Elend."
    Damals war jung *Hagen* an Gibichs Hofe der hehrste,
Denn er stammte, dem König gesippt, aus dem Trojergeschlechte.
Dieser, da Gunther noch nicht zu solchem Alter gelangt war,
Um, von der Mutter getrennt, das zarte Leben zu fristen,
25 Muss, so war der Beschluss, mit reichstem Schatze zum König.
Boten fuhren zum Herrscher und brachten den Zins und den Jüngling
Sonder Verzug.   Und Etzel gewährete Frieden und Bündnis.
    Selbiger Zeit trug Kron' in Burgund mit mächtigem Scepter
Herrich, dem eine Tochter erblüht', *Hiltgunde* mit Namen,
30 Reich an adligem Sinn und der Mägdlein schönstes im Reiche.
Sie als Erbkind sollt' am Hofe des Vaters verharren,
Und, was in Jahren gehäuft, fügt Gott es, fröhlich geniessen.
Jetzo lässt von den Franken und lenket die Rosse, die flinken,
Hierher Etzel, der König; ihm folgen seine Getreuen.
35 Unter dem stampfenden Rosshuftritt erseufzet die Erde,
Und von der Schilde Geklirr erdröhnt der zagende Äther.
Unermesslich schwimmen der Lanzen eherne Wälder:
Gleichwie im Frührotstrahl die Sonne, berühren die Meerflut,

Herrlich zugleich rückstrahlt von den äussersten Enden des Himmels.
Schon durchschritt er den tiefen Strom der Saon' und der Rhone:
Plündernd strömen ins Land des Heeres gewaltige Wogen.

    Herrich sass zu Chalons; da rief der Wächter vom Wachtturm:
5 „Waffen! Ich seh' eine Wolke von dichtem Staube heranziehn,
Feindliche Macht bricht herein; auf, schliesset Thüren und Thore!"
Aber schon wusste der Fürst, was dort bei den Franken geschehen,
Und so sprach er beredt zu den Alten und Grossen der Krone:
„Ist solch tapferes Volk, dem wir uns nimmer vergleichen,
10 Etzel, dem Hunnen, gewichen, wie könnten *wir* es denn wagen,
Kampf ihm zu bieten, verwegen, die teure Heimat zu schützen?
Sicherer ist's, sie nehmen den Zins und gewähren uns Bündnis.
Eine Tochter nur hab' ich, doch sie für das Land zu vergeiseln,
Steh' ich nicht an; drum rüstet die Boten, den Frieden zu sichern!"
15 Schwertlos gingen Gesandte, zu melden, was Herrich befohlen.
Schmeichelnd, wie es sein Brauch, empfing sie Etzel, der Heerfürst:
„Lieber ist Bündnis mir, als Schlachten zu liefern den Völkern,
Friedlich will der Hunne regieren, nur Törichte fühlen,
Wenn sie sich sperren, das Schwert des ungern strafenden Siegers.
20 Komme denn her der König und tausche Verträge und Handschlag."
Hin schritt Herrich mit Schätzen von unermesslichem Werte,
Holet den Frieden sich ein und lässt dem Hunnen die Tochter.
Fort in die Fremde zieht des Landes köstlichste Perle.

    Als der Vertrag nun gefestet und Zins und Steuer bestimmt war,
25 Führte der Hunne sein Heer vorwärts in westliche Lande.
Dort trug *Alpher* Krone im Lande der Aquitanen.
Blühend wuchs ihm heran ein Sohn im Lenze der Jugend,
Walther, aber es hatten mit manchem Eid sich gelobet
Herrich und Alpher die Fürsten, wenn einst die Zeit sei gekommen,
30 Ihre Kinder einander zu geben zu fröhlichem Ehbund.
Als nun Alpher erfuhr, wie alle Nachbarn sich beugten,
Schlug ihm bang das Herz in der Brust, der Hoffnung entratend.
„Frommt's noch," sprach er, „zu zaudern, wo Toren nur wagen zu
    kämpfen?
Sehet, das Beispiel gibt uns Burgund und gibt uns der Franke.
35 Gleiches muss ich nun tun, und niemand kann uns drum schelten.
Boten schick' ich deshalb und lass' um Frieden verhandeln,
Geb' als Geisel dahin den Erben, den einzig geliebten,

Zahl' auch dem Hunnen den Zins, den künftigen, heut schon im voraus."
Aber was plaudr' ich noch? Dem Wort schnell folgte die Tat nach.
Wild frohlockend wandten sich nun die Hunnen zur Heimat,
Schwer belastet mit Gold und sorglich hütend die Geiseln,
5 Hagen und Walther und Hiltgund auch, die liebliche Jungfrau.

36. Wie Etzel der Geiseln pflegte und wie Hagen entfloh.

Als nun Etzel sich wieder der Heimat, der lieben, erfreute,
Nahm er in Treuen sich an der fremden vergeiselten Kinde,
Liess sie pflegen, als wären sie selbst ihm geborene Erben;
Aber die Jungfrau befahl er der Königin achtsamer Aufsicht.
10 Stets nun mussten dem König die Jünglinge unter den Augen
Weilen, von ihm unterwiesen in Künsten und kriegrischer Kurzweil.
Beide wuchsen heran, erstarkend an Jahren und Weisheit,
Recken bezwang ihr Arm, ihres Geistes Macht die Gelehrten.
Bald zu den ersten des Heeres erkor sie der Wille des Königs.
15 Also hielt er sie wert, die jungen Helden, vor allen.
Auch die gefangene Maid — ein Werk war's Gottes des Höchsten —
Ward der gestrengen Königin lieb und mehrte die Liebe,
Reich an Tugend und Zucht und willig zu jeglicher Arbeit.
Ihrer Hut vertraute die Königin Kammer und Goldschatz.
20 Und es fehlte nicht viel, dass selber sie führte die Herrschaft;
Denn was sie wollte, geschah; erfüllt ward jeglicher Wunsch ihr.
Gibich schied inzwischen dahin; ihm folgte als Erbe
Gunther, welcher sogleich den Zins dem Hunnen versagte.
Hagen vernahm die Mär' in der Fern'; da fasste ihn Sehnsucht:
25 Nächtlicher Weil' entfloh er und eilte zum Herrn in die Heimat.
Walther jedoch schritt ferner voran in die Schlachten der Hunnen,
Immer geleitet vom Glück, wohin auch die Waffen er führte.

[V. 123-169 des lateinischen Textes.] Ospirin, Etzels Gemahlin,
war jedoch argwöhnisch geworden und ermahnte Etzel, Walther durch
30 Vermählung an seinen Hof zu fesseln. Diesem Ansinnen Etzels aber
widerstand Walther mit dem Einwande, dass er vermählt nicht mehr
seine ganze Kraft in den Dienst des Königs stellen könne, wie er möchte.
Etzel war dadurch völlig beruhigt und vertraute ihm nunmehr unbedingt.

Da ward Etzel die Mär von sicheren Boten verkündet,
Dass ein jüngst bezwungenes Volk zum Kriege sich rüste.
Walther ward alsbald zum Führer des Heeres erkoren.
Musternd schritt er dahin durch unendliche Reihen der Krieger,
5 Feuerte an mit kräftigem Wort die Herzen der Tapfern,
Mahnte, gedenk zu sein der früher errungenen Siege
Und verhiess mit gewohnter Kraft darnieder zu schmettern
Jene Empörer und fern in die Lande den Schrecken zu tragen.
  Flugs erhebt er sich selbst, und es folgen die Scharen des Heeres.
10 Siehe, schon hat er gekürt den Wahlplatz, geteilet die Haufen
Weithin durch des Gefild in wohlerwogener Ordnung.
Und auf Pfeilschussweite genaht schon stehen die Keile
Sich gegenüber. Die Luft erzittert von gellendem Schlachtruf;
Jetzt tönt schmetternd hinein der Drommeten eherne Stimme,
15 Und es erglänzt der geschwungene Speer wie flammender Blitzstrahl.
Gleichwie der flockige Schnee herstöbert im brausenden Nordsturm,
Also prasseln daher vom Bogen die grimmigen Pfeile.
Bald fasst jegliche Faust das Schwert; es blitzen die Klingen;
Dröhnend erkracht der Schild, und Haufen stürzt sich auf Haufen.
20 Hier zerschmettern in rasendem Lauf die Brust sich die Rosse;
Dort sinkt nieder der Mann vor dem harten Buckel des Schildes.
Mitten in Kampfesgewühl steht Walther, gleichend dem Schnitter,
Welcher das Feld durchmäht, sich bahnend blutige Strassen.
Gleich als säh'n sie den Tod leibhaftig würgen im Streite,
25 Kehrt ihm den Rücken der Feind, wohin er auch wendet das Antlitz.
Wilder nun rafft sich auf, nacheifernd dem Führer, das Ganze,
Mordet, zersprengt die Reihen, zermalmt die Flüchtigen jählings,
Bis der volle Triumph, der verheissene, blutig errungen.
Jetzo strömen durch das Gefild entfesselt die Scharen,
30 Plündernd, bis das gewundene Horn des Führers sie heimruft.
Festlich schmückt er zuerst die Stirn mit dem grünenden Lorbeer;
Bannenträger folgen ihm nach, es folgt die Mannschaft.
Heim zog ruhmgekrönt das Heer mit Siegesgepränge:
Jeglicher eilt alsbald zu des Hauses gastlicher Schwelle;
35 Aber zum Throne des Herrn beflügelt Walther die Schritt

37. Wie Walther und Hiltgund entflohen.

Sieh, von der Hofburg eilet herab hellstrahlendes Blickes
Freudig der Diener Schar und hält ihm die Zügel des Rosses,
Bis Held Walther der Starke aus hohem Sattel herabspringt.
Spärliches wirft der Müde nur hin den Fragenden; schleunig
5 Tritt er in den Palast und eilet zum Saale des Königs.
Dort nun fand er allein Hiltgunden; da küsst er den Mund ihr.
„Schaffe," sprach er, „schnell einen Trunk dem schmachtenden
Freunde!"
Jene füllte sogleich mit Wein den köstlichen Becher,
Reicht' ihn dem Helden; der trank ihn aus, mit dem Kreuze ihn segnend;
10 Aber der Jungfrau Hand hielt fest er verstrickt in der seinen.
Schweigend stand sie vor ihm und blickt' in das männliche Antlitz,
Beide wussten es wohl, dass zur Eh sie einander erkoren.
Drum zur geliebten Maid nun begann der Recke zu reden:
„Lange tragen wir schon das Leid der Fremde gemeinsam,
15 Wissend, was der Eltern Beschluss uns künftig bestimmt hat;
Warum fesselt so lang das Bekenntnis die schweigende Lippe?"
Hiltgund, trüglichen Sinn argwohnend, schwieg eine Weile.
Drauf sprach bitter ihr Mund: „Was heuchelt die Zunge, die falsche,
Was doch nimmer dein Herz noch begehrt, was ganz du verabscheust?
20 Wahrlich, es dünkt dich Schmach, zu erwählen solche Verlobte!"
Doch der verständige Held sprach, treu im Herzen sie minnend:
„Fern sei, was du gedenkst, gewähre nur gnädig Gehör mir,
Weisst du ja noch, dass ich nie mit verstellter Seele gesprochen.
Heut auch kennt mein Herz kein Falsch noch freventlich Scherzwort.
25 Ausser uns beiden allein ist niemand jetzt in der Nähe.
Wüsst' ich, dass du mir fest mit ganzer Seele ergeben
Und mit heiligem Eid mir Treu' und Schweigen gelobest,
Möcht' ich enthüllen dir ganz des Busens tiefes Geheimnis."
Da, zu den Füssen des Jünglings geschmiegt ruft feurig die Jungfrau:
30 „Herr, wozu du mich rufst, zu allem bin ich bereit dir;
Nichts entziehe mich mehr dem Willen meines Gebieters."
Jener darauf: „Längst ist es mir leid, in der Fremde zu leben.
Oftmals denk' ich zurück an der Heimat verlassene Gauen,
Und es schwillt mir die Brust, die heimliche Flucht zu beeilen.
35 Ach, ich hätte sie längst vollbracht, doch nimmer ertrüg' ich,

Heim zu eilen und hier Hiltgunden zu wissen im Elend."

„Wahrlich" — so sprach's dem Mägdlein warm aus dem innersten Herzen,

„Wahrlich, das ist's, was allein mir Herz und Sinne durchglühet,

Ach, so lang! dein Will' ist der meine; wohlan denn, gebiete:

5 Leid oder Freud, ich trag' es mit dir in liebendem Herzen."

    Walther nun flüsterte leis' in das Ohr des minnigen Mägdleins:

„Hüterin bist du des Schatzes; vertraut sind dir Kammern und Waffen;

Stelle denn Etzels Helm mir beiseit und das dreifache Kampfhemd,

Jene Brünne, darein das Zeichen der Schmiede gefügt ist.

10 Fülle sodann mit hunnischem Gold zwei mässige Schreine,

Dass du kaum zur Höhe der Brust vermagst sie zu heben.

Vier Paar Schuhe für mich dann lege hinzu, wie sie bräuchlich,

Gleicherweise für dich, drauf häufe Gefässe und Spangen,

Bis die Schreine gefüllt da stehn zum obersten Rande.

15 Ferner heisch' insgeheim vom Schmiede gebogene Angeln:

Zehrung möcht uns sein auf der Reise nur Fisch und Geflügel;

Selbst dann muss der Fischer ich sein und der kundige Vogler.

Mache denn alles bereit in einer Woche mit Vorsicht.

Wenn zum siebenten Mal zum Erdkreis Phöbus gekehrt ist,

20 Lad' ich zum üppigen Mahl den König, die Königin, alle

Fürsten und Herrn und Gesind' an die goldbelasteten Tafeln,

Alle mit Wein und schwerem Getränk zu Boden zu strecken,

Dass nicht einer verbleibt, der unser Beginnen bemerke.

Du aber nipp' aus dem Becher nur leicht, den Durst dir zu stillen.

25 Stehn dann die übrigen auf, so enteil zum bewussten Geschäfte,

Und wenn drauf die Gewalt des Trunkes sie all' übermannt hat,

Trägt uns eilendes Laufs das Ross zu den westlichen Landen."

Bald war erschienen der festliche Tag; mit fürstlichem Aufwand

Hatte der Held gerüstet das Mahl; viel köstlich Gewebe

30 Schmückte den Saal ringsum, als Etzel der König hereinschritt.

Hochgemut führt ihn Walther, gewohnten Gruss ihm entbietend,

Hin zum Thron, der geziert mit Purpur und kostbaren Decken.

Und der König erlas zu jeglicher Seite zu Nachbarn

Sich zwei Fürsten; den Platz der andern ordnete Walther.

35 Hundert Polster umher bestiegen die Tafelgenossen.

Und es schwitzte der Gast, durchschmausend die Reihen der Schüsseln.

Trachten folgten auf Trachten; es prunkten auf köstlichem Linnen

Golden die Schüsseln; es würzte die Luft der köstliche Mischtrank
Aus dem güldnen Pokal und reizte zu süssem Genusse.
Rastlos aber mahnte der Held zum Schmausen und Zechen.
Als nun die Ordnung entflohn und die Halle von Tischen geräumt war,
5 Wandte sich heiteres Muts Held Walther hin zum Gebieter:
„Herr, in dem Einen, ich bitt', lasst leuchten noch Euere Gnade,
Dass Ihr selbst mit dem Vortrunk nun entflammet die Zechlust!"
Sprach's und kredenzt ihm den Humpen, den grössten, von herrlicher
    Arbeit,
Welcher die Taten erzählt der Ahnen in künstlichem Bildwerk.
10 Lächelnd nimmt ihn der König und leert ihn in *einem* Zuge,
Trinkt und gebeut, dass jeglicher Gast in der Reih' es ihm nachtu'.
Schneller nun laufen hinzu und laufen zurücke die Schenken,
Reichend voll die Humpen und leer sie wieder empfangend;
Aber des Wirts und des Königes Ruf entfachte die Trinkschlacht:
15 Bald hat glühender Rausch des ganzen Hofs sich bemeistert,
Und es lallt verworrnes Geschwätz von triefenden Lippen,
Und es wankt in den Knien manch heldenkühner Geselle,
Bis sie alle bezwungen vom Wein, dem Schlafe zur Beute,
Rings in den Gängen umher sich ausruhn in dumpfer Betäubung.
20 Hätt' er jetzt die Flamme gelegt an den ragenden Burgbau,
Da war keiner mehr, der erkennen mochte den Täter.
    Jetzo rief er heran zu sich die minnige Jungfrau:
„Schaffe nun eilig hinab in den Hof das bereite Geräte!"
Selber dann führt' er hinaus aus dem Stall das beste der Rosse,
25 Welches er selbst „den Löwen" genannt ob mancher Bewährung.
Kauend wild das beschäumte Gebiss zerstampft es den Boden.
Als er ihm übergelegt nach Gewohnheit den köstlichen Reitschmuck,
Hängt er ihm über dem Bug die schätzebergenden Schreine,
Fügt ein Körblein Speise dazu, gar wenig zur Reise,
30 Und übergibt der Rechten der Maid die wallenden Zügel;
Aber er selbst umkleidet den riesigen Leib mit dem Panzer,
Stürzt auf das Haupt den Helm mit dem roten wehenden Helmbusch,
Bindet die goldene Schien' um die Waden und mächtigen Schenkel,
Gürtet die Hüfte links mit dem doppelschneidigen Schwerte;
35 Aber ein anderes hängt er nach Hunnengebrauch an die rechte,
Das mit einer Schneide nur schlägt die tödlichen Wunden.
Drauf mit der Rechten den Speer ergreifend, den Schild mit der Linken

Kehret besorglich er nun dem verhassten Lande den Rücken.
Hiltgund lenket das Ross, mit manchem Talente beladen,
Haltend in zarter Hand des Fischers Angelgeräte.
Denn der gewaltige Mann war selbst belastet mit Wehrzeug,
5 Stündlich bereit zum Kampf. So reiten sie hin in den Nächten.
Aber wenn die Sonne das Frührot sandte zur Erde,
Suchten sie bergenden Schutz in der Wälder schattiger Laubnacht;
Denn es wogte die Angst in des Mägdleins pochendem Herzen,
Dass sie erschrak vor jedem Geräusch, vor dem Säuseln des Windes,
10 Vor Waldvögeleins Ruf und Geflüster der wehenden Zweige.
Fern von Dörfern und Menschengeheg und lieblichem Fruchtfeld,
Mitten durch rauhes Gebirg mit viel gewundenem Umweg
Tragen sie weg- und steglos dahin die hastenden Schritte.
Vöglein weiss er zu locken mit Kunst und schlau zu berücken,
15 Hier das Fangholz legend und dort verknüpfend die Schlinge.
Aber gönnt' er sich Rast am gekrümmten Ufer des Flusses,
Warf die Angel er aus und holt' aus der Tiefe die Beute:
Also wehrt' er des Hungers Pein in rastloser Arbeit,
Nimmer zu süssem Liebesgespräch sich gönnend die Musse.

38. Wie Walther mit Gunther und Hagen kämpfte.

20 Phöbus indes schon neigte sich hin zu den westlichen Küsten.
Schimmernd künden ihn noch die letzten Spuren in Thule;
Hinter sich lässt mit den Skotengeschlechtern er auch die Iberer,
Und nachdem er allmälig erwärmt die rauschende Meerflut
Sendet die letzten Strahlen er noch in Ausoniens Gefilde.
25 Da nun begann der verständige Held bei sich zu erwägen,
Ob in der sicheren Burg er während der nächtlichen Stille
Bleib', oder sich vertrau' den öden Pfaden des Blachfelds.
Hagen war ihm verdächtig und Kuss und Umarmung des Königs.
Zweifel bewegte sein Herz, was der Feind im Schilde wohl führe:
30 Ob sie nächtlicher Weil zur Stadt entreiten und mehr noch
Kampfgenossen entbieten, den schmählichen Kampf zu erneuern,
Oder ob sie allein auf der Lauer liegen verborgen?
Minder nicht macht ihn besorgt des Waldes verschlungner Irrpfad,
Dass er in Dickicht und wildem Geklüft die Jungfrau verliere,
35 Oder sie gar des Waldes Getier zur Beute verfalle.

All das sorgliches Muts erwägend, spricht er entschlossen:
„Komme nun, was es auch sei, hier werd' ich rastend verharren,
Bis die kreisende Sonn' uns zurück den lieblichen Tag bringt,
Dass der König nicht prahle, der Stolze, ich sei aus dem Lande
5 Feig wie ein Dieb entflohn, bei Nacht und Nebel entronnen."
Sprach's und verfestigt drauf mit Verhack aus Dornen und Strauchwerk
Vor sich den engen Pfad; dann wendet er sich zu den Leichen,
Füget jeglichem Rumpf mit Seufzen wieder das Haupt an,
Und nach Osten gekehrt das Antlitz, knieend zur Erde,
10 Spricht, mit dem nackten Schwert in der Hand, er Gebete zur Sühne:
„Schöpfer der Welt, der alles zugleich erhält und regieret,
Dir, ohn' dessen Geheiss und Willen nichts kann geschehen,
Dir sag' ich Dank, Allvater, dass du mich gnädig bewahrt hast
Vor der wütenden Feinde Geschoss und vor schnöder Beschimpfung.
15 Herr, Allgüt'ger, ich flehe dich an mit zerknirschtem Gemüte,
Der du die Sünde nur willst, doch nicht die Sünder vernichten,
Dass die Toten hier einst am Himmelssitze mich schauen!"
Also betet der Held; dann koppelt die Rosse der Toten
Er mit Ruten zusammen nach Brauch; sechs waren noch übrig,
20 Zwei erlagen dem Kampf, drei führte Gunther von dannen.

Jetzt entstrickt er die Rüstung und ledigt den dampfenden Körper
Endlich der wuchtigen Last und erquickt die ermüdeten Glieder,
Greift zum Imbiss und tröstet die Braut mit heiterem Worte;
Dann in den Schild gestreckt heisst den ersten Schlaf er bewachen
25 Hiltgund die Maid; der Morgenwacht wollt' selber er pflegen,
Da sie bedrohlicher sei, und endlich sinkt er in Schlummer.
Hiltgund sass nach gewohnter Art ihm zu Häupten und wachte
Und verscheucht' mit Gesang den Schlaf von den trunkenen Augen.
Aber bald unterbrach schon die erste Ruhe der Jüngling,
30 Sonder Verzug sich erhebend und hiess nun schlummern die Jungfrau,
Während gestützt auf den Speer der Unverdrossene Wacht hielt.
So vollbringt er die Neige der Nacht, sieht bald nach den Rossen
Achtsam, nähert sich bald scharf lauschend des Ortes Umwallung
Und wünscht sehnlich herbei der Erde Licht und Gestaltung.

35 Lucifer stieg empor am Olymp, der leuchtende Herold,
Hell schon im Strahle der Sonn glänzt Thaprobane die Insel.
Da war die Stunde, wo kühl die Erde betauet der Oststern.
Zu den Erschlagenen tritt der Jüngling, die Beute zu nehmen:

Schwert und Gehenk samt Spangen und Schmuck und Panzer und
    Helme
Zog den Gefällten er ab; doch liess er Kleid und Gewandung.
Vier der Rosse belud er damit und hob auf das fünfte
Hiltgund die Maid und schwang sich selber behend auf das sechste.
5 Selber dann brach er zuerst aus dem weggeräumten Verhack vor.
Mühsam ringt er sich durch auf des Waldpfads enger Beschränkung,
Späht mit klarem Auge nach allen Seiten mit Vorsicht,
Lauschet mit hochgespanntem Ohr auf jeglichen Lufthauch,
Ob er nicht dumpfes Gemurmel noch Tritte von Gehenden höre,
10 Oder den Zügelklang vernehme der kommenden Feinde,
Oder den Hufschlag auch von eisenbeschlagenen Rossen.
Tiefe Stille jedoch ringsum! — Da treibt die beladnen
Ross' er hervor und heisst auf dem Fuss ihm folgen die Jungfrau;
Und in gewohnter Weise, das Ross mit den Schreinen am Zügel,
15 Wagt er fortzusetzen den Weg, den gefährlichen, kühnlich.

    Tausend Schritt kaum sind sie entfernt, da, hinter sich blickend,
— Zittern und Zagen erfüllte das Herz der geängsteten Jungfrau —
Schaut sie zwei Männer vom Hügel herab herstürmen im Rücken.
Todbleich ruft dem Geliebten sie zu, der hinter ihr folgte:
20 „Weh, nun nahet das End', o Herr, sie kommen, entfliehe!"
Schnell kehrt Walther sich um und spricht, erkennend die Feinde:
„Eitel, dass meine Hand so viele Feinde zerschmettert;
Fehlt dem Ende der Preis, so endet das Ganze mit Unpreis!
Besser gewiss, einen würdigen Tod im Kampfe zu suchen,
25 Als geplündert an Hab' und Gut von dannen zu reiten!
Aber so ganz verzweifelt noch nicht an Hülf' und Errettung,
Wer einmal schon grössrer Gefahr ins Auge geschaut hat.
Du nimm jetzt den Zügel mir ab des Leun, der das Gold trägt,
Und dort birg dich geschwind im nahe gelegnen Gehölze.
30 Ich aber will einen Stand mir erkiesen am Hange des Hügels,
Harrend der kommenden Ding' und männlich die Nahenden grüssen."
Und es gehorcht dem Befehl des Gebieters die liebliche Jungfrau.
Dieser befestigt den Schild und schüttelt den Speer und erprobt,
Wie sich das neubestiegene Ross unter Waffen benehme.
35   Her im Geleite des Lehnsmanns stürmt der König, und rasend
Ruft er den Harrenden an von fern hochfahrenden Tones:
„Endlich bist du betrogen, du Grimmer; denn siehe, das Schlupfloch

Schützt dich nicht mehr, aus dem du hervor wie ein wütiger Wolfshund,
Fletschend den gierigen Zahn, uns anzubellen gewohnt warst.
Jetzt, wenn du willst, im offenen Feld ist Streit dir geboten;
Prüf', ob dem Anfang gleich auch das Ende das Schicksal gestaltet!
5 Wahrlich, ich weiss es, du hast um Lohn das Glück dir gedungen
Und verschmähest darum, gleichwie die Flucht, die Ergebung."
Aber verächtlich schwieg Held Walther zur Rede des Königs
Wie ein Tauber; zum andern jedoch erhebt er die Rede:
„Hagen, an dich sei gerichtet das Wort, verziehe ein wenig!
10 Was doch, sag, hat so schnell den treuen Freund mir verwandelt?
Der beim Abschied jüngst sich kaum entriss der Umarmung
Thränendes Aug's, rennt jetzt mich an mit feindlichen Waffen
Ganz aus freiem Entschluss, von keiner Kränkung betroffen?
Ja, ich bekenn's, einst hofft' ich auf dich — nun bin ich betrogen!
15 Käm dir, so dacht' ich, die Kunde, dass heim ich kehrt' aus der Fremde,
Eiltest du mir alsbald entgegen mit freudigem Grusse,
Würdest am gastlichen Herd mir die müden Glieder erquicken
Und in des Vaters Reich den Freund in Frieden geleiten.
Ach, ich sagt' es oft auf der Fahrt durch fremde Gebiete:
20 Lebt nur Hagen mir noch, so fürcht' ich keinen der Franken.
Freund, ich beschwör dich, denke der Zeit, wo in trauter Gemeinschaft
Wir als Knaben der Spiele gepflegt, in den Jahren der Kindheit,
Gleiches Sinns und gleich an Übung; war mir's doch immer,
Wenn ich dein Antlitz sah, als vergäss' ich Vater und Heimat.
25 Warum reisst aus der Brust du die oft beschworene Treue?
Lass, ich flehe dich an, von dem Frevel, o lass von dem Kampfe;
Unzertrennlich sei durch alle Zeiten der Blutbund!
Willigst du ein, so geleitet schon jetzt dich Ehre und Preis heim,
Und mit rotem Gold bis zum Rande füll' ich den Schild dir."
30 Hagen dagegen erhub mit finsterer Miene die Stimme:
„Erst verübst du blut'ge Gewalt und redest dann listig,
Walther! die Treu' brachst *du;* denn sahest du mich nicht zugegen,
Als du erschlugst der Genossen so viel, selbst meine Verwandten?
Nimmer kannst du's entschuld'gen; denn war mein Antlitz verdeckt
auch,
35 Waffen und Haltung kanntest du doch des vertrauten Gesellen.
Alles ertrüg' ich jedoch, wär nur *ein* Schmerz mir ersparet:
Niedergemäht hat mir dein Schwert die rosige Blume,

Ach die süsse, so jung: nun veracht' ich jegliches Sühngeld,
Will erfahren, ob du nur allein in Waffen den Preis hast,
Fordre von deiner Hand den erschlagenen Neffen zur Stunde.
Auf denn, so will auch ich den Tod oder Preis mir erjagen!"
5 Sprach's und sprang mit gewaltigem Schwung vom Rücken des Rosses,
Gunther zugleich, und lässiger nicht sprang Walther zur Erde.
Jeglicher stand zum Fusskampf bereit, vor dem kommenden Wurfspiess
Sorglich geduckt, und die krieg'rische Faust zuckt unter dem Schilde.
Früh um die zweite Stund, da standen die drei sich entgegen,
10 Zwei gegen einen allein die feindlichen Waffen gerichtet.
Hagen brach den Frieden zuerst; mit mächtigem Schwunge
Schleudert er, all seine Kraft aufbietend, die tückische Lanze.
Sausend fliegt sie daher im schrecklichen Wirbel; doch Walther,
Schnell erkennend, dass nimmer die Wucht er könne bestehen,
15 Lenkt sie geschickt abseits mit dem schräg gehaltenen Schilde.
Da, wie den Schild sie berührt, gleich wie von geglättetem Marmor,
Gleitet sie ab und fährt in den Berg und wühlt in den Sand sich
Bis an den Nagel hinein. Ihm nach, mit mutigem Sinn zwar,
Aber mit mässiger Kraft entschleudert die eschene Lanze
20 Gunther, der Stolze: sie hing hin flatternd im untersten Schildrand
Walthers; der schüttelt den Schild; da fiel das schwächliche Eisen
Machtlos aus dem verwundeten Holz. Betroffenes Mutes
Griffen die Franken zum Schwert: ihr Schmerz ist gewandelt in Zornwut.
Aber mit grimmigem Blick und der Speerkraft schreckte sie Walther.
25 Da ersann sich Gunther, der König, ein törichtes Stücklein.
Heimlich wollt' er die Lanze, die machtlos zur Erde gefallen,
Schleichend just wie ein Dieb vor den Füssen des Recken erhaschen;
Denn sie konnten ihm nimmer mit kurzen Schwertern zu Leibe.
Also winkt mit dem Aug' er dem Lehnsmann zu schärferem Angriff,
30 Hoffend, dass er gedeckt von ihm den Handel vollführe.
Vorwärts ohne Verzug dringt Hagen, reizend den Gegner;
Aber der König, bergend sogleich in der Scheide die Klinge,
Macht die Rechte sich frei zum Diebsgriff, strecket die Hand aus,
Hält den Speer schon gefasst, noch mehr vom Glücke begehrend:
35 Da merkt Walther, allzeit vorsichtig, des Königs Gebahren.
Rückwärts stösst mit gewaltigem Sprung er den stürmenden Hagen,
Tritt mit wuchtigem Fuss auf die schon entwendete Lanze,
Dass dem ertappten König vor Schrecken wanken die Kniee.

Und schon schwingt er den Speer und hätt' ihn zum Orkus gesendet,
Wäre nicht Hagen herbeigeeilt und hätte den Lehnsherrn
Mit dem eigenen Schilde geschirmt und flugs einen Schwertstreich
Gegen des Feindes Haupt, der Waffengewalt'ge, geführet.

5   Während Walther den Hieb abwehrt, erhebet sich jener;
Kaum entronnen dem Tod steht bleich er, zitternd vor Schrecken.
Aber nicht Rast noch Verzug! — Es erneut der erbitterte Kampf sich,
Beide zugleich bald rennen den Mann, bald jener allein an,
Also steht der numidische Bär, wenn grimm er gehetzt wird,

10 Unter der Meute der Hund' und schreckt mit den Tatzen zurück sie,
Duckt das Haupt mit dumpfem Gebrumm, und in grauser Umarmung
Winseln elend die Rüden, die allzu keck sich ihm nahten.
Rund um ihn her dann bellen ihn an die reissenden Doggen,
Und es bannt sie die Furcht, zu packen das grimmige Untier.

15 Also schon in die neunte Stund hinwoget der Dreikampf:
Dreifache Qual verzehrte das Mark der erbitterten Streiter:
Tötliche Wut und die Last des Kampfs und die glühende Sonne.
Da beschlich in schweigender Brust der Gedanke den Helden:
„Beut nicht das Glück einen Ausweg noch, so werden mich jene

20 Listig mit Scheingefecht ermüden und endlich bewält'gen."
Drum zu Hagen gewandt erhebt er vernehmlich die Stimme:
„Hagdorn he, du verhüllst dich in Laub, um sicher zu stechen,
Suchest scherzend mit tanzendem Sprung mich listig zu täuschen;
Aber ich schaff's, dass mir näher zu gehn du länger nicht zauderst;

25 Wahrlich, ich hab' es nun satt, so schwer mich zu mühen vergeblich!"
Sprach's und schleudert den Speer auf jenen mit mächtigem Anlauf.
Der durchbohrt ihm den Schild und reisst vom Panzer ein Stück weg;
Doch den gewaltigen Leib nur streift er, so stark war die Rüstung.
Aber zugleich mit dem Wurfe des Speers zieht Walther die Klinge,

30 Stürmt in gewaltigem Lauf höchst ungelegen auf Gunther,
Reisst ihm den Schild von der Seit' und führt so preislichen Schwert-
        schlag,
Dass er das Bein mit dem Knie bis zur Hüfte gänzlich ihm abschlägt.
Nieder zu Füssen ihm stürzt der Verwundete über den Schild hin,
Und mit Entsetzen erbleicht bei dem Fall des Gebieters der Lehnsmann.

35 Wieder erhebt drauf Alphers Sohn die blutige Waffe,
Mit dem zweiten Schlag ihm die Todeswunde zu spenden.
Da wirft Hagen, nicht achtend den Schmerz und das eigene Leben,

Mutig sein Haupt entgegen dem Hieb, um den König zu schützen.
Und nicht konnte der Held die erhobene Rechte mehr hemmen;
Aber der Helm von trefflichster Art, und zu gut schon bewähret,
Trotzet dem Schlag und sprühet umher weit blitzende Funken,
5 Und erschreckt von der Härte des Stahls barst klirrend die Klinge.
Schwirrend schimmern in Luft und Busch — o Jammer! — die Splitter.
Als ihm so zerbrochen die Wehr, spürt grimmigen Zorn er,
Schleudert seiner nicht mächtig den Griff, der Klinge beraubet,
Weit von sich weg mit Verachtung, so teuere Kunst ihn auch zierte.
10 Doch wie die Hand zum Wurf er unvorsichtig emporstreckt,
Haut sie Hagen ihm ab, frohlockend der glücklichen Wunde.
Mitten fällt im Schwunge zur Erd' die tapfere Rechte,
Sie, die so furchtbar einst so vielen Fürsten und Völkern,
Sie, die so oft erstrahlt in unzählbaren Trophäen.
15 Aber als linker Mann auch lernt der Tapfre die Flucht nicht.
Nieder kämpft er den Schmerz, und keine Miene verziehend
Schiebt er starkes Geistes den blutigen Stumpf in das Schildband.
Mit der gesunden Hand entreisst er der Scheide das Halbschwert,
Das an die rechte Seit' er gegürtet, wie früher erzählt ward.
20 Gegen den Feind nun stürzt er, sich grimmige Rache zu nehmen.
Jach in das rechte Aug' trifft Hagen der hunnische Säbel,
Stirn und Wange und Lippe zugleich aufschlitzend und mehr noch:
Zweimal drei Backzähn' entrollen dem blutigen Kiefer.
Als nun solches vollbracht, da schied sich endlich das Streiten.
25 Jeden mahnt seine Wund' und höchste Erschöpfung, die Waffen
Abzulegen: denn wer mocht' ungeschädiget bleiben,
Wo im Wetter des Streits zwei gleich hochherzige Helden,
Ebenbürtig an Kraft wie an feurigem Mute, gestanden?

39. Wie sie Sühne tranken.

Als es zum Ende nun kam, trug jeder die Zeichen des Kampfes:
30 Hier lag Gunthers Bein, des Königs, dorten die Rechte
Walthers, und wiederum dort Held Hagens zuckendes Auge.
So — so teilten sie unter einander die hunnischen Spangen!
Nieder sassen die zwei — der Dritte lag — und mit Blumen
Suchten sie jetzt den Strom des rinnenden Blutes zu tilgen.
35 Aber Alphers Erzeugter berief die zagende Jungfrau,

Und sie gehorcht' und kam und legte Verband um die Wunden.
Drauf der Verlobte: „Nun misch' uns den Wein und reich' ihn zuerst hin
Hagen, er ist der wackerste Kämp, wenn die Treu' er bewahret:
Dann reich mir ihn her, der mehr als die andern gelitten;
5 Gunther soll ihn zuletzt bekommen, weil schwach er und lässig
Sich in dem Waffenkampf hochherziger Männer gezeigt hat."
Herrichs Tochter befolgt' in Gehorsam treulich die Weisung.
Aber der Frank' entgegnet, wie heiss er auch lechzt nach dem Labtrunk:
„Walther, deinem Verlobten und Herrn, gebühret der Vorrang,
10 Jungfrau, weil, ich bekenn's, er tapfrer als ich sich erwiesen,
Braver als ich und alle, die sich des Kampfs unterfingen."
Also geschah's, und Walther, der Held, und der dornige Hagen —
Frisch an Geist, ob müd' auch der Leib, und gänzlich ermattet
Nach dem Waffengetös' und so manchem sausenden Schwertschlag —
15 Heiter ergehn sie sich jetzt bei dem Becher in scherzendem Wortkampf:
„Fürder magst du, o Freund," spricht Hagen, „jagen die Hirsche,
Handschuh dir von den Fellen zu schaffen, soviel du nur wünschest;
Aber ich rat', stopf' aus mit zarter Wolle den rechten,
Manchen Unkundigen trügst du vielleicht mit dem wolligen Balge!
20 Weh, auch musst du fortan dem Brauch der Völker entgegen
Um die rechte Hüfte dir gürten das mächtige Schlachtschwert.
Und dein Weib, wenn einst dich ergreift ein süsses Verlangen,
Drückst mit der Linken du ans Herz in verkehrter Umarmung.
Alles musst du nun linkisch tun!" Da erwidert' ihm Walther:
25 „Unbedacht dünkt mich die üppige Rede, du Einaug', Sikamber!
Jag' ich den Hirsch, so wirst du nimmer den Eber doch schmecken,
Wirst auf die Diener fortan die Augen schielend nur richten
Und mit querem Blick Gruss bieten den Reihen der Helden.
Aber der alten Treue gedenk, nun rat' ich als Freund dir:
30 Wenn du nach Hause gekehrt und genaht dem heimischen Herde,
Koch dir ein Breichen von Milch und Mehl mit Speck zur Erquickung;
Zahnlosen gibt's die geeignete Kost und Kraft in die Knochen!"
    Sprach's, und beid' erneuern den doppelt bekräftigten Blutbund,
Heben den König sodann — ihn schmerzt unmassen die Wunde —
35 Sanft aufs Ross und kehren alsbald nach verschiedenen Seiten,
Hier die Franken gen Worms, der Aquitanier zur Heimat.
Freudig wird er begrüsst und mit hohen Ehren empfangen;
Bald auch wird nach festlichem Brauch Hiltgund ihm vermählet

Und, von allen geliebt, regiert nach dem Tode des Vaters
Walther noch dreissig Jahre das Volk, beglückt und gesegnet.
Sieg und Ruhm noch errang der Held in gewaltigen Kämpfen:
Aber die Feder ist stumpf und versagt den Dienst — und so schweig' ich.
5　Leser, wer du auch seist, leih Nachsicht dem Sang der Cicade.
Nicht die noch heisere Stimm', ihr Alter nur billig erwäge,
Wie sie, noch nicht dem Nest entflohn, dem Höchsten schon nachstrebt.
Also singt von Walther das Lied. — Uns segene Jesus.

(Bötticher.)

WALDHERE FRAGMENTS.

40. BRUCHSTÜCK I.

„. . . . . stählte ihn eifrig:
10　Wisse du, dass Welands　Werk im Stiche lässt,
Mimming, keinen Mann je,　der den mächtigen kann
Halten, den harten:　hiebwund und blutend
Sank oft Feind auf Feind　im Gefechte vor ihm.
Feldherr Etzels,　lass entfallen dir nicht
15　So den tapfren Sinn.　Denn der Tag ist gekommen,
Der dir einbringen soll　eines von zweien:
Dass dein Leben du lassest　oder langen Ruhm dir,
Edler Sohn Aelfheres,　auf der Erde gewinnest.
Nicht will ich den Vorwurf,　Freund, erheben
20　Dass ich je dich schaute　in den Schwertkämpfen,
Aus feigem Gefühl　feindliche Hiebe
Mutlos vermeiden　und zur Mauer fliehn,
Um den Körper zu sichern,　obwohl Kämpfer genug,
Brave, schlugen　auf die Brünne dir ein.
25　Sondern immer weiter　suchtest Waffengang du
Über den Strich, dass ich dir　das Bestimmung wähnte,
Dass du zu verwegen　Waffengang suchtest
Beim Antreten,　andrer Krieger
Schwertgewandtheit.　Schmücke dich, Freund, mit
30　Guten Taten,　so lange Gott dich schirmt.
Nicht sorge ob dem Schwerte;　denn die schönste Waffe
Ward gegeben dir,　mit der du Guðheres

Stolz wirst strafen,   dass den Streit er hat
Unrechtmässig   als der erste begonnen.
Hat das Schwert er verschmäht,   wie die Schätze auch
Und die Bauge alle,   soll er nun beider los
5 Fliehn aus dem Felde   und zur Friedeburg
Streben, zum Stammsitz,   oder sterben zuvor,
Wenn er . . . .

41. Bruchstück II.

. . . . Schwert ein besseres
Ausser dem einen,   das ich auch habe
10 In der Steintruhe   stille geborgen.
Wie ich weiss, gedachte   Dietrich Widegem
Selbdies zu senden   und von Silber und Gold
Schätze mit dem Schwerte   und viel Schönes noch sonst,
Lohn zu erlegen,   lange schon verdienten,
15 Dafür dass aus Not ihn   Niðads Enkel,
Welands Erbe,   Widege, befreit hatte:
Durch der Fiflen . . . . . vorwärts entrann er."
Waldhere sagte,   der gewaltige Mann,
— In der Hand hielt er,   was den Helden erfreut,
20 In der Rechten das Schwert —   redete also:
„Wähntest du wirklich,   Wart von Burgund,
Dass die Faust Hagenes   vom Gefechte mich hätte,
Vom Kampfe, getrennt?   Komm, wenn du wagst, nimm
Dem so Streitmüden   weg die Stahlbrünne!
25 Auf den Achseln sitzt   Aelfheres Nachlass
Gut mir und glänzend   und mit Golde geziert,
Ungeschändet   sein Eisengewand;
Komm und hol es, indem   meine Hand beschirmt
Gegen Feinde die Brust.   Ihrer viele sind mir,
30 Wenn Unfreunde   wieder anheben,
Ihre Schwerter zu schwingen,   wie ihr schon getan.
Dennoch kann mir senden   Sieg er, der ewig
Renkend und ratend   alle Rechte schützt.
Wer sich auf des Höchsten   Hilfe getröstet,
35 Auf die Rettung durch Gott,   wird bereit finden,

Wenn er sich erinnert des, was er einst besass,
Als noch Herren durften Habe verteilen
Und Besitzes sich freun. Das ist . . . .

(Trautmann.)

Rudlieb (about 1030).

This Latin epic may be termed the oldest original romance of chivalry in Germany. It was written in leonine hexameters at the Bavarian monastery of Tegernsee. It gives the history of a knight, who, having lost his father at an early age, seeks his fortune in foreign countries.

42. Taking Leave from King Puras in Africa.

Der König sprach: „Lass hören und tu mir alles kund!“
5   Er umschlang des Herren Kniee und drückte drauf den Mund;
Danach sich erhebend sprach und seufzte tief:
„Wie meine Sachen stehen, geruh und sieh aus diesem Brief.“

Der König las; dann sprach er: „Ich misse dich nicht gern;
Doch wenn, was sie geloben, auch leisten deine Herrn,
10   So lass es nicht, zu kommen; denn Heimat ist lieb;
Auch muss dich erbarmen, was deine Mutter dir schrieb.

„Die Heimkehr widerraten darf ich als Freund dir nicht.
Fahr hin, sie zu trösten; es ist des Sohnes Pflicht.
Es wird auch andre Freunde verlangen dich zu sehn;
15   Schon heute hast du Urlaub; doch bleibe, kann es geschehn,

„Bei uns noch diese Woche, dass ich bedenken mag,
Wie ich dir würdig lohne vor deines Abschieds Tag;
Du hast dich lange Jahre gemüht in meinem Dienst;
Wollt’ ich das vergessen, und wie beflissen du schienst

20   „Für mich, meine Völker und meines Reiches Macht,
Wie du den Tod nicht scheutest in mancher heissen Schlacht,
So wär’ ich unerkenntlich, unwürdig solcher Treu;
Doch welchen Tod ich finde, dir bleibt mein Dank immer neu.“

Den guten Degen freute,   dass seiner Dienste noch
Der König gedachte;   er sprach zu ihm jedoch:
„Was ich dir jemals diente,   das hast du wohl gelohnt,
Seit ich hieher gekommen,   so mildes Herrn ungewohnt,

5   „War mir an deiner Seite   jeder Tag ein Fest.
Mir blühte Lieb' und Güte   mehr, als sich sagen lässt
Bei allen, die dir dienen,   nicht bei dir allein:
Und geht es an ein Scheiden,   so muss ich wohl traurig sein."

Vier Schüsseln heisst der König   da schmieden, zweie hohl
10   Nach innen, flach die andern,   dass je zwei flache wohl
Den beiden hohlen fugten;   die will er dann mit Spelt
Überkleistern lassen,   dass man für Brote sie hält.

Das eine der Gefässe   mit Gold erfüllt er dicht.
Ihr zwängt kein Stück dazwischen   mit dem Hammer nicht,
15   Gerüttelt und geschüttelt   erklänge nicht der Hort:
Der Inhalt soll ihm frommen   dereinst am heimischen Ort.

Das andre der Gefässe   schied eine Mittelwand:
Die Hälfte mit Besanten   erfüllt' er bis zum Rand;
Mit teuren Kleinodien   die andre ward beschwert,
20   Perlen, Ringen, Spangen   und Gestein vom höchsten Wert.

Ihre Brustspange legte   die Königin hinein
Und dreissig Fingerringe   mit blitzendem Gestein
Und schöne Ohrringe   mit edlen Perlen acht,
Dass bei des Helden Hochzeit   ihrer dankbar würde gedacht.

25   Da so die tiefen Schüsseln   erfüllt sind mit dem Schatz
So gedrang und dichte,   da fände nichts mehr Platz,
Man schloss und übergoss mit   einem Teig von Mehl,
Und buck sie zu Broten,   die des Inhalts hätten Hehl.

Nun war mit bleichem Scheine   des Abschieds Tag genaht;
30   Da entbot der Egypter   der Freund' und Mannen Rat
Und sagt ihnen trauernd,   was jenen heimberief;
Er liess auch verlesen   vor ihnen allen den Brief.

Er zog ihn in die Tiefe   des Saals auf weichen Sitz,
Wo niemand anders hörte   der goldnen Lehren Witz.
Er sprach zu ihm: „Nun merke   und übe früh und spät,
Was ich dir treulich rate,   wie der Freund dem Freunde rät.

(Now the king gives him several rules of life, *e. g.*:)

5   „Der Zorn sei nie so heftig,   dem du dich rasch ergibst,
Dass du die Rache   nicht über Nacht verschiebst.
Dich freut vielleicht am Morgen,   wenn du es besser weisst,
Dass du falsch berichtet   bezwangst den stürmischen Geist.“

„Wenn aus des Landes Töchtern   du dir die Hausfrau wählst,
10   Damit du liebe Kinder   im Herbst des Lebens zählst,
So folge deinem Herzen   und eignem Sinn allein,
Und kein andrer rede,   auch nicht die Mutter, dir ein.“

„Mit deinem Herrn zu rechten,   das lasse dir nicht zu;
Er ist, wenn nicht gerechter,   doch mächtiger als du.
15   Was du ihm ungezwungen   gewährst, ist nicht verloren;
Denn seine Gnade frommt dir   immer besser als sein Zorn.“

„Siehst du am Weg Kapellen   oder Kirchen stehn,
So sollst du ohne Andacht   nicht vorüber gehn.
Und lädt das Volk zum Opfer   der Glocken heller Ton,
20   So jag’ auf flücht’gem Pferde   nicht wie ein Heide davon.“

Die Lehren gab dem Jüngling   des Königs weiser Mund:
Er gab ihm wohl noch andre;   mir sind nicht alle kund.
Dann stand er auf und führt ihn   zurück in den Kreis
Und sprach noch von dem Hochsitz   viel zu des Scheidenden Preis.

25   Da stimmten alle freudig   mit ein und lobten ihn:
Der König sprach: „Mit Ehren   nun magst du, Teurer, ziehn,
Dass du die Mutter schauest,   dein Haus und die Herrn;
Ob die, was sie geloben,   auch leisten willig und gern.

„Wenn sie ihr Wort nicht lösen,   so weisst du genug,
Und traust du ihnen wieder,   so traust du offnem Trug.
Des Kargen Dienst vermeide,   der weder lohnt noch ehrt.
Ich will dich gern entbehren,   erkennt man dort deinen Wert.

„Doch wenn dir begegnet,   was guten Mann verdriesst,
Und an der Heimat Brüsten   dir spärlich Liebe fliesst,
Willst du dann wieder kehren,   du findest mich wie heut
Dir zugetan, das wisse,   wenn es zu hören dich freut."

Da gab er einem Diener   mit leisem Finger Wink,
Befahl ins Ohr ihm flüsternd: da lief der Knabe flink
Und brachte jene Brote   herbei, der Kämmerling,
Darin zu goldnen Lehren   Rudlieb goldnen Lohn empfing.

43. Rudlieb puts up at an Inn.

(Rudlieb on his way home puts up at the house of a sheriff who at an early
age had married an aged widow.   Rudlieb, while a servant of her first husband,
a rich miser, had gained the latter's confidence and introduced a better man-
agement in the whole house. — A shepherd tells Rudlieb:)

„Es wartete die Witwe   das Trauerjahr nicht ab,
Sie wäre wohl zur Kirche   gegangen gleich vom Grab.
Nun teilt sie Tisch und Güter   mit ihm, dem bessre Kost
Sie schon zuvor verdankte   und Winters Schutz vor Frost.

Er nennt sie Frau wie immer;   sie heisst ihn lieben Sohn;
Auch ihre Kinder hängen   an ihm, wie früher schon,
Und Knecht' und Mägde bleiben   ihm dankbar zugetan,
In dem sie stets den Pfleger   und den Beschützer ersahn.

So fand ich grössre Liebe   noch nie in einem Haus,
Und besser mit einander   kam nie ein Ehepaar aus.
Das Witwen und Waisen   verschlossen stand zuvor,
Den Armen wie den Reichen   ist gastlich aufgetan das Tor.

Ihr findet Herberge   da auch, wenn Euch behagt:
Dort ist's im ersten Hause;   die andern überragt
Sein stattlicher Giebel: er hat es selbst gebaut
Mit Scheuern und Ställen,   wie man sie besser nicht schaut."

Er trat mit dem Knappen   in des Schöffen Haus,
Da stand der Wirt und zahlte   die Scharwerker aus.
Zu dem Tagelohne,   den er reichlich gab,
Schnitt er seines Brotes   eine Scheibe jedem herab.

5   Und Fleisch und Zugemüse   teilt' er ihnen viel,
Das ihm in der Woche   von vierzehn Tischen fiel.
Sie dankten ihm der Gabe   und zogen heim erfreut.
Da sprach zu den Gästen   der Wirt: „Wie glücklich bin ich heut.

„Wenn Gott mir Gäste sendet,   die ich beraten mag,
10   Das ist mir und den Meinen   der Freuden Ostertag:
So kommt mich zu erfreuen   ihr beide diese Nacht;
Sitzt her, dass wir euch dienen: schon wird das Mal uns gebracht."

Den Gästen zu Ehren   schnitt er den Schinken an,
Schickt ihnen Zugemüse   und feiste Hammen dann,
15   Und gab auch Frau und Kindern   von jedem Gericht
Und all dem Gesinde   und vergass sein selber nicht.

Gesottnes und Gebratnes   trug man dem Herrn noch mehr
Und goldnen Monzinger,   der feurig ist und schwer
(Man hat ihn kaum gekostet,   so ist man schon bespitzt),
20   Aus edlem Napf zu trinken   von Nussbaum-Maser geschnitzt.

Am Rande sah man Lauben   von Trauben eingefügt
Und schnäbelnde Tauben   auf grünem Zweig vergnügt;
Doch auf dem Grund gebildet   Gottes rechte Hand
Von Gold, als ob sie winkte: Vertrinke nicht den Verstand.

25   Die köstliche Schale   war ein Gastgeschenk,
Und dankbar heut dem Geber   der Wirt noch eingedenk.
Nie pflegt' er draus zu nippen,   wenn sie ihm nicht wie nun
Ein edler Fremdling brachte,   dem er Bescheid sollte tun.

Das Wasser war genommen;   eh man das Tischtuch hob,
30   Sass Rudlieb noch und rühmte   des edlen Weines Lob.
Jetzt schenkt er ein und kostet   und bringt's dem Herrn vom Haus;
Der reicht es erst den Frauen   und trinkt die Neige dann aus.

(Simrock)

III. EARLY MIDDLE HIGH GERMAN PERIOD
(about 1100–1150).

THE ANNOLIED (about 1110).

It contains in 876 verses a eulogy of the holy Anno, archbishop of Cologne (died 1075). — After describing the creation of the world and the fall of man, the poet speaks of Christ, the apostles, and the saints; one of the latter was Anno, archbishop of Cologne. The name Cologne leads the writer to speak of the foundation of towns, of Ninus and Semiramis, above all of Roman history; and he describes the fight between Caesar and Pompey at Pharsalus. He then passes on to the foundation of Cologne, and gives an account of the spreading of Christianity among the Franks, whose first convert lived in Cologne. The poem ends with a song of praise for Anno, the thirty-third successor of St. Maternus, the first bishop of Cologne, *i. e.* Anno, whose character, miraculous deeds, persecutions and blessed death are described.

44. THE CREATION OF THE WORLD AND THE FALL OF MAN.

I.

Wir hörten immer vielfach singen
Von alten, längstvergang'nen Dingen:
Wie tapfre Helden mutig fochten,
Wie feste Städte nicht vermochten
5   Zu widerstehn, wie sich Freunde schieden,
Wie Fürsten untergingen hienieden.
Nun ist's auch Zeit, dass wir dran denken,
Welch' Ende uns selber Gott wird schenken.
Denn Jesus Christus, unser Hort,
10 Wie tut er Wunder fort und fort —
Wie er zu Siegburg hat getan
Durch Anno, den erlauchten Mann,
Den heiligen Episcopus,
Nach seinem hohen Willensschluss —,
15 Damit wir uns bewahren sollen,
Wenn einstens wir noch fahren wollen
Aus Erdenleid zum Himmelsleben,
Wo uns ein ew'ges Sein gegeben!

2.

Zu Anbeginn der Welt, als nichts,
Denn Schöpfungswort und Glanz des Lichts
Da war, als Gottes heilige Hand
Die vielen schönen Werke erfand,
5 Da teilt' er alles zwiefach ein:
Liess einen Teil die Körperwelt sein,
Den andern Teil die Welt der Geister;
Drum liest man, dass zwei Welten der Meister
Geschaffen: eine, worin *wir* leben,
10 Die andre, worin die Geister weben.
Dann machte aus beiden eine Mixtur
Der weise Schöpfer: die Menschennatur;
Die ist beides, Körper sowohl wie Geist;
Drum gilt sie nach den Engeln zumeist.
15 Am Menschen alles Geschaff'ne ist,
Wie man im Evangelium liest;
Wir sollen zur dritten Welt ihn zählen,
Wie die Griechen sagen an vielen Stellen.
Zu solchen Ehren geschaffen ward
20 Einst Adam, hätt' er sie nur bewahrt!

3.

Als Lucifer fiel in Übeltat
Und Adam Gottes Wort übertrat,
Da zürnte der Herr drob um so mehr,
Als seine andern Geschöpfe er
25 Auf rechtem Weg sah.   Mond und Sonne,
Die geben beide ihr Licht mit Wonne;
Die Sterne ihren Lauf behalten
Und lassen bald Frost, bald Hitze walten;
Das Feuer immer aufwärts geht;
30 Der Donner rollt, der Sturmwind weht;
Die Wolken tragen den Regenguss,
Die Wasser lenken herab ihren Fluss;
Mit Blumen schmücken sich die Felder,
Mit Laub bedecken sich die Wälder;

Das Wild bewahret seinen Gang,
Schön ist und lieblich der Vogelsang.
Einem jeden Ding die Gesetze blieben,
Die Gott ihm von Anfang vorgeschrieben;
Von allen die zwei Geschöpfe nur,
Die er schuf als die besten in der Natur,
Die verkehrten sich zum Unverstand
Und brachten die Leiden so über's Land.

4.

Es ist bekannt, wie der böse Feind
Den Menschen verführte, wie falsch er's gemeint,
Wie zum Knecht er ihn machte. So stürzte er
Fünf Weltalter in das Flammenmeer
Der Hölle, bis Gott seinen Sohn gesandt,
Der uns erlöste von Sünd' und Schand'.
Zum Opfer ward er für uns gebracht,
Dem Tode nahm er seine Macht;
Zur Hölle fuhr er ohne Sünden,
Bezwang sie gewaltsam in ihren Gründen.
Der Teufel seine Herrschaft verlor;
Wir wurden alle frei, wie zuvor.
In der Taufe wurden wir Mannen des Christ;
Drum die Liebe zum Herrn uns geboten ist.

45. The Battle of Pharsalus.

5.

Heidi! Wie da die Waffen klangen,
Die Rosse gegen einander sprangen,
Das Heerhorn mächtig tönte und dröhnte,
In fliessenden Blutbächen mancher stöhnte;
Tiefunten laut erbebte die Erde,
Die Glut aufstieg aus dem Höllenherde,
Wie die edelsten Männer in der Welt
Das Schwert dem Schwert gegenübergestellt!
Da lag dort manche grosse Schar

Mit Blut begossen ganz und gar;
Da konnte man sehn mit dem Tode ringen,
Deren Helm durchhau'n war von den Klingen,
Des mächtigen Pompejus Mannen:
5   Während Cäsars Leute den Sieg gewannen.

46. Eulogy of Anno.

6.

Seine Güte kannte man weit und breit.
Nun vernehmt seiner Sitten Beschaffenheit!
Er war stets offen in seinen Worten,
Für die Wahrheit er eintrat aller Orten;
10 Wie ein Löwe vor den Fürsten er sass,
Wie ein Lamm mit den Armen sein Brod er ass.
Gegen Schlechte er streng und grausam war,
Gegen Gute war mild er immerdar;
Von den Waisen und den Wittwen ward
15 Gar sehr gelobt seine Sinnesart.
Den Ablass und der Predigt Gewalt
Verstand kein Bischof besser so bald;
Er war darin so göttlich fürwahr,
Dass mit Recht es ein Ergötzen war
20 Für alles irdische Volk, das ihn hörte:
Doch auch Gott ihn vielmals liebte und ehrte.
Das Kölnische Bistum sich selig befand,
Da unter solchem Bischof es stand.

7.

Wenn des Nachts die andern des Schlafes Bann
25 Umfing, stand auf der herrliche Mann;
In seiner Demut, rein und hehr,
Besuchte dann manches Münster er.
Die Liebesgaben er mit sich trug;
Der armen Leute fand er genug,
30 Die ohne Obdach und Nahrung waren
Und seiner harrten in ganzen Scharen.
Wo das arme Weib mit dem Kinde lag,

Während niemand beachtete ihre Klag',
Da ging der heilige Bischof hin
Und bettete selbst ihr mit edlem Sinn.
So konnte mit Recht er hier auf Erden
Der Vater der Waisen geheissen werden,
So liebevoll war zu ihnen er;
Nun hat es gelohnt ihm Gott, der Herr.

8.

Das ganze Reich sich glücklich befand,
Als das Richteramt lag in des Trefflichen Hand,
Als zu künftiger Herrschaft er erzog
Jung Heinrich, der ein Knabe noch.
Wie als Richter er übte seine Pflicht,
Davon drang weithin das Gerücht.
Von Griechen- und von Engelland
Ward er mit Gaben reich besandt;
Ein gleiches ward ihm zu teil von andern:
Von Dänemark, Russland und von Flandern.
Für Köln er manchen Besitz gewann;
Die Münster er überall schmückte sodann.
Zu Gottes, des teuren, höherer Ehr'
Liess selbst vier Münster bauen er;
In dem fünften, in Siegburg, der Lieblingsstadt
Des Lebenden, tot er sein Grab nun hat.

(*A. Stern.*)

The Chronicle of Emperors (= Kaiserchronik; about 1130).

It contains the history of the Roman kings and emperors to the beginning of the second crusade in 1147 (under Conrad III). This poetical production is more extensive (about 18,000 lines) than the Annolied. We have a confusion of legends, history, and anecdote all through the poem. — The work was in accordance with the public taste at that time. It exists in numerous manuscripts. Many different versions appeared. In later renderings, the rhyme was made more accurate, and the work was continued to the death of Frederick II (1250). In the form handed down to us the *Kaiserchronik* is possibly a work of Konrad who also rendered the *Rolandslied* into German.

47. Trajans Gericht.

Da eines Tages nun geschah's,
— Der König im Palaste sass —
Da brachten Boten leid'ge Mähre.
Es waren böse Normannsheere
5   Gefallen über seine Leute,
Mit Schwert und Feuer suchend Beute.
Mit Schiffen kamen sie zur See
Und brachten seinem Lande Weh;
Sie führten Volk und Habe fort
10   Und bargen sie an Schiffes Bord.
Der König fasste sich alsbald,
Hiess sammeln seine Heeresgewalt;
Und als zum Abzug er gewandt
Schon mit dem Fuss im Bügel stand,
15   Da eine Wittwe zu ihm trat
Und ihn mit lauter Stimme bat:
„O du mein König, gross und gut,
Vernimm, wie man mir übel tut;
Mein Leiden komm ich dir zu klagen:
20   Mein Sohn ward eben mir erschlagen.
Voll Herzeleid komm' ich und bitte,
Herr, sprich mir Recht nach alter Sitte.“

Der Kaiser Trajan Antwort gab:
„Du siehst, dass ich nicht Musse hab',
25   Dass ich dir jetzt des Rechtes pflege,
Denn ich bin eben auf den Wege;
Den Wittwen und den Waisenkindern
Geh' ich den herben Schmerz zu lindern.
Sie sind in fernem Reich gefangen,
30   Für sie will Hülfe ich erlangen,
Und kehr' ich heimwärts aus der Ferne,
So richt' ich deine Sache gerne.“

Die Wittwe sah ihn traurig an.
„Wohlan, grossmächtiger Trajan,

— So sprach das Weib — verkünde mir:
Wer hat die Zeit verheissen dir?
Wer dir verbürgt so lang zu leben?
Wer dir das Reich so fest gegeben?
Und bist du noch so gross und reich,
Du stirbst gewiss, dem Ärmsten gleich,
Der hier sein Brot als Bettler isst.
Was stellst du mir so lange Frist?
Bis dass du heimkehrst aus der Schlacht?
Und wenn nun Tod dir zugedacht,
So hättest du mich ja belogen
Und dich um's Himmelreich betrogen."

Und König Trajan sprach: „Fürwahr,
Erschrecklich ist die Rede zwar;
Doch mag ich sterben oder leben,
In Rom wird's einen Richter geben,
Der nach mir schlichtet Recht und Klagen;
Dem magst du deine Sache sagen,
So wird er dir das Recht erteilen;
Ich aber muss von hinnen eilen,
Es harren meiner diese Scharen;
Leb wohl, lass mich von dannen fahren."
Die Frau mit beiden Händen presst
Sich an des Königs Mantel fest.
„Herr, wenn ein anderer mich richtet,
Hast du für dich den Lohn vernichtet,
Den Gott gerechtem Richter gibt;
Doch hast du selbst mir Recht geübt,
Dann wahrlich scheidest du von hinnen
Viel reicher noch an Gottes Minnen."

Da hielt der Kaiser Trajan an,
Hiess suchen schnell den schuld'gen Mann.
Es eilten auf des Kaisers Wort
Nach Rom die flücht'gen Boten fort,
Durchspähten Rom und Lateran,
Zuletzt gelang es ihn zu fahn;

Sie führten ihn zum Kaiser fort,
Der sprach zu ihm das Zorneswort:

„Du feiger Mörder, sag mir an,
Was hat des Weibes Sohn getan,
5   Was hat er Leids dir zugefügt,
Dass er durch dich erschlagen liegt?"
Der sprach: „Er tat mir viel zuleid,
Des bring' ich Zeugen wohl und Eid;
Nun merke, Herr, auch meine Sache;
10   Verdient hat er den Tod der Rache:
Mein Bruder fiel durch seine Schuld.
Nun sprich das Recht nach deiner Huld."

Der Kaiser sprach: „Dein Wort, fürwahr!
Ist alles guten Sinnes baar.
15   Als dir dein Bruder ward erschlagen,
Was kamst du nicht vor mir zu klagen?
Hat nicht der Römer jederzeit
Mir nachgerühmt Gerechtigkeit?
Du hast dich selbst ihr unterwunden."
20   So sprach er und zur selben Stunden
Hiess er sein Haupt vom Rumpfe schlagen
Und in das Haus der Wittwe tragen.

(Mosenthal.)

48. Konrad's Rolandslied (about 1130).

Roland, a nephew of Charlemagne and one of his paladins, formed the
center of a legendary circle very popular in France. In the second half of
the 11th century, a poet collected the songs of Roland in the *Chanson de
Roland* or *Chanson de Roncevaux.* After the model of the Old French epic
(with, however, a good many changes and in a slightly different spirit),
Konrad (=Pfaffe Konrad) von Regensburg, in the service of Heinrich der
Stolze, composed his Rolandslied (*daz Ruolandes liet*) in the Rhenish Franconian dialect. It consists of 9094 verses, in free rhyme couplets, and describes
the expedition of Charlemagne to Spain and the death of Roland at Roncevals.

Rolands Hände fest umspannten
Nun den guten Olifanten;

Er führte ihn zum Munde dann,
Und zu blasen er begann.
Der Schall des Hornes war so voll,
Sein Dröhnen zu den Heiden scholl:
Da war jedwedes Wort verloren;
Sie verstopften sich die Ohren.
Da barsten ihm die Schläfen gar:
Nicht kühner war ein Held fürwahr.
Zum Taumel mocht' es ihn erhitzen:
Er konnte kaum im Sattel sitzen.
Im Busen krachte ihm das Herz.
Da vernahm man allerwärts
Vertrauten Klang, den er entsandte.
Der Schall floh weithin in die Lande.
    Da kam zu Hofe bald die Kunde,
Dass aus aller Hörner Munde
Vereinter Schall herandringe.
Da wussten wohl die Karlinge,
Dass in Not die Helden seien.
Es hub sich jammervolles Schreien.
Dem Kaiser kam der Angstschweiss;
Es ward ihm schwindelnd kalt und heiss.
In arger Ungeduld er war;
Klagend raufte er sein Haar.
Da schalt er aller Freude bar
Den Verräter Genelun.
Der sprach: „Solch ungebärdig Tun
Steht dem Kaiser übel an;
So mache dich doch frei vom Wahn.
Das Haar hast du dir ausgebrochen!
Von einer Bremse ward gestochen
Roland, da er schlief im Grase;
Vielleicht auch wird gejagt ein Hase.
Dass du durch des Hornes Klingen
So aus der Fassung dich lässt bringen!"
    Sprach zu ihm der Kaiser da:
„Weh, dass ich dich je ersah
Oder von dir hörte sagen!

Gott muss ich es immer klagen.
Durch dich — so schlimm erfand ich keinen! —
Muss Karlingen ewig weinen."

Charlemagne with his army hurries to Roland's assistance, but unfortunately
arrives too late.

Gen Hispanien hingelenkt,
5   Vom Schlachtfeld fern, in sich versenkt,
Sass Roland unter einem Baum:
Da träumte er den Todestraum.
Die Sehnen seiner Hand umspannten
Noch den guten Olifanten,
10   Die Rechte Durendarten fasste.
Ein Heide sah ihn, wie er blasste.
Ganz mit Blut bestrich er sich;
Zum Sterbenden er heimlich schlich.
Da mochte wohl der Heide meinen:
15   Unter diesen vieren Steinen
Erstirbt der starke Roland:
Da nehme ich sein Schwert zur Hand
Und Olifanten allzugleich.
So künde ich im Heidenreich,
20   Dass wir den Sieg davongetragen,
Und Roland sei von mir erschlagen:
Dass froh ob dieser Meldung werde
Allwärts die arabische Erde. —
Roland war fern abgeirrt,
25   Soweit der Pfeil vom Bogen schwirrt;
Er sass da unter Marmelsteinen.
Da mochte es dem Heiden scheinen,
Roland wäre nicht mehr lebend.
Der sass, kein Lebenszeichen gebend,
30   Bis jener nah ihm kam von vorn.
Aufzückte da der Held das Horn:
Er schlug ihm auf den Helm so gut,
Dass das warme Lebensblut
Dem Heiden spritzte aus den Augen.
35   Er sprach: „Es mochte dir nicht taugen,

Dass du kamst, um mich bekümmert!
Olifant ist nun zertrümmert."
Da erzürnte er vielsehr;
Er sprach zu Durendart nunmehr:
„Nun nimmer ich dich tragen soll,
Wirst keinem du mehr unheilvoll!"
Hochauf sein gutes Schwert er schwang,
Dass es ins Gesteine drang:
Doch versehrte nichts den Stahl.
Wieder schlug er es zu Tal
In den Stein mit beiden Händen.
Er begann das Schwert zu wenden.
Zehnmal hieb er drein zur Stund;
Sprach: „Lägst du auf des Meeres Grund,
Dass nimmer einem Christenmann
Dein Gebaren schaden kann!
Soll dich je ein Heide tragen,
Das müsste Gott ich ewig klagen."
Grimmerfüllt er wieder hieb,
Doch ohne Mal und Scharte blieb
Von dem Schlag die Klinge hart.
Sprach er dann zu Durendart:
„Ich erkenne deine Sitte!
Du dientest mir mit scharfem Schnitte:
Wem ich deine Schneide bot,
Der sank darnieder bleich und tot,
Da meine Kraft war ungedämpft.
So habe ich mit dir erkämpft
Ajunes volkserfüllte Auen,
Poitous gerühmte Gauen,
Die Provence, und nah Hispanien
Erfocht mit dir ich Aquitanien.
Langobardien du erschwangst,
Apulien du zum Zinse zwangst;
Das stolze Malve und Palerne
Erstritt ich meinem Kaiser gerne.
Die Sorben, die im Kampf nicht feiern,
Die streitgemuten, starken Bayern,

Deren Schwert man scharf erfand,
Die Sachsen, die den Widerstand
In hartem Volkskrieg mochten zeigen:
Sie mussten sich ihm alle neigen.
Alemannien ward erfochten;
Die Ungarn und die Briten mochten
Nicht vom Schlage sich erholen;
Böhmen neigte sich und Polen.
Ich liess vom heldenkühnen Tun
Den Frankenstamm nicht eher ruhn,
Bis er hin zum Stammsitz kam.
Der Friesen Land mit dir ich nahm:
Der Schotten Reich und Irland
Erkämpfte meine rechte Hand.
Engelland, des Kaisers Kammer,
Fühlt des Siegers Eisenklammer
Mit noch manchen andern Reichen.
Ja, es ward nicht deinesgleichen
Je geschmiedet hier auf Erden;
Noch wird es in Zukunft werden:
Das zeigtest du auch dieses Mal.
Zu Moriana in dem Tal
Der Engel meinem Herrn dich brachte.
Gnädiglich er mein gedachte,
Meinen Namen sprach sein Mund;
Gottes Weisung tat er kund,
Gebot dies gute Schwert von Eisen
Zum Schutz der Witwen und der Waisen
Durch Kaisers Hand mir umzubinden.
Dass ich müsste gleich erblinden!
Es reut mich meine Tat vielsehr.
Vergib mir, Gott im Himmel hehr,
Dass ich schlug in frevler Wut.
Meines Herrn Sankt Peters Blut
Und der Zahn Sankt Blasiens,
Vom Haar Sankt Dionysiens
Und von Sankt Marien Kleid
Ward auf Kaiser Karls Bescheid

Hier in diesem Knauf versiegelt,
Der Himmelswonne birgt und spiegelt.
Kein anderer soll dich nun erwerben:
Ich setze Gott zu deinem Erben,
Der als Heiland ward geboren;
Er hat zum Dienst mich auserkoren.
Ich soll verwandeln jetzt mein Leben:
In seine Gnade will ich geben
Alles, was von ihm ich habe;
Er nehme wieder hin die Gabe."
Abzog er dann den Handschuh
Und streckte ihn dem Himmel zu:
Ihn nahm ein Engel von der Hand.
Drum ist allzeit Roland
Von der Christenheit geehrt,
Wie uns unser Buch belehrt.
    Roland fiel in Kreuzgestalt,
Sprach: ,,Du Gott voll Allgewalt,
Nun weisst du, wie mein Herz dich minnt.
Du warst mir väterlich gesinnt
Bis zu meines Lebens Ende.
Deinen Boten zu mir sende;
Meiner armen Seele gnade,
Dass kein böser Geist ihr schade.
Karln mit Segen überlade:
Mach im Recht ihn wach und wacher,
Zerdrücke seine Widersacher,
Dass nieder seine Feinde liegen,
Dass den Schlimmen obzusiegen
Ihm zu deinem Ruhm gelinge.
Um die süssen Karlinge
Und alle seine Untertanen
Lass dich gnädiglich gemahnen:
Mache, die ihm Treue boten,
Die Lebendigen und die Toten,
Im Schosse Abrahams beglückt."
Auf seinen rechten Arm gebückt
Sah er nieder, frei vom Harme,

Und streckte himmelwärts die Arme;
Befahl — schon war sein Auge nächtig —
Die Seele Gott dem Herrn allmächtig.
Vereinigt mit Sankt Michael
5　Und dem heiligen Gabriel,
Mit Sankt Raphael zugleich
Freut er sich im Himmelreich.

　Da Roland schied von dieser Welt,
Ward der Himmel gluterhellt,
10　Und nach einer kleinen Weile
Erbebten alle Erdenteile.
Donnerschlag und Himmelszeichen
Huben sich in beiden Reichen,
In Hispanien und in Franken.
15　Ein Sturmwind machte alles wanken,
Er fällte manchen Waldbaum.
Die Leute retteten sich kaum;
Sie sahen durch die Wolkenritze
Entsetzt die grellen Himmelsblitze.
20　Die Sonne schwand am hellen Tage.
Trostlos war der Heiden Lage:
Ihre Schiffe, die versanken,
Und die Menschen drin ertranken.
Der Tag, zuvor in lichter Pracht,
Ward so finster wie die Nacht.
25　Zur Erde stürzten hohe Türme,
Paläste fielen im Gestürme.
Es öffneten die Sterne sich.
Das Wetter war so fürchterlich,
Dass die Menschen mochten meinen,
30　Es sei die Stunde im Erscheinen,
Dass die Welt verenden sollte
Und Gott Gerichtstag halten wollte.

(*Ottmann.*)

49. KING ROTHER (about 1160).

This is a poem in rhymed couplets belonging to the so-called "Spielmanns-poesie" (secular minstrelsy), which flourished in the camp-life of the crusades. Hence oriental miraculous stories are introduced to adorn German heroic legends.

Am Westersee in der Stadt zu Bare sass ein König, der hiess Ruother; dem dienten zwei und siebenzig Könige, der hehrste Mann, der zu Rom Krone trug. Der freite um Oda (Ute), die schöne Tochter Constan-tins, der über dem Ostermeer wohnte. Constantin aber pflegte alle
5 Freier seiner Tochter zu töten und legte auch, obwohl seine Gemahlin es dringend widerriet, Ruothers Boten in schwere Haft; es waren diese Boten zwölf edle Grafen, darunter auch Lüpold und Erwin, die Söhne des alten Berchthers, Grafen von Meran.

Doch eh die kühnen Boten   schieden aus dem Land,
10 Da liess er seine Harfe   tragen an den Strand
Und griff eine Weise: holdselig war der Klang:
Wer sie einmal hörte,   der behielt sie lebenslang.

Da sprach er zu den schnellen: „Kommt ihr je in Not,
(Die Welt hat viel Gefahren,   wer weiss, was euch bedroht?)
15 So lasst euch diese Weise   trösten im Sinn;
Und hört ihr sie erklingen,   so wisst, dass ich nicht ferne bin."

Da zieht Ruother auf Berchthers Rat aus, um seine Boten zu be-freien. Unter seinen Mannen war der Riese Asprian, der König eines unbekannten Landes, mit seinen Mannen und Widolt, der wie ein
20 Löwe gebunden ging. — In Constantinopel nimmt Ruother den Namen Diether an, gibt sich für einen vertriebenen Grafen aus und tritt in die Dienste Constantins.

Bei einem Fest, das Constantin ihm und seinen Genossen gibt, sieht er zuerst die schöne Königstochter. Die Jungfrau aber begann
25 ihn zu lieben: noch war sie ihm fremd. Vor den Gaffern hat sie den Ritter nicht sehen können; nun in ihrer Kammer bietet sie fünf Arm-ringe dem, der ihr den Helden ins Gemach führe. Herlint (eine Die-nerin) übernimmt das Geschäft und sagt dem Helden, dass ihre Königin

ihn zu sich bescheide. Ruother weigert sich, schickt aber der Fürstin
prächtige Geschenke, darunter Schuhe von Gold und Silber, welche
jedoch nur für einen Fuss passten, so dass die junge Fürstin sie nicht
brauchen konnte. Sie schickt nochmals zu Ruother, lässt ihn um die
5 fehlenden Schuhe bitten und ihn abermals zu sich einladen. Nun
folgt er der Einladung. — Die junge Königin stand am Fenster, als
der junge Held über den Hof gegangen kam. Sie liess ihn ein, hiess ihn
willkommen sein und bat ihn, dass er ihr den schönen Schuh anziehe.
„Gern," sprach Diether, „da ihr's wollt." Er setzte sich zu ihren
10 Füssen; auf sein Bein setzte sie den Fuss. Nie wurde eine Frau besser
beschuht. Da sprach der listige Mann: „Sage mir auf deine Treue,
so wahr du Christin bist, es hat dein so mancher Mann begehrt; nun
sage mir, welcher unter ihnen dir am besten gefalle." — „Das sag' ich
dir," sprach die Frau, „in Treuen, so wahr ich getauft bin, alle Helden
15 aus allen Landen mögen sich dir nicht gleichen, und gern säss' ich in
Züchten neben dir. Sollt' ich aber die Wahl haben, so nähm' ich einen
tapfern Helden, dessen Boten hier in das Land kamen und in meines
Vaters Kerker liegen; der ist geheissen Ruother und wohnt westlich
jenseits der See. Ich werde immer Jungfrau bleiben, mir werde denn
20 der herrliche Held." — „Minnest du Ruother, den will ich dir bringen.
Niemand hat mir so Liebes getan wie er. Das lohne ihm Gott. Wir
genossen froh des Landes und lebten froh zusammen." — „So hat er
dich nicht vertrieben! Du bist sein Bote! sage mir die Wahrheit, was
du mir sagst, verberge ich bis zum jüngsten Tage." — „Ich stelle alle
25 meine Sache auf Gottes Gnade und auf die deine. Ja deine Füsse
stehen in Ruothers Schosse!" Da erschrak die Frau, zuckte den Fuss
zurück und sprach: „Nie war ich so ungezogen; mich betrog mein
Übermut, dass ich meine Füsse in deinen Schoss setzte. Bist du
Ruother, so gieb mir Gewähr, und ich verlasse, mög' es aller Welt
30 leid sein, mit dir das Reich." —

Sie beschliessen nun, dass die Prinzessin bei ihrem Vater die Frei-
lassung seiner zwölf Boten bewirken solle, wo es sich dann bald zeigen
würde, dass er nicht Diether, sondern König Ruother selber sei.

         Darauf am andern Morgen   ging die edle Maid
35   Zu ihres Vaters Kammer;   verschoben war ihr Kleid,
         Los und ungebunden   der goldnen Locken Pracht,
         Bleich das schöne Antlitz,   die Augen trüb und verwacht.

Sie warf sich ihm zu Füssen   und sprach: „Es ist geschehn
Um deine arme Tochter!   ins Elend muss ich gehn,
So weit die Füsse tragen!   von Wurzeln und von Kraut
Will ich lieber leben,   als wieder schaun, was ich geschaut.

„Wo sich im tiefen Walde   Gestrüpp und Dorn verflicht,
Da finden mich die Geister   dieser Boten nicht.
Ich finde wieder Frieden   und meiner Nächte Ruh.
Leb wohl, lieber Vater   und liebe Mutter auch du."

„Nicht also, liebe Tochter,"   sprach Melias darein,
„Bei deinem Vater sollst du,   bei deiner Mutter sein.
Was wollen denn die Boten,   was geistern sie dich so?
Vielleicht kann ich dir helfen,   ich sähe gern dich froh."

Sie sprach: „Sie kommen hager,   bleich und abgezehrt
Nachts an mein Lager,   dass Schauder in mich fährt.
Ihre Haut ist voller Beulen,   ihre Augen, die sind rot!
Ich soll sie wieder heilen,   eh' sie vergehn in der Not."

Da sprach zu seinem Kinde   der König Melias:
„Sie aus der Haft zu nehmen,   erlaub' ich dir das,
Wer soll sie dann behüten,   dass keiner uns entflieht?
Weisst du mir einen Bürgen,   so duld' ich, dass es geschieht.

Doch ist sein Haupt verfallen,   wenn *einer* nur entweicht:
Solche Bürgen finden,   das dünkt mich nicht so leicht."
Sie sprach: „Ich will ihn suchen   heut über'm Mal."
Da nun zu Tisch die Helden   gingen in des Königs Saal,

(Auch Dietrich war gekommen)   und man das Wasser nahm,
Da ging umher mit Weinen   das Mägdlein wonnesam.
Sie schritt von Tisch zu Tische;   sie ging von Mann zu Mann.
Ob sie der Degen einem   so liebes hätte getan,

Dass er ihr Bürge würde   von der Boten Flucht;
Doch all ihr Bitten brachte,   ihr Flehen keine Frucht.
Von reichen Herzogen   war der Hof so voll:
Sie dachten an das Sprüchwort,   dass man Bürgen würgen soll.

Da wandte sich an Dietrich   das edle Mägdelein:
Sie sprach: „Kühner Degen,   willst du mein Bürge sein?
Verzagt sind all die Helden   in meines Vaters Lehn:
Sie getrauen Ruothers Boten   nicht im Kampf zu bestehn.

5   „Nun gedenke deiner Güte,   die du hier oft bewährt,
Und nimm auf dein Leben   die edlen Boten wert.
Ich will sie nur drei Tage   lösen aus der Haft
Und will sie freundlich pflegen: ihnen schwindet Leben und Kraft."

„Gerne," sprach da Dietrich,   „hehre Königin;
10   Ein Werk holder Milde   hast du im Sinn:
Das ehret dich; nur geht es   an Leben nun, an Leib:
Doch gilt hier kein Bedenken: ich will dir bürgen, schönes Weib."

Da gab man ihm die Boten;   er gab sein Haupt zu Pfand.
Der Kerker ward erbrochen   und Licht hinabgesandt:
15   Das blendete die Armen;   sie waren's ungewohnt:
Auch muss es uns erbarmen,   wie sie da unten gewohnt.

Ihr Stroh gefault, zerrissen   die schönen Kleider kurz
Und klein, die Blösse deckte   kaum ein schlechter Schurz.
Der Helden blüh'nde Leiber   zerschunden und zerschellt:
20   Kaum dass wir sie erkannten,   so sahn sie bleich und entstellt.

Den Jammer musste schauen   der edle Dieterich,
Und durfte doch nicht weinen;   denn sonst verriet er sich.
Die oft geworfen hatten   mit ihm der Feinde Heer,
Die wankten nun wie Schatten   so fahl und farblos einher.

25   Der Saal war geräumig,   worin die Boten gut
Ute die schöne,   zu einem Bade lud.
Dietrich liess sie führen: nur Lüpold und Erwin
Die gingen selbander   ohne Führer dahin.

Da sprach Erwin zum Bruder: „Hast du ihn auch gesehn,
30   Den alten Mann, den grauen,   mit dem schönen Barte stehn?
Er hat mich betrachtet   und schnell sich abgekehrt
Mit stummem Händeringen,   als wär' ihm Weinen verwehrt.

Vielleicht, dass Gott der gute   ein Zeichen denkt zu tun,
Dass wir von hinnen kommen!   des tröst' ich mich nun."
„Wohl hab' ich ihn gesehen,"   sprach Lüpold freudenreich,
„Den schönen Greis den edeln: er sah unserm Vater gleich."

Im Saale nach dem Bade   war ein Mal bereit:
Da pflegten sie die Frauen   und manche schöne Maid.
Ute brachte selber,   was sie im Schreine fand
Und kleidete die Degen   in das herrliche Gewand.

Die Heunen wurden alle   aus dem Saal geschickt,
Mit Wein und Brot die armen   Gefangenen erquickt.
Da kam mit seiner Harfe   der edle Dieterich:
Hinter einem Vorhang   vor den Freunden barg er sich.

Wie er begann zu harfen,   dem Durstigen schoss
Der Becher vom Munde,   dass er den Tisch begoss.
Und der das Brot zu schneiden   gedachte, dem entfiel
Das Messer auf den Teller;   sie horchten staunend dem Spiel.

Und wie er weiter harfte,   da fuhren sie empor
Und blickten nach dem Vorhang: „Dahinter kommt's hervor:
Das ist Ruothers Brautlied,   und Ruother muss es sein!"
Über drei Stühle   sprang der schnelle Berechtwein.

Doch überlief ihn Hache   und riss den Vorhang fort:
Da stand mit der Harfe   der König Ruother dort.
Ein jeder wollt' ihn küssen;   sie gönnten sich nicht Frist:
„Siehst nun, schön Ute,   dass mein Name Ruother ist?"

Die Boten hingen weinend   an des Königs Mund:
Es brauchte keiner Heilung;   sie wurden all gesund.
Ein sicherer Arzt ist Freude,   wie schwer die Krankheit sei!
Da kam auch im Barte   der alte Berchtold herbei,

Und herzte seine Kinder: da ward der Jubel gross;
Viel lieber Freunde kamen: sie priesen laut ihr Loos.
Bald setzten sie mit Ruothern   wieder sich zum Mal,
Die Becher mussten kreisen,   und Freude füllte den Saal.

Später erhält Constantin seine Tochter durch List zurück und will
sie einem heidnischen Königssohn vermählen; Ruother schifft abermals
mit vielen Kriegern nach Constantinopel und verbirgt sich im Walde
mit ihnen. Bei der Verlobungsfeier seines trauernden Weibes mit dem
5 Sohne des Königs Imlot aus Babylon schleicht Ruother in den Saal
und gelangt unter den Tischen bis zu seiner Gemahlin, welcher er
durch einen Ring sich zu erkennen gibt; er wird jedoch entdeckt, gebunden und soll eben zum Tode geführt werden; da brechen seine
Mannen hervor und überwältigen und töten die Heiden; die Riesen
10 wollen sogar Constantins Stadt zerstören; da führt dieser in seiner
Not dem König Ruother selbst seine Tochter zu, und es wird Friede
geschlossen. Die Stadt wird verschont, weil mehrere Apostel und
Constantins Mutter, die heilige Helena, in ihr geweilt. Ruother
belohnt alle seine Helden mit reichen Ländereien und Lehen, und
15 Constantin belehnt Arnold, den er früher vertrieben hatte, und der bei
Ruother Schutz fand, als „König in Graecia," der fröhlich in sein Land
reitet und bis an seinen Tod in grossen Ehren bleibt. Ruother fährt
heim zu Bare, wo ihm seine Gemahlin alsbald einen Sohn schenkt,
Pipin, den Vater Karls.

(Simrock.)

LAMPRECHT'S ALEXANDERLIED (about 1130).

This is a free translation of a French poem by Aubry de Besançon. It
was written by a German priest (Pfaffe Lamprecht) living in the Middle Rhenish
district. It consists of 7302 verses.

50. PREFACE.

20
        Das Lied, das wir hier singen,
        Soll euch zum Herzen dringen.
        Sein Gefüge ist wohl erdacht;
        Der Pfaffe *Lamprecht* hat's gemacht,
        Und saget uns die Märe,
25   Wer Alexander wäre.

        Alexander war ein kluger Mann,
        Gar manche Reiche er gewann;
        Er zerstörte manches Land.

Philippus war sein Vater;
Wer's hören will, der suche
Im Makkabäerbuche.
Älberich von Bisenzun,
5   Der brachte dieses Lied uns zu.
Der hat es im Wälischen gedichtet;
Ich hab's im Deutschen uns hergerichtet.
Niemand soll beschuldigen mich;
Denn, wie das Buch sagt, sag' auch ich.
10 Da Alberich dies Lied gemacht,
Hat er wie Salomo gedacht;
Denn Salomo sprach in solchem Sinn
Und führte uns zum Rechten hin:
„Vanitatum vanitas
15 Et omnia vanitas."
Das heisset: „Eitel allzumal
Ist, was bescheint der Sonne Strahl."
Das hatte Salomo wohl versucht
Und ward von Schwermut heimgesucht;
20 Er wollt' nicht länger müssig bleiben,
Mit grosser Weisheit tat er schreiben;
Denn bei des Menschen Müssigkeit
Weder Seele noch Leib gedeiht.
Des dachte Meister Alberich,
25 Und dieser Rede denk' auch ich;
Ich will nicht länger mich besinnen,
In vollem Zug das Lied beginnen.

51. ALEXANDER'S LETTER TO HIS MOTHER OLYMPIAS AND HIS
TEACHER ARISTOTELES.

The Miraculous Forest.

Als wir hinzogen an dem Meere,
Da ritt ich ausser meinem Heere
30 Mit dreien tausend Mannen.
Darauf huben wir uns von dannen
Und gedachten Wunder zu sehen;
Da sah'n wir fern von dannen stehen

Einen grossen, prächtigen Wald.
Das Wunder, das war mannigfalt,
Das wir da vernahmen.
Als hinzu wir kamen,
Da höreten wir wohl in ihm
Manche wunderschöne Stimm',
Lyren und Harfen Klang
Und den süssesten Gesang,
Der je von Menschen ward erdacht;
Wär' der all zusammengebracht,
Er könnte sich mit dem nicht gatten;
Gar dicht und wonniglich der Schatten
Unter diesen Bäumen was (war).
Da entsprossen Blumen und Gras
Und würz'ge Kräuter mancherhand.
Noch nie in einem Walde fand
Man also viel Zier bereit;
Lang war dieser und auch breit.
Dieser selbe Wald, der lag,
Wie ich es euch wohl sagen mag,
In einer schönen Auen.
Da sollten wir auch schauen
Manchen edlen Bronnen,
Der aus dem Walde kam geronnen,
Kühlig und erquickend klar.
Ich und meine kühne Schar
Sahen Wundergleiches da,
Das uns zuliebe da geschah.
Das will ich jetzt auch nicht verschweigen;
Mit Fleisse will ich es euch zeigen.

Der herrliche, der edle Wald
War wunderbarlich schön gestalt't,
Wir konnten's all genau gewahren.
Stattlich hoch die Bäume waren;
Die Zweige waren breit und dicht,
Nur Wahrheit gibt euch mein Bericht.
Das war eine grosse Wonne.

Da konnte nicht die Sonne
Hindurch bis zu der Erde scheinen.
Ich und die Meinen,
Wir liessen unsre Rosse stehn,
Um alsbald in den Wald zu gehn
Über den wonniglichen Sand.
Gar lang und weit der Weg sich wand,
Bis wir dorthin kamen,
Wo wir nun vernahmen,
Was Wunder darin mochte sein.
Gar viele schöne Mägdelein
Wir in dem Walde funden;
Die spielten in diesen Stunden
Auf dem grünen Klee umher,
Hunderttausend und noch mehr;
Die spieleten und sprangen;
Hei, wie schön sie sangen,
Dass wir alle, kleine und grosse,
Durch das liebliche Getose,
Das aus dem Walde zu uns scholl,
Ich und meine Helden wohl
Vergassen unser Herzeleid
Und all die Mühe und den Streit.
Wir fühlten alle Not vergehn
Und was uns Leides je geschehn. — —
Wollt ihr nun rechte Einsicht han,
Wie's mit den Frauen war getan,
Von wannen diese kamen,
Oder welches Ende sie nahmen,
Von allem mag euch das fürwahr
Erscheinen höchlich wunderbar.
Sobald der Winter ging von dann,
Und die Sommerzeit begann,
Und es grün ward überall,
Und die edlen Blumen ohne Zahl
Im Walde begannen aufzugehn,
Da waren die gar schön zu sehn.
Von Lichte strahleten sie ganz,

In rotem und in weissem Glanz
Schimmerten gar ferne sie.
Solche Blumen waren nie,
Welche schöner mochten blühn.
5   Sie waren, wie es uns erschien,
Völlig rund als wie ein Ball
Und fest verschlossen überall;
Sie waren wunderbarlich gross;
Und wenn die Blume sich oben erschloss,
10   Das merket wohl in euerem Sinne,
So fanden sich darinne
Mägdlein ganz und gar vollkommen.
Ich sag's euch, wie ich's hab vernommen.
Sie wandelten lebendig,
15   Und sprachen so verständig
Und fühlten Menschenlust und Sinn;
Sie hatten völlig, wie es schien,
Ein Alter um das zwölfte Jahr.
Sie waren herrlich, das ist wahr,
20   Geschaffen an ihrem Leibe.
Ich hab' an keinem Weibe
Ein schöner Antlitz je gesehn
Noch Augen also herrlich stehn;
Händ' und Arme waren hell
25   Wie eines Hermelines Fell,
So auch die Füsse und die Beine;
Es war von ihnen keine,
Die nicht der Schönheit Reiz besass.
Auch trieben sie in Züchten Spass
30   Und lachten viel und waren froh,
Und ihr Gesang entzückte so,
Dass nie vordem und seit der Frist
So süsse Stimm' erschollen ist.
Doch musste diesen Frauen,
35   Darauf dürft ihr vertrauen,
Lebenslust der Schatten geben;
Sie konnten ohne den nicht leben;
Traf sie die Sonne mit ihrem Scheine,

So blieb am Leben ihrer keine.
Das Wunder, das war mannigfalt.
Da erscholl ringsum der Wald
Von dem süssen Klingen
Derer, die darinnen singen,
Die Vögel und die Mägdelein,
(Wie konnt' es wonniglicher sein?)
Früh und spät zu jeder Zeit.
Ihres Leibes ganzes Kleid
Fest an sie gewachsen war,
An die Haut und an das Haar.
An Farbe waren sie genau
So wie die Blumen auf der Au,
Rot und weiss wie Schnee getan.
Da wir sie zu uns gehen sahn,
Da drängten wir uns ihnen entgegen;
Denn Frau'n, die solche Lust erregen,
Sind noch der Welt nicht worden kund.
Nach meinem Heer sandt' ich zur Stund.
Da die nun zu mir kamen
Und selber auch vernahmen,
Wie herrlich jene sangen,
Da zogen her sie mit Verlangen
Und schlugen weislich ihr Gezelt
Im Walde auf, nicht auf dem Feld.
Da lagen wir darin mit Schalle
Und freueten uns alle
Der wundersamen Bräute.
Ich und meine Leute,
Wir wollten all dort bleiben
Und nahmen sie zu Weiben
Und hatten mehr der Wonnen,
Als wir jemals noch gewonnen
Seit der Zeit, dass wir geboren.
O weh, dass wir so schnell verloren
Das wonnige Behagen!
Dies Wunder, kann ich sagen,
Durft' ich mit meinen Augen schau'n;

Ihr möget meinen Worten trau'n.
Dies währte, wie ich euch jetzt sage,
Drei Monate und noch zwölf Tage,
Dass ich mit meiner Heldenschar
In dem grünen Walde war
Und bei den schönen Auen
Mit den lieben Frauen,
Und wir in Lust mit ihnen lebten
Und in Wonn' und Freude schwebten.
Doch grosses Leid geschah uns dann,
Das nie genug ich klagen kann.
Da die Zeit zu Ende ging,
Unsre Freude auch zerging;
Die Blumen ganz und gar verdarben,
Und die schönen Frauen starben;
Ihr Laub die Bäume liessen
Und die Brunnen ihr Fliessen
Und die Vöglein ihr Singen.
Da begunnte auch zu zwingen
Ungemach und Gram mein Herze
Mit mannigfaltigem Schmerze.
Schrecklich war der Jammer da
Den ich alle Tage sah
An den schönen Frauen.
O weh, dass ich musste schauen,
Wie sie alle starben,
Und die Blumen verdarben.
Da schied in Trauer ich von dannen
Mit allen meinen Mannen.

(Weismann.)

IV. MIDDLE HIGH GERMAN PERIOD (MIDDLE HIGH GERMAN AND LOW GERMAN; about 1150–1500).

EPIC POETRY.

POPULAR EPIC (VOLKSEPOS).

THE NIBELUNGENLIED (between 1190 and 1200).

The longest and most important popular epic of the Middle High German period. It is handed down in thirty manuscripts, partly complete and partly incomplete. The three most important ones date from the 13th century: A="Hohenems-Münchener," B="St. Gallener," C="Hohenems-Lassbergsche Handschrift." The author of the Nibelungenlied is unknown; he was probably an Austrian poet who based his work on Old Germanic hero-legends handed down by oral tradition. The Nibelung strophe consists of four lines with masculine rhymes in the order *aa bb*. Each line is divided into two parts by the caesura. The first seven half-lines have three accents each, while the eighth half-line has four accents.

Motto.

Viel Wundersames melden   uns Mären alter Zeit
von ruhmeswerten Helden,   von harter Kampfarbeit.
Von jubelreichen Festen,   von Weinen und von Klagen,
von kühner Recken Streiten   kann Wunderdinge man euch sagen.

52. KRIEMHILD IN WORMS; HER DREAM.

1. Im Land Burgund erblühte   ein edles Mägdelein,
   so schön, dass auf der Erde   nicht Schönres mochte sein.
   Kriemhild war ihr Name.   Sie ward ein herrlich Weib,
   um das der Degen viele   verloren Leben noch und Leib.

2. Drei mächt'ge Fürsten hielten   die Maid in guter Hut:
   der ehrenreiche Gunther,   Gernot hochgemut
   und Geiselher, der junge,   ein wackrer Rittersmann.
   Die Maid war ihre Schwester: sie nahmen treu sich ihrer an.

3. Sie sassen mit Gefolge   zu Worms am Rheinstrand.
   An ihrem Hofe dienten   rings aus ihrem Land
   der stolzen Recken viele,   voll Ruhm ihr Lebenlang,
   doch endeten sie elend   durch zweier edlen Frauen Zank.

4. Frau Ute hiess die Mutter,   die grosse Königin,
und Dankrat war ihr Vater,   ein Mann von Heldensinn,
der auch in seiner Jugend   viel Ehre sich erwarb.
Zum Erbe hinterliess er   sein Land den Söhnen, als er starb.

5. 5. Einstmals träumte Kriemhild,   der tugendsamen Maid,
dass einen wilden Falken   sie zöge lange Zeit,
und dass ihn dann zwei Aare   zerhackten mit den Krallen.
Das sah sie — und sie wurde   von jähem Schreck darob befallen.

6. Sie kündete das Traumbild   alsbald der Mutter Ute.
10. Die konnte es nur also   deuten für die Gute:
„Der Falke, den du ziehest,   das ist ein edler Mann.
Du wirst ihn bald verlieren,   es nehme Gott denn sich sein an."

7. „Was sprecht Ihr mir vom Manne,   herzliebste Mutter mein?
Ohne Reckenminne   will ich immer sein.
15. Ich will mir meine Schöne   wahren bis zum Tod
Und mir von Mannesliebe   nicht bringen lassen Leid noch Not."

8. Die Mutter sprach dawider: „Verschwör es nur nicht so!
Denn wirst du je auf Erden   von Herzen werden froh,
so macht das Mannesminne.   Du wirst ein herrlich Weib,
20. Fügt Gott es, dass dich minnet   ein wackrer Held mit Seel' und
					Leib."

9. „Sprecht doch, liebe Mutter,   solche Worte nicht!
Schon mancher Frauen Leben   brachte klar ans Licht,
wie Liebeslust am Ende   mit Leid uns lohnet gern.
Ich will sie meiden beide: so bleibt mir jeglich Unheil fern."

25. 10. So verschloss der Minne   Kriemhild ihren Sinn.
Und manche Tage flossen   der edlen Maid dahin,
wo Liebe sie verspürte   zu niemand auf der Welt,
bis endlich sie in Ehren   zum Weibe nahm der beste Held.

11. Und das war jener Falke,   der ihr im Traum erschien,
30. wie ihr die Mutter sagte.   Wie furchtbar hat sie ihn
gerächt an ihren Magen,   durch die sie fand den Tod!
Das Sterben dieses Einen   schuf manchem Helden Todesnot.

53. Hagen's Story of Young Siegfried.

35. Indessen war dem König   auch schon angesagt,
dass Ritter angekommen,   froh und unverzagt,
in leuchtend weissen Panzern   und herrlichem Gewand,
die im Burgundenlande   gänzlich wären unbekannt.

36. Den König nahm es wunder;   er hätte gern erfahren,
woher die hehren Recken   ins Land gekommen waren,
in leuchtendem Gewande,   mit Schilden neu und breit.
Dass keiner war imstande,   ihm das zu sagen, war ihm leid.

37. Da sprach der Metzer Ortwein: „Weit und breit bekannt
ist Hagen, meinem Oheim,   jeglich Reich und Land.
Ihn drum heisset kommen,   die Recken anzusehn!"
Da liess der König eilends   zu Hagen einen Boten gehn.

38. Nicht lange, und vor Gunther   stand Hagen in dem Saal.
„Unbekannt," sprach jener,   „sind uns hier allzumal
die Gäste, die gekommen.   Wohlan, gebt uns Bescheid,
ob Ihr vielleicht mit ihnen   je bekannt geworden seid!"

39. „Das will ich tun," sprach Hagen.   Ins Fenster trat er dann,
und forschend sah von da aus   die Fremden er sich an.
Ihr Aufzug schien ihm trefflich   und herrlich ihr Gewand;
doch waren ihm die Gäste   in Gunthers Burghof unbekannt.

40. „Woher auch kommen," sprach er,   „die Recken an den Rhein,
sie mögen, wenn nicht Fürsten,   doch Fürstenboten sein.
Schön sind ihre Rosse,   und ihre Kleider gut.
Von wannen sie auch reisen,   sie sind erfüllt von hohem Mut."

41. Und weiter sprach der Degen: „Ich will euch gern gestehn,
wenn ich bis jetzt auch Siegfried   niemals noch gesehn,
so möcht' ich dennoch glauben   — es steh nun, wie es steht —
dass er es sei, der Recke,   der dort im Hof so stattlich geht.

42. Dann bringt er neue Märe   gewisslich mit zum Rhein. —
Einstmals ritt von dannen   der Recke ganz allein.
Zwei reiche Königssöhne   im Nibelungenland,
Nibelung und Schilbung,   erschlug er da mit eigner Hand.

43. Er fand vor einem Berge   der Nibelungen Hort.
    Auch manche kühne Degen   sah er stehen dort,
    die aus des Berges Höhlung   jüngst hervor ihn brachten,
    weil Nibelung und Schilbung   ihn unter sich zu teilen dachten.

5   44. „Sieh da," rief einer, „Siegfried,   der Held von Niederland!"
    Die jungen Königssöhne   beschlossen kurzer Hand,
    dass Siegfried ihnen teile   ihren grossen Hort,
    und baten drum ihn dringend;   und er versprach es auch sofort.

45. Es lag so viel Gestein da,   dass hundert schwere Wagen
10   nicht im Stande waren,   von dannen es zu tragen.
    Des roten Goldes aber —   des war da noch weit mehr.
    Das alles sollte ·teilen   der Recke Siegfried kühn und hehr.

46. Sie schenkten ihm zum Lohne   das Nibelungenschwert.
    Doch der Verlauf war übel   von dem, was sie begehrt.
15   Eh mit des Hortes Teilung   Siegfried kam zustande,
    begannen grimmes Streiten   die vom Nibelungenlande.

47. Zu ihren Freunden zählten   zwölf kühne, starke Riesen.
    Was konnt' es ihnen helfen?   Siegfried raubte diesen
    mit jenem Schwert das Leben,   das Balmung war benannt,
20   samt siebenhundert Degen   aus der Nibelungen Land.

48. Auch die Königssöhne   schlug er beide tot.
    Danach brachte Alberich,   der Zwerg, ihm grosse Not,
    als der für seine Herren   grimmer Rache pflag,
    bis Siegfrieds Heldenkräften,   den grösseren, er selbst erlag.

25   49. Gleich wilden Leuen rannten   die zwei den Berg hinan,
    bis dort den Tarnmantel   ihm Siegfried abgewann.
    Und damit hatte dieser   die Herrschaft sich errungen
    über Hort und Burgen   und all das Land der Nibelungen.

50. Den Schatz befahl er wieder   zu tragen in den Berg;
30   er setzte, sein zu hüten,   als Kämmerer ein den Zwerg
    und liess sich Treu geloben   von ihm mit einem Eid.
    Hernach erwies sich Alberich   in allem treu und dienstbereit.

51. Auch kann ich von dem Recken   noch andre Märe sagen:
    Einst hat er einen Lindwurm   mit seinem Arm erschlagen
    und in des Wurmes Blute   seinen Leib gebadet.
    So ward die Haut ihm hörnern,   dass keine Waffe ihm mehr schadet.

5 52. Ihn bestens aufzunehmen,   dringend rat' ich das,
    Auf dass wir nicht erregen   des Recken grimmen Hass,
    ihn vielmehr uns stimmen   günstig und geneigt.
    Er hat in kühnen Taten   längst als Helden sich erzeigt."

53. Da sprach des Landes König: „Er soll uns sein willkommen!
10 Und weil er kühn und edel,   wie ich von dir vernommen,
    so soll er das geniessen   hier im Burgundenland!"
    Dann schritt er aus dem Saale   und ging dorthin, wo Siegfried stand.

54. SIEGFRIED AT THE KING'S COURT IN WORMS.

54. Dem fremden Gaste kamen   der Wirt und seine Degen
    mit liebenswürdgem Grusse   aufs artigste entgegen.
15 Für die reiche Ehre,   die man ihm so erzeigte,
    bedankte sich der Degen,   indem er stattlich sich verneigte.

55. „Es nimmt mich wahrlich wunder," sprach König Gunther gleich,
    „von wannen, edler Siegfried,   Ihr kamet in mein Reich,
    und was zu uns Euch führte   nach Worms hier an den Rhein."
20 Da sprach der Gast zum König: „Das soll Euch nicht verhohlen sein.

56. In meines Vaters Lande   ward mir die Mär gesagt,
    Dass Ihr hier Recken hättet,   so kühn und unverzagt,
    wie niemals sie ein König   an seinen Hof gebracht.
    Das wollte ich erproben;   drum habe ich mich aufgemacht.

25 57. Euch selbst auch hör' ich rühmen   ob Eurer Tapferkeit:
    Kein Fürst sei je gewesen   so kühn, wie Ihr es seid.
    So sagt der Mund der Leute   allerwärts im Land.
    Ich will nicht eher ruhen, als bis ich selber das erkannt.

58. Denn ich bin auch ein Recke,   soll einst die Krone tragen
30 und möchte gern es fügen,   dass dann die Leute sagen,
    ich hätte wohl verdienet,   dass ich das Reich gewann.
    Um dieses Zieles willen   wag' ich Ehr' und Haupt daran.

59. Da Ihr, wie man behauptet,　voll kühnen Mutes seid,
　　so will ich, unbekümmert,　wem's lieb sei oder leid,
　　alles, was Ihr habet,　im Kampfe Euch abzwingen
　　und unter meine Herrschaft　das Land samt seinen Burgen bringen."

5　60. Nach Schwertern rief da hitzig　der Metzer Ortwein,
　　ein Held wohl würdig, Hagens　Schwestersohn zu sein.
　　Hagens langes Schweigen　war dem Kühnen leid.
　　Doch trat dazwischen Gernot,　ein Held voll Mut und Tapferkeit.

61. Er wandte sich an Ortwein:　„Nur Mässigung und Ruh!
10　So Schlimmes fügte Siegfried　uns wahrlich noch nicht zu.
　　Wir können es in Güte　mit ihm wohl noch begleichen
　　und ihn zum Freunde haben.　Das wird zum Ruhme uns gereichen."

62. Da sprach der starke Hagen:　„Uns alle, deine Degen,
　　verdriesst's mit vollem Rechte,　dass er des Streites wegen
15　hierher zum Rhein geritten.　Besser blieb er fern!
　　Wider ihn nicht hätten　sich das erdreistet meine Herren."

63. Zur Antwort gab ihm Siegfried　stark und unverzagt:
　　„Wenn Euch, Herr Hagen, kränkte　das Wort, das ich gesagt,
　　wohlan, ich mache gerne　Euch unverweilt bekannt,
20　wie Grosses meine Arme　vermögen in Burgundenland."

64. „Wie ziemte uns zu streiten?"　versetzte ihm Gernot.
　　„Wie mancher Held dabei auch　fände seinen Tod,
　　uns brächt' es wenig Ehre　und Euch geringen Lohn."
　　Da reizte sie noch weiter　Siegfried, König Siegmunds Sohn:

25　65. „Wie lange will denn Hagen　mit Ortwein zaudernd stehn?
　　Was säumt er, samt den Freunden　zum Kampf mit mir zu gehn?
　　Sind derer doch so viele,　die ihm als Helfer dienen!"
　　Die beiden aber schwiegen.　Das riet der Recke Gernot ihnen.

66. „Wenn Ihr," versetzte Gunther,　„in Ehren es begehrt,
30　so sei von unsrer Habe　ein Anteil Euch beschert,
　　so sei mit Euch geteilet　unser Gut und Blut."
　　Da ward dem Degen Siegfried　ein wenig sanfter doch zu Mut.

67. Nun nahm man in Verwahrsam   ihr sämtliches Gewand
und liess in Herbergsstätten,   den besten, die man fand,
auch Siegfrieds Knechten schaffen   bequeme, gute Rast.
Im Lande der Burgunden   sah hernach man gern den Gast.

68. Geschäftig trieben Kurzweil   die Fürsten nebst den Mannen.
Doch er war stets der beste,   was immer sie begannen.
Ihm gleichtun· konnt' es keiner,   im Schuss nicht mit dem Schaft,
im Wurf nicht mit dem Steine: so gross war seines Armes Kraft.

69. Wenn unten auf dem Hofe   das Kampfesspiel begann
der Ritter und der Knappen,   so schaute sich das an,
durch ihre Fenster blickend,   Kriemhild hoch und hehr.
Sie brauchte seit den Tagen   weitrer Kurzweil nimmermehr.

70. Dass ihn ihr Auge suchte —   wenn Siegfried das gewusst,
wie hätte ihn beseligt   des Herzens frohe Lust!
Und wenn er vollends selber   sie hätte können sehn,
so wäre ihm wohl wahrlich   das Liebste von der Welt geschehn.

71. Manches Mal erwog er: „Wie kann das wohl geschehn,
dass ich mit eignen Augen   bekomm die Maid zu sehn,
die ich im Herzen trage   bereits seit langer Zeit?
Dass sie mir fremd noch immer,   erfüllet mich mit Traurigkeit."

72. So oft ihr Land durchzogen   die Fürsten hoch zu Ross,
geleitete die Hehren   ihr ganzer Rittertross.
Zum Schmerz der Jungfrau musste   alsdann auch Siegfried mit,
der jeder Fahrt Beschwerde   um ihretwillen gern erlitt.

73. So sass er bei den Herren,   das ist gewisslich wahr,
im Lande König Gunthers   ein ganzes, volles Jahr,
ohne dass er jemals   die Minnigliche sah,
durch die ihm noch im Leben   viel Liebeslust und Leid geschah.

(*Kamp.*)

55. How Gunther went to Iceland to woo Brunhild.

1. Es war eine Fürstin   gesessen über See;
   nirgend glich ihr eine   Königstochter je.
   Schön war sie ohne Massen,   gross war ihre Kraft,
   mit tapfren Helden schoss sie   um ihre Minne scharf den Schaft.

5 2. Den Stein warf sie weithin   und sprang ihm weithin nach.
   Wer sie zum Weib begehrte   (wenn Mut ihm nicht gebrach),
   der musst' ihr abgewinnen   ein dreifach Kampfesspiel:
   Sein Haupt musst' er verlieren,   kam er in *einem* nicht zum Ziel.

3. Nun sprach der Herr vom Rheine: „Ich will an die See,
10   hin zu Brunhilden,   wie mir's auch ergeh.
   Um ihre Minne wag' ich   Leben gern und Leib;
   den will ich verlieren,   erring' ich sie mir nicht zum Weib."

4. Er sprach: „Edler Siegfried,   sprich, hilfst du mir
   die Holde zu erringen?   Mein Hoffen ruht auf dir.
15   Erwerb' ich zur Geliebten   die Herrliche für mich,
   so will ich wieder wagen   willig Ehr' und Leib um dich."

5. Siegfried gab zur Antwort,   Siegmundens Sohn:
   „Ich vollbring' es, gibst du   die Schwester mir zum Lohn,
   die schöne Kriemhilde,   die Königstochter hehr;
20   so trag' ich für die Hülfe   nach anderm Lohne kein Begehr."

6. „Ich gelob's," sprach Gunther,   „Siegfried, dir in die Hand.
   Und führ' ich mir die schöne   Brunhild ins Land,
   so sei dir meine Schwester   zum Weibe angefreit;
   so magst du mit ihr leben   immerdar in Seligkeit."

25 7. Durch Eide ward's bekräftigt   von den Recken zween.
   Doch endlose Mühsal   war noch zu überstehn,
   eh dass sie die Schöne   brachten an den Rhein;
   drob mussten diese Helden   noch bald in grossen Nöten sein.

8. Die Tarnkappe mitnahm   Siegfried, der kühne Mann,
30   die er einst vor Zeiten   mit Mühe abgewann
   Alberich dem Zwerge   auf wackre Heldenart.
   Die Helden reich und mutig   rüsteten sich für die Fahrt.

9. Die goldfarbnen Schilde   nun trug man an den Strand
   und bracht' ins Schiff zu ihnen   all ihr Heergewand.
   Vor führte man die Rosse.   Fort ging's bald unverzagt.
   Da ward von schönen Frauen   viel geweint und viel geklagt.

10. Da trat in die Fenster   manch minnigliches Kind.
    Schiff und Segel schaukelt'   ein günstiger Wind.
    Die stolzen Heergesellen   auf nahm der Rhein.
    Es sprach der König Gunther: „Wer soll des Schiffes Lenker sein?"

11. Wie Siegfried die lange   Stange rasch ergriff,
    wie stark er vom Strande   ab schob das Schiff!
    Gunther der kühne   ein Ruder selber nahm.
    Da schwammen ab vom Lande   die wackren Ritter lobesam.

12. Sie führten Speise reichlich,   dazu guten Wein,
    den besten, den man konnte   finden um den Rhein.
    Bequem standen alle   die Ross' in guter Ruh,
    bequem ging das Schiff auch.   Nichts fügt' ihnen Leides zu.

13. An dem zwölften Morgen,   seit man vom Rheine schied,
    hatten sie die Winde   (so meldet uns das Lied)
    gen Isenstein getragen   in Brunhildens Land,
    das ausser Siegfried keiner   aufzufinden je verstand.

14. Sechs und achtzig Türme   wurden drin erschaut,
    drei Paläst' und eine   Halle wolgebaut,
    grün wie Gras zu sehen,   von edlem Marmelstein;
    drin mochte wohl die Fürstin   samt ihrem Ingesinde sein.

15. Man sah die Burg erschlossen   und weit offen stehn.
    Entgegen kamen ihnen   die von Brunhildens Lehn,
    die Gäste zu begrüssen   in ihrer Herrin Land,
    die Rosse zu verwahren   und auch den Schild von ihrer Hand.

16. Als nun Siegfrieden   die Königin ersah,
    zu dem edlen Gaste   würdig sprach sie da:
    „Willkommen hier, Herr Siegfried!   Was soll so weit von fern
    hieher Eure Heerfahrt?   Solches wohl erführ' ich gern."

17. Drauf Siegfried: „Dies ist Gunther, ein König reich und hehr;
nur nach deiner Minne steht sein Begehr.
Um deinetwillen führt mich mit ihm hieher die Bahn;
wenn er mein Herr nicht wäre, ich hätt' es nimmermehr getan."

5 18. Sie sprach: „Wenn er dein Herr ist und du in seinem Lehn,
will er meine Spiele nach der Wahl bestehn,
und hat er drin die Obmacht, so werde ich sein Weib:
Wenn aber ich gewinne, so geht's an Leben und Leib.

19. Den Stein soll er werfen, nachspringen schnellbereit,
10 den Ger mit mir schiessen: besinnt euch, lasst euch Zeit!
Leicht mögt ihr hier gewinnen Tod nur und Schmach;
drum sollt ihr euch bedenken." Dies die holde Fürstin sprach.

20. Siegfried der rüst'ge trat zum König hin
und hiess ihn alles reden, was er trüg' im Sinn
15 an Liebe für die Fürstin: „Trag nur guten Mut;
mit heimlichen Listen nehm' ich dich leicht in meine Hut."

21. Da sprach der König Gunther: „Wie Ihr Gefallen tragt,
legt mir es auf, o Herrin; ich lös' es unverzagt,
und wenn es mehr noch wäre, für Eure Schönheit gern.
20 Mein Haupt zum Pfand: heute seht Ihr mich noch als Euren
Herrn."

22. Als die hohe Herrin vernahm des Königs Wort,
hiess sie, wie's ihr ziemte, ans Werk gehn sofort.
Zum Wettkampf verlangte sie ihr Kriegsgewand,
einen güldnen Panzer und einen guten Schildesrand.

25 23. Derweilen war gegangen, eh' es wer begriff,
Siegfried der wackre zum Strand hinab ins Schiff,
wo seine Tarnkappe klüglich lag versteckt.
In diese schlüpft' er eilig: von keinem ward er nun entdeckt.

24. Zurück eilt' er wieder und fand der Recken viel,
30 wo zur Wahl die Fürstin gab das Kampfesspiel.
Er ging dahin verborgen, so dass ihn keiner sah
aller Zuschauer, was mit grosser List geschah.

25. Her brachte man der Jungfrau   gewaltig und schwer
 einen scharfen Wurfspiess.   Stets schoss sie diesen Ger,
 stark und schwer zu führen,   mächtig lang und breit,
 der mit seiner Schärfe   unwiderstehlich schnitt im Streit.

5 26. Da zeigte sich Brunhildens   Stärke mit Gewalt.
 Einen Stein zum Ringe   trug man ungestalt,
 mächtig und erdrückend,   rund und wuchtig her.
 Zwölf rüstige Helden   trugen an dem Blocke schwer.

27. An ihre weissen Arme   sie die Aermel wand,
10 zu fassen da begann sie   den Schild mit der Hand.
 Als sie den Ger hochschwang,   hub an der Waffengang;
 den landfremden Gästen   ward vor Brunhildens Grimme bang.

28. Und kam nicht Gunthern   Siegfried zu Hülfe da,
 wohl war durch Brunhilden   Gunthers Ende nah.
5 Gunther fühlte heimlich   seine Hand berührt,
 und in der Angst merkt' er,   dass Siegfried seine List vollführt.

29. Er sprach: ,,Aus der Hand gib   den Schild mir fürs Gefecht;
 was du mich sagen hörest,   in Acht nimm es recht!
 Du habe die Gebärde,   das Werk will ich bestehn."
10 Als Gunther ihn erkannte,   konnt' ihm Liebres nie geschehn.

30. Die herrliche Jungfrau   schoss mit voller Kraft
 auf den neuen, mächt'gen   und breiten Schild den Schaft;
 den trug an seiner Linken   Sigelindens Kind.
 Vom Gerstahl sprang Feuer,   als ob es trieb hinweg der Wind.

5 31. Der schneid'ge Ger durchbrach da   den Schild mit solcher Wut,
 dass durch die Panzerringe   lohte helle Glut.
 Die Helden bracht' ins Straucheln   des Schusses Schwergewicht:
 Sie lägen tot am Boden,   wär die Tarnkappe nicht.

32. Siegfried dem starken   das Blut vom Munde rann.
 Doch schnell auf sprang er: es griff der kühne Mann
 den Ger, den sie geschossen   ihm durch den Schildesrand:
 Den warf zurück ihr wieder   Siegfriedens starke Hand.

33. Ihr sprang, als trieb's der Sturmwind,   aus den Ringen Glut;
    es hatte auch geschossen   Siegfried stark und gut.
    Trotz ihrer Stärke sank sie   vorm Schusse auf die Bahn.
    Den Wurf hätte wahrlich   König Gunther nie getan.

5 34. Schnell stand wieder Brunhild   aufrecht im Feld:
    „Den Schuss muss ich loben,   Gunther, edler Held!"
    Sie wähnte, seine Stärke   schleuderte den Schaft;
    nein, gefället hatte   sie ein Held von grössrer Kraft.

35. Hin ging sie eilig.   Zornig war ihr Sinn.
10   Den Stein hob mächtig   die edle Königin.
    Sie schwang und warf den Felsblock   weit aus der Hand.
    Dem Wurf nach sprang sie,   dass laut erklang ihr Kriegsgewand.

36. Der Stein war geflogen   zwölf Klafter mit Gesaus:
    Es sprang die schöne Jungfrau   noch übers Ziel hinaus.
15   Hin ging der rüst'ge Siegfried,   wo niederfiel der Stein:
    Gunther musst' ihn schwingen,   der Unsichtbare warf allein.

37. Siegfried war kräftig,   kühn und riesenlang;
    den Stein warf er weiter,   dazu er weiter sprang.
    Durch seine Zauberlisten   hatt' er soviel Kraft,
20   dass er in dem Sprunge   auch Gunthern hatte mitgerafft.

38. Ihrem Ingesinde   tat laut die Fürstin kund,
    als sie am Ziel des Ringes   den Helden sah gesund:
    „Ihr Vettern und Vasallen,   ihr sollt euch alle nahn;
    ihr müsst dem König Gunther   nun alle werden untertan."

25 39. Die kühnen Helden legten   die Waffen aus der Hand;
    vor Gunthern dem mächt'gen   aus Burgundenland
    kniete huld'gend nieder   mancher kühne Held:
    Sie glaubten all, behauptet   hätt' er aus eigner Kraft das Feld.

40. Er grüsste sie mit Anmut: wol trug er hohen Sinn.
30   Da nahm ihn bei der Rechten   die edle Königin;
    auch das Land, das ganze,   gab sie in seine Hut.
    Darob fröhlich waren   Gunthers Degen kühn und gut.

41. Siegfried der rüst'ge   verhielt sich wahrlich klug,
    als er die Tarnkappe   aufzubewahren trug.
    Dann ging er wieder,   wo manche Jungfrau sass,
    wo mit den andern Helden   er alles Leides nun vergass.

42. Da sprach der Held Siegfried: „Froh bin ich, dass besiegt
    Euer Stolz, o Fürstin,   jetzt am Boden liegt,
    Dass jemand lebt, der Euer   Meister möge sein.
    Nun sollt Ihr, edle Herrin,   uns hinnen folgen an den Rhein."

                                        (*L. Freytag.*)

GUDRUN (first half of 13th century).

An epic poem the scene of which is in the North, from Jutland to Normandy. It is handed down to us in a single manuscript from the 16th century found in the castle Ambras, Tyrol, in 1815. The strophe has four lines like the Nibelungenstrophe; but the second pair of rhymes in Gudrun is feminine and the eighth half line has five accents.

56. BETROTHAL.

1. Ein kühner Heldenjüngling,   erfüllt von hohem Sinne,
   Herwig, Herr von Seeland,   trachtete in Minne
   nach Gudrun, Hettels Tochter,   der Jungfrau schön und hehr.
   Doch stiess auf grosse Hoffahrt   an Hettels Hofe sein Begehr.

2. Als Hettel abgewiesen   die Werbung um die Maid,
   bot dreitausend Mannen   Herwig auf zum Streit,
   um übel mitzuspielen   dem Hegelingenland,
   wo an die Königstochter   er lieber Liebesdienst gewandt.

3. Mit den Seinen säumte   Hettel also lang,
   dass der Held von Seeland   ihm in das Land eindrang.
   Es war ein kühler Morgen,   als die schlimmen Gäste
   streitgerüstet rückten   vor die Hegelingenfeste.

4. Da griff der König Hettel   zu Waffen selbst und Wehr
   und mit ihm wackre Degen,   einhundert oder mehr;
   wie kühn sich die auch stürzten   aus der Burg hervor,
   sie taten wenig Schaden   den starken Feinden vor dem Tor.

5. Mit scharfem Schwert entlockte   heisser Funken Glut
Herwig manchem Helme.   Gudrun schön und gut
sah den wackren Jüngling,   so heldenhaft im Streit —
ihr zur Augenweide   nicht minder als zum Herzeleid.

6. Immer näher sah man   zu der Burg ihn dringen;
und durch das Tor schon mussten   zurück die Hegelingen.
Gern hätten sie's verrammelt   vor ihm, doch er erzwang
mit Seelands kühnen Degen   stürmisch sich den Burgeingang.

7. Gleich Herwig stellte Hettel   ritterlich und kühn
zum Hort sich vor die Seinen: hei, da mussten sprühn
die Funken vom Beschlage   der Schilde vor der Hand!
Dass seiner wert der Gegner,   hatte jeder bald erkannt.

8. Gudrun sah und hörte   den Kampf und Kampfesschall.
Das Glück ist rund und rollet   behende wie ein Ball:
und anders hätt' sie selber   es mögen nicht entscheiden.
Sie wünschte Heil dem Vater   und Heil dem Fremden—allen beiden.

9. Laut liess sie aus dem Saale   ihren Ruf erklingen:
„Hettel, hehrer Vater,   aus den Panzerringen
strömt das Blut hernieder   und färbt die Mauern rot!
Fürwahr, ein schlimmer Nachbar —   der uns bringt in grosse Not!

10. Jetzo tuet beide   Einhalt eurem Streit!
Lasset Herz und Glieder   von der Kampfarbeit
ruhen eine Weile,   dass ich indes kann fragen
dich selber, kühner Herwig,   nach deinem Stamm und deinen
                          Magen."

11. Zurück gab ihr der Recke   mit ritterlichem Sinn:
„Hohe Herrin, gerne   tret' ich vor Euch hin,
der Waffen bar, und künde   Euch von meinen Magen.
Bleibt Friede nur der Weile,   so mögt Ihr, was Ihr wollt, mich
                          fragen."

12. Mit hundert seiner Degen   erschien er vor der Maid.
Im kindlichen Gemüte   mit sich im Widerstreit,
stand die Minnigliche   inmitten ihrer Frauen.
Der edle Ritter mochte   sich völlig ihr noch nicht vertrauen.

13. „Hehre Jungfrau," sprach er, „es wurde mir gesagt,
dass Ihr — doch seit dem Kampfe habt Ihr's vielleicht beklagt —
dass Ihr verschmäht mich hättet als zu gering von Stand.
Und doch, die Hochgeborne beim niedren Mann oft Wonne fand."

5 14. „Wo wäre wohl," begann sie, „die Jungfrau, die den Mann,
der so sich um sie mühet, verächtlich sähe an!
Glaubet nicht, dass je ich des vergessen werde!
Nimmer noch war holder als ich ein Weib Euch auf der Erde.

15. „Wenn einverstanden, die mir freund sind und verwandt,
10 so folg' ich Eurem Willen und reich' Euch meine Hand."
Da sah er liebetrunken der Maid ins Angesicht.
Sie war ihm hold und machte Hehl aus ihrer Huld auch nicht.

16. Dann hielt der König Hettel mit seinen Mannen Rat,
worauf er an die Tochter alsbald die Frage tat,
15 ob den kühnen Herwig sie wolle zum Gemahl.
„Bessren Gatten," sprach sie, „kann nimmer treffen meine Wahl."

17. So ward verlobt dem Recken die Jungfrau alsogleich,
auf dass die Königskrone sie trag' in seinem Reich.
Viel Wonne und viel Trübsal erwuchs ihm aus dem Bund.
20 Es wurde drum im Kampfe manches Helden Leib noch wund.

57. Battle upon the Island of Wülpensand.

1. Es war ein breiter Werder: der hiess der Wülpensand.
Da lagerten die Degen aus König Ludwigs Land,
samt den Rossen rastend von der Müh der Fahrt,
bis plötzlich ihre Ruhe in grimmen Streit verwandelt ward.

5 2. Ein Seemann sah ein Fahrzeug mit mächt'gen Segeln nahn,
das auf der Flut sich wiegte. Nicht lange — und sie sahn
aus der Ferne leuchten der Helme lichten Schein.
„Wohlauf zum Kampf!" rief Hartmut. „Das werden meine
Feinde sein."

3. Sohn und Vater nahmen　die Schilde vor die Hand.
Sonst kehrten müheloser　die beiden heim ins Land.
Diesmal hatten rastend　sie allzu lang gelegen,
nicht wähnend, dass sie Hettel　verfolge noch mit manchem Degen.

4. Laut redete der König　seine Mannen an:
„Kinderspiel war alles,　was ich bisher begann.
Heute muss ich messen　mit Helden mich im Feld.
Ich lohn' es jedem reichlich,　der treu zu meinem Banner hält."

5. Mit den Fahnen eilte　Hartmut an den Strand.
Die Schiffe kamen nahe,　so dass vom Dünensand
sie zu erreichen waren　mit den Lanzenstangen.
Nicht liess den Schild am Arme　der alte Wate müssig hangen.

6. Von hüben und von drüben　begann das Lanzenfliegen.
Lange ward gestritten,　bevor zu Lande stiegen
die kühnen Hegelingen　mit Wate an der Spitze.
Wahrlich, die Normannen　verspürten seines Zornes Hitze.

7. Als Herwig, Herr von Seeland,　der Recke brav und gut,
nicht an das Ufer konnte,　sprang er in die Flut.
Bis an die Achselhöhlen　drang er in sie ein.
Leichte Arbeit sollte　der Frauendienst für ihn nicht sein.

8. Ihn dachten zu ertränken　die Feinde in dem Meer.
Es sprang an seiner Rüstung　in Splitter mancher Speer.
Er mühte sich gewaltig,　das Ufer zu erreichen.
Dann nahm er grimme Rache　mit des Schwertes scharfen Streichen.

9. Ungestüme Zahlung　leistete die Hand
der Degen aus Normannen-　wie Hegelingenland.
Die Dänen auch verstanden　des Kampfes wohl zu walten.
Wem lieb war Leib und Leben,　durfte ihnen Stand nicht halten.

10. Ludwig sowie Hettel　schwangen in der Hand
scharfgeschliffne Schwerter:　ihrer jeder fand,
dass an Mut und Kräften　ihm der andre gleich.
Doch traf den König Hettel　von Ludwigs Hand der Todesstreich.

11. Den Vater wollte rächen   der kühne Ortwein.
Der tapfre Horand half ihm samt den Gesellen sein.
Nass von heissem Blute   war der Wülpensand,
als in nächtlich Dunkel   des Tages lichter Schein entschwand.

12. Da rief der edle Herwig: „Ihr Degen, hört mein Wort!
Seit der Tag verronnen,   tobet blind der Mord,
indes den Tod einander   Freund wie Feind sich geben.
Währt das bis zum Morgen,   so bleibt der dritte Mann nicht leben.

13. Ungern nur entsagten   die Kämpfenden dem Streit,
wie gross auch war vom Kampfe   aller Müdigkeit.
Doch blieben sie einander   für die Nacht so nah,
dass bei des Feuers Scheine   Helme man und Schilde sah.

14. Listenreich riet Ludwig: „Legt auf die Schilde alle
eure Häupter nieder,   und aller Lärm verhalle!
In stiller Ruh' dann wähnen   uns die Hegelingen,
und mag uns ohne Argwohn   verstohlne Flucht vielleicht gelingen.“

15. Die Maide, die gefangen,   hörte er noch klagen;
ihr lautes Jammern liess er   dräuend untersagen:
die des sich nicht enthielten,   werde er ertränken;
die er noch einmal höre,   werde er ins Meer versenken.

16. So kamen die Normannen   durch kluge List zur See.
Den armen Jungfrauen   tat's von Herzen weh,
dass sie die Flucht nicht durften   verraten ihren Magen,
die auf dem Wülpensande   in ahnungsloser Ruhe lagen.

17. Bei Tagesgrauen waren   die Fliehenden schon weit,
indes die Dänenrecken   sie wähnten kampfbereit:
Wate liess gewaltig   das Schlachtenhorn erschallen.
Er heischte Kampf und dachte,   noch mancher solle durch ihn fallen.

18. Als die Kampfgenossen   aus Hegelingenland
ihre Gegner suchten   an dem Meeresstrand,
fanden sie verstreuet   viel Waffen und Gewand,
jedoch von den Normannen   nur Tote auf dem Wülpensand.

19. Gern wäre den Entflohnen Wate nachgezogen,
doch Frute, der erspähet, wie die Wolken flogen,
sagte zu den Degen: „Was nutzet alles Eilen?
Der Wind, ihr könnt es glauben, trug voraus sie dreissig Meilen.

5 20. „Lasst die wunden Krieger uns auf die Schiffe tragen
und in die Gräber betten, die uns sind erschlagen!"
„Wollen wir," sprach einer, „die Feinde auch begraben
oder wilden Wölfen zum Frass sie lassen und den Raben?"

21. Auch diese zu begraben, war der Alten Rat.
10 So ward zuerst bestattet am einsamen Gestad'
der König, der sein Ende der Tochter wegen fand,
und danach all die andern aus Freundes wie aus Feindes Land.

58. Harbingers.

a. *The prophesying bird.*

After thirteen years of mourning, Hilde sent her "Magen" and "Mannen"
to Normandy in order to take revenge upon its inhabitants. Unnoticed the
Hegelings landed in Normandy at the foot of a mountain which concealed them.
There they prepared themselves for a fight. In a barge, Herwig and Ortwein
went reconnoitring.

1. Wir schweigen von den Degen und singen von den Maiden,
die wahrlich Anrecht hatten auf Freuden anstatt Leiden,
15 doch Kleider mussten waschen in dem fremden Land:
Mit Hildburg der getreuen stand Gudrun waschend an dem Strand.

2. Da kam zur Mittagsstunde — es war ein Fastentag —
ein Vogel angeschwommen. Die edle Jungfrau sprach:
„O wehe, schöner Vogel, mich jammert deiner sehr,
20 dass in kalter Woge du musst schwimmen auf dem Meer!"

3. Zur Antwort gab der Vogel: „Harre auf gut Heil!
Es wird dir, Heimatferne, viel Wonne noch zu teil.
Willst du mich nicht befragen nach deinem Vaterland?
Ich kann dir Märe melden; zum Trost dir hat mich Gott gesandt!"

4. Da sprach die Unglücksel'ge: „Hat Christus dich gesandt
uns armen Heimatfernen zum Troste in dies Land,
so tu' mir, guter Bote, in aller Wahrheit kund,
ob Hilde, meine Mutter, noch ist am Leben und gesund!"

5. „Ich kann dir," sprach der Bote, „die frohe Kunde geben,
dass Hilde dir, die Mutter, erhalten ist am Leben.
Jüngst bot sie auf, ich sah es, ein Heer nach diesem Land,
so gross, wie für die Ihren es eine Witwe nie entsandt."

6. Abermals sprach Gudrun: „Du Bote gut und hehr,
nicht lass es dich verdriessen, ich frage dich noch mehr:
Lebt Ortwein, Herr von Ortland, mein Bruder, noch zur Stunde?
Und Herwig, mein Geliebter? Fürwahr, das wär' mir liebe Kunde!"

7. Da meldete der Vogel: „Dein Bruder Ortwein
und Herwig, dein Geliebter, werden hier bald sein.
Ich sah sie auf dem Meere, die starken Fahrtgesellen,
wie sie die Ruder schlugen in gleichem Takte in die Wellen."

8. Und wieder sprach die Jungfrau: „Sag' an, ist dir bekannt,
ob Horand auch wird kommen, der Held von Dänenland,
der einst in meinen Nöten sich treu erwiesen mir?
Er ist ein wackrer Degen und wär von grossem Nutzen hier."

9. „Gewiss, auch Horand nahet, der kühne Vetter dein,
in heissem Streit zu fechten samt den Recken sein.
In seiner Hand wird Hildes Kriegesbanner wehn,
wenn du die Hegelingen vor Hartmuts Burg wirst rücken sehn."

10. „Vermagst du mir zu künden," fuhr Gudrun nochmals fort,
„ob Wate noch am Leben, Sturmlands tapfrer Hort?
Ich wollte des mich freuen und Dank von Herzen sagen,
wenn Frute auch, der alte, für mich die Fahne würde tragen."

11. Zur Antwort gab der Bote: „Es kommt hierher ins Land
auch Wate, Herr von Sturmland; er lenkt mit seiner Hand,
in einem Schiff mit Frute, fest das Steuerruder:
der eine treu dem andern, wie nur je ein Waffenbruder."

12. Dann liess sich nicht mehr weiter   befragen von den Maiden
des Himmels guter Bote: er musste wieder scheiden.
Jene aber schwebten   in Freude und in Pein,
immer wieder denkend,   wo wohl die Retter möchten sein.

5 13. Als bei des Tages Scheiden   die Dämmerung begann,
traten ihren Heimweg   die armen Maide an.
Daheim empfing sie zornig   die Königin Gerlind.
Die schalt sie, wie gewöhnlich   — den Minniglichen bösgesinnt.

14. „Was fällt euch ein,“ begann sie,   „dass ihr mir das Gewand,
10   das feine Linnen waschet   so lässig an dem Strand,
und dass ihr allzu säumig   bleicht die weisse Seide?
Wer besser sich nicht sputet,   beweint es noch in bittrem Leide.“

15. „Von uns,“ versetzte Hildburg,   „tut jede, was sie kann.
Euch aber stände besser   milde Nachsicht an.
15   Arg hat uns gefroren,   uns armes Ingesind.
Wir würden mehr wohl waschen,   wehte eisig nicht der Wind.“

16. „Säumt euch so nicht wieder,“   eiferte Gerlind,
„und wenn euch noch so widrig   Wetter ist und Wind!
Ihr sollt mir emsig waschen   von früh bis spät mein Linnen
20   und sollt beim Morgengrauen   eure Arbeit schon beginnen!

17. „Hohe Festzeit nahet —   das ist euch wohlbekannt.
Zum Tag der Palmen kommen   viel Gäste in das Land.
Wenn ihr mir weiss wie Schnee nicht   schafft Gewand und Linnen,
so büsst ihr, wie noch nimmer   im Königshause Wäscherinnen.“

25 18. Dann wurden sie entlassen.   Sie legten ab die Kleider,
die auf dem Leib sie trugen,   nass und grob nur — leider.
So sehr befliss Gerlind sich,   zu hegen sie und pflegen!
Sie liess sie ohne Kissen   auf harte Bank sich niederlegen.

b. Herwig and Ortwein.

19. Die königlichen Maide,   die hart gebettet lagen,
30   konnten kaum abwarten,   dass es begann zu tagen.
Sie schliefen nicht, dieweil sie   im Stillen stets sich fragten,
wann wohl die Ritter kämen,   die von dem Vogel angesagten.

20. Sie gingen in der Frühe   des Morgens an den Strand
und standen da und wuschen   von neuem das Gewand,
das auf den Kies des Meeres   sie selbst hinabgetragen.
Wie hoch auch ging ihr Hoffen,   noch schuf's kein Ende ihren
Plagen.

21. Sie mussten lange harren,   bis sie auf dem Meer
sahen eine Barke,   die trug zwei Männer her.
Als Hildburg diese beiden   hatte wahrgenommen,
rief sie: „Hei, die Degen,   die aus der Heimat sollen kommen!"

Gudrun and Hildburg try to hide themselves at the sight of the two heroes;
so poorly are they clad that they feel ashamed. But Herwig knows how to
induce them to answer his questions. They recognize each other, and Herwig
promises to return before daybreak with eighty thousand heroes.

59. On the Eve.

1. Zu Gudrun, ihrer Herrin,   sprach Hildburg treu und gut:
„Hohe Königstochter, bedenket,   was ihr tut!
Bleibt ungewaschen liegen   das Linnen und Gewand,
so werdet ihr es büssen   mit Schlägen von Gerlindes Hand."

2. Zur Antwort gab die Jungfrau   stolz gesinnt und hehr:
„Normannenkleider wasche   fortan ich nimmermehr,
des niedren Dienstes bin ich   von Herzen jetzo satt,
wo mich geküsst zwei Fürsten   und ihr Arm umfangen hat.

3. Ich werde jetzt dem Leinen   verhelfen in die Flut.
Auch dem Gewand Gerlindes   komme es zu gut,
dass wieder ich mich fühle   wie eine Königin!
Ich lass' es alles schwimmen   auf den Wellen frei dahin."

4. Sie hörte nicht auf Hildburg,   sie warf in Zornesmut
Linnen und Gewänder   von sich in die Flut,
so dass sie von den Wogen   wurden fortgetragen.
Ob jemals noch sie einer   herauszog, weiss ich nicht zu sagen.

5. Als der Abend nahte,   des Tages Helle schwand,
kehrte schwer beladen   Hildburg mit Gewand
und sieben feinen Linnen   zur Königsburg zurück.
Gudrun, ihr zur Seite,   ging ledig, trug kein einzig Stück.

6. Daheim fuhr barschen Tones   die alte Wölfin los:
„Was bargest du so lässig   die Hände in den Schoss?
Wo liessest du mein Linnen?   Warte, träge Maid,
du sollst dich tummeln lernen   mit grösserer Behendigkeit.“

7. Zurück gab Hettels Tochter: „An des Meeres Strand
hab’ ich liegen lassen   Linnen und Gewand.
Zum Heben war und Tragen   zu schwer mir das Gewicht.
Und seht Ihr nie es wieder,   mich kümmert es wahrhaftig nicht.“

8. Darauf rief die Teuflin   der stolzen Jungfrau zu:
„Das sollst du mir bereuen,   noch eh’ ich geh zur Ruh!“
Sie heischte eine Rute   von Dornen aus der Hecke
Und hiess die Magd entkleiden,   dass gleich die Strafe sie voll-
strecke.

9. Gudrun aber sagte   klug und listenreich:
„Bleibt mir von Euren Händen   erspart der Rute Streich,
so will ich minnen, den ich   bis jetzo ausgeschlagen,
und bin bereit, die Krone   am Normannenhof zu tragen.“

10. Sobald Gerlind, die alte,   solches Wort vernommen,
sprach sie voller Freude: „Und wären fortgekommen
gar tausend Leinenstücke,   mich sollt’ es nich verdriessen,
wenn Hartmuts Weib zu werden   du dich endlich willst entschlies-
sen.“

11. Ein Bote ging und brachte   dem Königssohn Bescheid,
dass seine Hand nicht länger   verschmäh’ die stolze Maid.
Vom Sitze aufgesprungen,   kam dieser schnell gerannt
zu Gudruns Kemenate,   wo er die Minnigliche fand.

12. Er sah sie vor sich stehen im durchnässten Kleid.
Mit Tränen in den Augen begrüsste ihn die Maid.
Sie trat dabei so nahe dem ritterlichen Degen,
dass dieser schon verlangte, beglückt den Arm um sie zu legen.

13. „O nein — so nicht!" sprach jene; „es wär nicht wohlgetan
vom Königssohn, in Minne der Wäscherin zu nahn!"
Da trat der edle Hartmut ehrfurchtsvoll zurück:
„Ich tu' dir jeden Willen, dieweil mir winkt der Liebe Glück."

14. „Des dank' ich Euch," sprach Gudrun; „nun bin ich sorgenfrei.
Da Ihr es denn beschlossen, dass Herrin ich hier sei,
so heische ich noch heute ein erquickend Bad
nach all der harten Mühe, bevor ich geh zur Ruhestatt.

15. „Und weiter ist mein Wille, dass wieder meine Maide
mir zur Seite seien, dass man stracks sie scheide
von Frau Gerlindes Mägden, wo immer man sie finde,
dass länger sie nicht weilen im Dienstgemach wie ihr Gesinde."

16. Froh versetzte Hartmut: „Das soll sogleich geschehn!"
Auf sein Geheiss dann durften die Maide zu ihr gehn.
Sie kamen — schlecht gekleidet, mit zerzausten Haaren.
Schnöde war mit ihnen die böse Teufelin verfahren.

17. Drei und sechzig waren's. Hartmut sah sie an,
bis die Königstochter mit Fug zu ihm begann:
„Frommet Eurer Ehre solch Frevel an den Maiden?"
zur Antwort gab der Degen: „Enden soll nun Qual und Leiden!"

18. Er liess sie alle baden und letzen sich an Wein.
Man schenkte immer bessren bei den Normannen ein.
Auch Met, den allerbesten, hiess er ihnen spenden,
nicht ahnend, dass sich alles zum Dank für ihn nicht sollte wenden.

19. Hartmut ging von dannen. Die Maide klagten laut.
Doch herzlich lachte Gudrun, König Herwigs Braut.
Sie hiess das Bett bereiten: sie wolle nun zur Ruh.
Es kam die Nacht, die einz'ge, die kummerfrei sie brachte zu.

20. Voran mit Lichtern schritten   Pagen in den Saal.
     Sie leisteten der Jungfrau   den Dienst zum ersten Mal.
     Säuberliche Betten,   dreissig oder mehr,
     fanden aufgeschlagen   die Rittertöchter schön und hehr.

21. Gudrun sprach: „Ihr Maide,   wohlan, jetzt schliesst die Tür!"
     Vorgeschoben wurden   der starken Riegel vier.
     Dann sagte ihre Herrin: „Nun fort mit allen Sorgen!
     An wackren Freunden wird sich   euer Auge weiden morgen.

22. „Ich küsste heute Herwig,   den herzgeliebten Mann,
     und Ortwein, meinen Bruder.   Drum, Maide, höret an:
     Die reich durch mich will werden —   ohne viele Müh,
     die künde uns als erste   des Tages Anbruch morgen früh!"

23. Dann legten sie sich schlafen,   im Herzen frohgemut,
     dass ihre Retter kämen,   Recken kühn und gut,
     und dass sie nahen würden,   sobald es werde tagen.
     So harrten sie entgegen   dem nahen Ende aller Plagen.

60. DELIVERANCE.

Departure at Night.

1. Nun lasset euch von Ortwein   und von Herwig melden:
     Als von ihrer Kundschaft   die königlichen Helden
     kehrten heim ins Lager   am wilden Meeresstrand,
     kamen die Gefährten   voll Neugier auf sie zugerannt.

2. Ortwein sprach zu ihnen: „Ein Wunder ist geschehn!
     Gudrun, meine Schwester,   hab' ich wiedergesehn,
     auch Hildburg, die getreue,   dem Irenland entstammt."
     Unglaublich wollte dünken   das Wort die Recken allesamt.

3. „So fraget," sprach er, „Herwig,   der Augenzeuge war!
     Ein Anblick war's voll Wehe,   der sich uns bot dar.
     Denn höret an, ihr Magen,   und staunet ob der Schande:
     Gudrun stand mit Hildburg   Kleider waschend an dem Strande.

4. „Nun bringet Hildes Tochter   Rettung aus der Not!
   Greift zum Schwert und färbet   die Kleider blutig rot,
   die weiss sie hat gewaschen   mit ihrer weissen Hand!
   Erlöst sie aus dem Elend   und führt sie heim ins Vaterland!"

5. „Die Luft ist klar," sprach Wate,   „und der Mond scheint hell,
   in vollem Glanz erstrahlend.   Drum, Gesellen, schnell!
   Lasset gleich zur Stunde   uns auf die Schiffe gehn,
   auf dass vor Morgengrauen   vor der Normannenburg wir stehn!"

6. Hei, wie machte die Recken   geschäftig Wates Wort!
   Sie schafften flugs die Kleider,   die Rosse auch an Bord,
   fuhren in der Nacht schon   zum Normannenland
   und standen, eh' es tagte,   vor Ludwigs Feste nah dem Strand.

                                                    (*Kamp.*)

Early in the morning, the Hegelingen and Herwig of Seeland surround the Norman citadel. From the battlements Gudrun observes how Hartmut with his men start for the fight. During a battle in front of the castle, Herwig succeeds in slaying Ludwig, Hartmut's father; within the citadel also there is fighting. Gerlinde's head is cut off by Wate. Hartmut's life is saved by the intercession of his sister Ortrun, who had been very kind to Gudrun from the beginning. He is, however, made prisoner. When they arrive at home, a general reconciliation takes place. Not only is Gudrun united to Herwig, but her brother marries Ortrun, and Hartmut Hildburg.

COURT EPIC (KUNSTEPOS).

61. HEINRICH VON VELDEKE'S ENEID (about 1175–1190).

Heinrich von Veldeke came from a titled family who lived near Maestricht, Holland. At Whitsuntide, 1184, he was present at the famous court festival given by the emperor Friedrich I in Mayence to celebrate the "Schwertleite" of his two sons, Heinrich and Friedrich. He lived at the court in Cleve, and in Thuringia, at the court of Landgraf Hermann. Besides *Minnelieder*, we have from him a version of the legend of Saint Servatius. His epic poem *Aeneide* is not, as the poet mentions, based on Virgil's *Aeneid*, but on the French *Roman d'Énéas*, where the antique material is rendered in accordance with the spirit of courtly society in the 12th century, when Minne and adventures played an important part. Owing to the great interest which German court circles took in the romantic contents of this poem as well as to its pleasing style, and the more or less correct treatment of rhymes and verses, the author has been considered the founder of chivalrous love-romance in Germany.

Als der Herr Aeneas
zur Herberge gekommen war,
er, der mächtige und berühmte,
da hiess er seine Kämmerer
5   zu sich kommen.
Da sandte der edle Trojaner
Spangen und Armringe,
wie niemand mit seinen Augen
bessere sehen konnte,
10   den Frauen nach Laurente,
Gürtel und Ringe,
die nicht besser sein konnten:
denn er war ihr sehr hold.
Er sandte ein kostbares Haupt-Gold
15   ihrer Meisterin
zur Gabe und zum Andenken.
Danach sandte Aeneas
seine Gabe, die sehr gut war,
all den Frauen besonders,
20   denn deren war eine grosse Menge,
hin zu den Gemächern,
die sehr wohl bestellt waren.
Aeneas, der berühmte,
gab das Gut um der Ehre willen.
25   Als Aeneas, der Held,
sein Kleinod geschickt hatte
nach Laurente zu den Frauen,
da sie es zu beschauen anfingen,
da war es sehr lobenswert.
30   Bald vernahm die Kunde
Die alte Königin.
Da war sie von Sinnen gekommen
durch ihren grossen Zorn;
sie hatte ihren Verstand verloren;
35   sie ward sehr böse.
Sie liess ihre Tochter herauskommen,
die liebliche Jungfrau.
Als sie da zu ihr kam,

da sprach die Königin überlaut:
„Wie froh du nun bist, böse Haut,
meines Herzens Kummer.
Du magst mir das glauben:
mir ist es leid, dass ich dich je gebar;
dass ich dich nicht zu Tode schlug,
sobald als ich dich gewann!
Nun Turnus, der edle Mann,
durch deine Schuld erschlagen ist,
muss es die ganze Welt beklagen,
dass du je geboren wurdest.
Denn deinetwillen hat mancher Mann
sein Leben verloren.
Dass ich deines Vaters Frau ward,
Das kam von Unheil,
dass ich ihm zu teil ward."
 Wieder sprach die Königin
mit grosser Wut
und mit grossem Zorne:
„Wehe mir Verlorenen,
dass ich den unnützen Mann,
deinen Vater, je gewann,
dass mir mit ihm eine böse Gabe wurde.
Nun werde ich nicht länger leben,
und könnte ich, ich wollte nicht,
nun ich das erleben sollte,
dass du und der Trojaner
vor mir gekrönt gehn solltet,
was doch bald geschehn muss,
so würde ich übel am Leben bleiben:
das ist mir sehr ausser dem Spass.
Nun dein Vater dem Aeneas
sein Reich geben will,
so handelt er sehr böslich.
Ich könnte es schwer ansehn.
Leid müsse euch geschehn,
dir von ihm, und ihm von dir."
„Frau, womit verdienen wir,"

sprach Lawine, die Jungfrau,
„dass Ihr den Göttern von uns klaget
und uns so sehr verflucht?
Unheil habe, wer es haben will.

5   Frau," sprach das Mädchen,
„wogegen es keinen andern Rat gibt,
des muss man sich trösten.
Ich lobe darob Gott den Herrn,
dass er mir wohl gewährt hat,

10 dessen ich lang begehrt habe
wegen des edlen Trojaners:
denn nie gab es einen Mann,
der an Tugend ihm gliche.
Und könnt' ich zehn Königreiche

15 mit Turnus gewinnen,
ich könnte ihn nicht lieben,
ich wollte lieber den Tod wählen.
Ihr mühet Euch ohne Not.
Wollt Ihr Euch aus Ärger töten,

20 so habt Ihr übel verloren
Euer Lob und Euren Leib.
Nun tut wie ein weises Weib
und bedenkt Euch noch besser.
Ich will Euch das raten,

25 dass Ihr aus Zorn nicht tut,
was niemand gut dünkt,
Frau Mutter mein," sprach sie.
„Du musst darum unselig sein,"
sprach die Königin wieder

30 und fiel auf ihr Bette nieder.
Sie lag in voller Betrübnis,
ich weiss nicht wie viel Tage,
bis ihr der Tod ans Herz kam,
der ihr unsanft das Leben nahm.

35   Dass da der Herr Aeneas
erfreut und geehrt war,
das liess er wohl sehn,
und sah da Lavinen,

so oft als er wünschte.
Er halste und küsste sie,
was sie gern von ihm annahm,
bis der Tag kam,
und die Heimführung stattfand.
Gross war da der Zudrang.
Da kamen von allen Seiten
weither die Fürsten
auf Schiffen und auf Strassen
und Ritter ohne Zahl.
    Die Spielleute und die fahrenden Leute,
die versäumten sich nicht,
und die aussätzigen Menschen.
So täten sie noch 'heute,
wo solch ein Fest wäre;
hörten sie die Kunde,
sie zögen allenthalben zu.
So taten sie da,
die es vernommen hatten.
Sie mochten gern dahin kommen
und fröhlich;
denn sie wurden da reich,
wie das billig war.
So ward der Herr Aeneas
zum König gekrönt.
Da ward ihm der Lohn
für seine Trübsal.
Mit grossem Reichtum
opferte er seinen Göttern zu Ehren,
die ihm die Fahrt dahin geboten hatten,
und belohnte die Seinen.
Da krönte man Lavinen
zu einer Königin.
Sie war da an das liebe Ende
ihrer Liebe gekommen
ohne alles Misgeschick.
Gross war das Fest,
und die Sitze waren weit.

Man fing es da herrlich an.
Der König ging zu Tische
und die edelen Fürsten,
jeder an seinen Platz,
5 Arme und Reiche,
alle sehr fröhlich.
Da ward gut bedient,
da ward die Speise nicht gespart.
Wer sich dessen befleissigen wollte,
10 dass er es merken sollte,
wie da bedient ward,
es wär' eine lange Geschichte:
ich will euch denn also sagen,
man gab ihnen alles zu viel,
15 Essen und Trinken;
was jemand nur denken konnte,
und was sein Herz begehrte,
wie wohl man ihnen das gewährte!
Als sie alle froh sassen
20 und tranken und assen
sehr gut nach ihrem Belieben,
da war es da nicht stille:
da war das Gerufe so gross,
dass es die Bösen verdross.
25 Da war Spiel und Gesang,
Turnieren und Drang,
Pfeifen und Singen,
Fiedeln und Springen,
Orgeln und Saitenspiel,
30 mancher Art Freude viel.
Der neue König Aeneas,
der da Bräutigam war,
er bezahlte die Spielleute.
Er begann selbst sie zu beschenken,
35 denn er war der Allerhehrste;
deshalb begann er es zuerst,
wie ihm als König wohl geziemte.
Wer da seine Gabe empfing,

dem ging es selig:
denn er ward reich
für immer bis an sein Ende,
und half auch seinen Kindern,
so lange als sie leben mochten:
denn er konnte gut geben
und hatte auch grosses Gut
und dazu willigen Sinn.
Danach gaben die reichen
Fürsten sehr freigebig,
ihrer jeder mit seiner Hand,
teures Pfellelgewand,
dazu Pferde und Geld,
Silber- und Goldgefässe,
Maultiere und Renner,
Pfellel und Sammet,
ganz und unzerschnitten,
und manchen roten Reif
mit Gold durchwirkt,
Zobel und Hermelin
gaben die Fürsten.
Die wohl geben durften,
Herzöge und Grafen,
gaben den Spielleuten
grossartig und so,
dass sie alle froh von dannen schieden
und dem König Lob sangen,
ihrer jeglicher in seiner Zunge.
    Da war viel Herrlichkeit,
Wonne und Gastmahl.
Dennoch klagte Herr Aeneas,
dass so wenig da wären,
die seines Gutes begehrten.
Einen Monat währte
die Heimführung und das Fest,
das man da um die Wette gab.
Da waren hehre Fürsten,
die um ihrer eignen Ehre

und um des Königs wegen gaben.
Herzöge und Grafen
und andre reiche Könige,
die gaben grossartig,
5   sie, die wenig des Schadens achteten:
Saumpferde, gut beladen
mit Schätzen und Gewändern.
Ich hörte in dem Lande
von keinem Feste so gross,
10   dessen so viele genossen.
Davon sprach man da weit.
Ich vernahm von keinem Feste
in aller Zeit Kunde,
das so gross gewesen wäre,
15   als da Aeneas hatte,
ausser dem, welches zu Mainz war,
das wir selber sahen.
Danach dürfen wir nicht fragen;
das war durchaus unermesslich,
20   als der Kaiser Friederich
seinen zwei Söhnen das Schwert gab.
Manch tausend Mark wert
ward da verzehrt und vergeben.
Ich wähne, alle die jetzt leben,
25   haben kein grösseres gesehn.
Ich weiss nicht, was noch geschehen soll;
davon kann ich euch nichts berichten.
Ich vernahm von einem Ritterschlag
nie wahrhafte Kunde,
30   wo so viele Fürsten gewesen wären
und so mancher Art Leute.
Es leben ihrer noch genug heute,
die es wahrlich wissen.
Dem Kaiser Friederich
35   geschah so manche Ehre,
dass man immer mehr
davon Wunder sagen mag
bis an den jüngsten Tag,

ohne Lügen fürwahr.
Es wird noch über hundert Jahr
von ihm gesagt und geschrieben.
Hier möge die Rede nun bleiben.

(*Max Müller.*)

HARTMANN VON AUE (about 1170–1210).

Born in Suabia, of noble descent, Hartmann became "Dienstmann der
Herren von Aue," and took part in the crusade of 1197. In *Iwein* he calls
himself "Ritter," in *Der arme Heinrich* "Ritter und Dienstmann zu Aue."
Nothing more is known about the history of his life. Among his narrative
poems, *Erec* is the first (about 1192). Then probably followed *Gregorius vom
Steine*, a legendary tale based on a French model; after this came *Der arme
Heinrich*, now his most popular work, a poetic story based on a Suabian
popular legend. Then follows *Iwein* or *Der Ritter mit dem Löwen;* like *Erec*,
it is concerned with the legendary circle of King Arthur, and both are founded
on French poems by Chrétien de Troyes. — Less important are Hartmann's
songs (Minnelieder); closely related to these is his *Büchlein, i. e.* a poetic address
to his beloved in the form of a struggle between the body and the heart.

DER ARME HEINRICH (about 1198).

Knight Henry, at the height of his prosperity, is struck with leprosy. The
only remedy for the disease is the blood of a young girl who is ready to die voluntarily for him. The daughter of a farmer, with whom Henry has taken refuge,
offers herself as a sacrifice. In the last moment, however, when he hears the
knife being whetted which is to take her life, he repents and causes the phy-
sicians to stop. By a miracle, the illness disappears, and the girl finally becomes
Henry's wife.

62. INTRODUCTION.

Ein Ritter so gelehrt einst war,
Dass er in Büchern las und klar
Erkannt', was drin geschrieben stand.
Der Ritter war Hartmann genannt
Und war dienstbar am Hof zu Au.
Gar eifrig ging er auf die Schau
Nach Büchern mannigfalt'ger Art.
Des Suchens er nicht müde ward,
Ob er nicht etwas fände,
Womit er trübe Stunden wende
Und leichter mache Herzensschwere,

Und das doch Gottes Ehre
Vor allem diente und zugleich
Die Huld der Menschen, arm und reich,
Ihm selbst erwerbe; nun hört an,
5　Was er euch hier erzählen kann
Von dem, was er geschrieben fand.
Er hat sich selbst allhier genannt,
Damit für seiner Arbeit Mühn,
Die seinem Werke er geliehn,
10　Man auch den Lohn einst nicht vergisst,
Und jeder, wenn er nicht mehr ist,
Der sein Gedicht hör' oder lese,
Fürbitte tu, dass dort genese
Die Seele sein zum ew'gen Heil.
15　Man sagt, er schaff' sein eigen Teil
Und werbe selbst sich Gottes Huld,
Wer bittet für der andern Schuld.

　　Er las von einer seltnen Mär,
Wie einst ein Herr gesessen wär
20　Im Schwabenland, dem war beschieden
Jedwede Tugend, die hienieden
Den jungen Ritter ziert und schmückt.
Man sprach von niemand so beglückt
Ringsum in allen Landen:
25　Geburt und Reichtum standen
Ihm zu Gebot, und weit und breit
War Vorbild jeder Tüchtigkeit
Der Ritter, und wie gross auch war
Sein Reichtum, und wie wunderbar
30　Sein Adel strahlt, fast Fürsten gleich:
Er war doch lange nicht so reich
An dem, was ihm Geburt verliehn,
Als er besass an edlem Sinn.

　　Sein Name war wohl weit bekannt,
35　Herr Heinrich wurde er genannt
Und war von Au geboren.
Er hatte abgeschworen
Falschheit und alles rohe Wesen

Und ist dem Eide treu gewesen
Beständig bis an seinen Tod.
Ihm macht' im Leben keine Not,
Dass jemand kürze seine Ehren:
Ihm ward, so viel er mocht' begehren,
Weltlicher Ehren reichste Fülle.
Und diese mehrt' er in der Stille
Durch jede hohe Tugend. . . . . . .
    Als nun Heinrich, der edle Herr,
Genoss in Freuden hoch und hehr
Die Ehren und sein reiches Gut
Und seinen frischen, frohen Mut
Und alle Freuden dieser Welt,
In der ihn Gott so hoch gestellt,
Dass ihm kein andrer sich vergleicht:
Da ward sein stolzer Mut gebeugt
Bis in den allertiefsten Grund.
An ihm ward allen Menschen kund,
Wie an dem jungen Absalon,
Dass auch die reichste Königskron'
Und alle Süssigkeit der Welt
In nichts vor uns zusammenfällt,
Und ihre Herrlichkeit vergeht,
Wie in der Schrift geschrieben steht.
Es heisst an einer Stelle da
„Media vita
in morte sumus."
Das heisst, dass jeder wissen muss,
Dass, wenn am sichersten wir leben,
Des Todes Schatten uns umschweben.
Was fest und stät in dieser Welt,
Und was am besten uns gefällt,
Und was sie Grosses sonst vollbracht,
Dem fehlt doch der Vollendung Macht.
Seht an, solch kümmerlich Geschehen
Lässt uns im Bild die Kerze sehen.
In Asche sie sich ganz verzehrt,
Indem sie uns das Licht beschert.

Schlimm steht's um unsre Sachen;
Seht doch, wie oft das Lachen
Im Weinen jämmerlich erlischt,
Wie alles Süsse ist vermischt
5   Mit Bitterkeit der Galle.
Des Lebens Blume kommt zu Falle,
Wenn sie am prächtigsten erblüht.
Am Herren Heinrich jeder sieht,
Je höher jemand werde
10   Gestellt auf dieser Erde,
Je weniger gilt er vor Gott.
Er fiel durch Gottes Machtgebot
Aus seiner eiteln Herrlichkeit
In grosses Elend, Schmach und Leid.
15   Mit Aussatz schlug ihn Gott, der Herr,
Und als man seine Hand so schwer
Auf seinem Leibe ruhen sah,
Unlieb ward allen Menschen da
Sein Anblick und sein Nahesein.
20   Nun seht, wie sonst sein lichter Schein
Der Welt so wohl gefiel hienieden,
Und wie ihn gern jetzt alle mieden,
Um nur sein Antlitz nicht zu sehn.
So ist's auch Hiob einst geschehn,
25   Dem Manne, reich und hochgeboren,
Der seine Ehre auch verloren
Und auf dem Miste Herberg fand,
Gerad' als sein Glück am höchsten stand.

63. End is Well, All is Well.

Nun hatte sich die gute Magd
30   Verweint so sehr und so verklagt,
Dass sie ganz nahe war dem Tod.
Da sah die Treu und auch die Not,
Der aller Menschen Herzen kennt,
Vor dem kein Herz sich sicher wähnt,
35   Kein Herzenstor verschlossen ist.

Durch solche gnadenreiche List
Wollt' er versuchen nur das Paar,
Wie's Hiob auch ergangen war.
Da zeigte unser heil'ger Christ
Wie lieb ihm das Erbarmen ist,
Und schied sie alle beide
Von allem ihrem Leide
Und macht den Herrn von dieser Stund
Ganz rein und wieder ganz gesund.

Herr Heinrich ward auf seinem Wege
Durch unsres Herrgotts eigne Pflege
So schön und war so ganz genesen,
Dass er nicht blühender gewesen
Vor mehr als zwanzig Jahren.
Da sie so glücklich waren,
Entbot er in sein Heimatland
All denen, die er dort gekannt,
Was ihm von Gottes grosser Güte
Geschehn, dass sie auch im Gemüte
Des Glücks sich freuten und ihn priesen,
Der solche Gnade ihm erwiesen.

Die von der Heimkehr jetzt vernahmen,
Die besten seiner Freunde kamen,
Ihn festlich zu empfangen,
Geritten und gegangen
Entgegen ihm wohl bei drei Tagen.
Sie glaubten keinem Hörensagen,
Bis ihre eignen Augen sahn
Die Wunder, die heimlich geschahn
Durch Gott an seinem schönen Leibe.

Vom Meier und seinem Weibe
Wird jedermann wohl glauben,
Will er ihr Recht nicht rauben,
Dass sie daheim nicht blieben.
Sie ist noch nie beschrieben,
Die Freude, die sie hatten,
Und wie sie Gott beraten
Mit holder Augenweide;

Die gaben ihnen beide,
Ihr liebes Kind mit ihrem Herrn.
Als sie die sahen nun von fern,
Dass sie gesund und blühend waren,
5   Da wussten sie nicht, wie gebaren.
Ihr Gruss ward ihnen gar erschwert
Von seltnen Sitten, wie ich hört':
Ihr herzlich Lieben war so gross,
Dass auf ihr frohes Lachen floss
10   Ein Regen aus den Augen.
Was sollt mir Lügen taugen?
Ihr Töchterlein sie küssten doch
Wohl etwas mehr als drei Mal noch.

. . . .

Der Meier und die Meierin,
15   Die hatten auch gewiss um ihn
Verdient viel Ehr' und reiches Gut.
Bei seinem treuen Edelmut
Am besten ihre Sache stand.
Er schenkte ihnen all das Land,
20   Das weite Waldgereute,
Den Boden und die Leute,
Wo er als Siecher einst gelegen.
Da konnt sein klein Gemahl er pflegen
Mit reiner Güt' in guter Ruh
25   Und aller Herzlichkeit dazu,
Wie seine Gattin und noch mehr.
So wollt' es seine Pflicht und Ehr.

(*Bötticher.*)

IWEIN (about 1202).

Iwein, an Arthurian hero, is stimulated by a story which one of his fellow-knights relates concerning a magic spring within a certain forest. Whoever pours water from it on a stone lying near, will be challenged by the owner of the spring. Artus proposes to undertake the adventure within a fortnight. Iwein goes at once, slays the keeper of the spring, but afterwards finds himself a prisoner between two portcullises in the latter's castle. He gains his liberty with the assistance of the queen's maid, Lunete, and succeeds in winning

the love of Laudine, the widowed queen. When Artus arrives, Iwein defends
the spring successfully. He entertains the king and his knights in the castle;
before they depart, Gawein warns Iwein not to forget the duties of knighthood.
Hence Iwein leaves his wife in order to seek adventures. So keen is he in
quest of them that he forgets to return after a year as he had promised
Laudine. When Lunete, sent by her mistress, reminds him of his vow, he is
so ashamed that he becomes mad, and lives naked in the woods. Having re-
gained his health, more adventures, — slaying a lion and fighting with Gawein,
— await him; at last he finds Laudine, his queen, again, and they become
reconciled.

64. INTRODUCTION.

Wer strebt mit allen Sinnen
Die Tugend zu gewinnen,
Dem folget Glück und Ehre.
Artus bezeugt die Lehre,
5   Der gute König hochberühmt;
Gesinnt, wie's einem Ritter ziemt,
Wusst' er mit Ruhm zu streiten.
Er hat bei seinen Zeiten
Gelebt so tadelsohne,
10 Dass er der Ehren Krone
Trug und noch wird gepriesen.
So hat sich's wahr erwiesen,
Was man in seinem Lande spricht,
Er lebe noch, er sterbe nicht.
15 Er hat den Ruhm erworben,
Ist auch sein Leib gestorben,
Lebt doch sein Name immerdar.
Ja, Schimpf und Schande sind fürwahr
Dem allezeit ersparet,
20 Der hohen Sinn noch wahret. . . . .
                                        (*Koch.*)

65. IWEIN AT THE MAGIC FOUNTAIN AND IN THE PALACE.

Da sah alsbald Herr Iwein
Den Baum, den Brunnen, den Stein
Und hörte auch den Vogelsang.
Da besann er sich nicht lang,

Goss auf den Stein das Becken aus.
Da kam ein Saus und ein Graus
Und solch ein Wetter auf der Stelle,
Ihn deuchte schon, er wär zu schnelle
5   Mit dem Guss gewesen auf den Stein;
Denn er traute nicht mehr zu gedeihn.
Als der Sturm ein Ende nahm,
Da hört' er, dass geritten kam
Der Herr, für seinen Wald zu streiten.
10   Der mahnt ihn schon zum Kampf von weitem,
Wie der Feind den Feind soll.
Auch verstand Herr Iwein wohl,
Dass er sich wehren sollte,
Wenn er nicht dulden wollte
15   Grosse Schmach und bittres Leid.
Schon stand jedweder bereit,
Dem andern zu schaden.
Sie waren überladen
Mit Hass und heftigem Zorn.
20   Den Rossen gaben sie die Sporn
Und sausten auf einander her,
Dass jedweder seinen Sper
Durch den Schild des andern stach
Bis auf den Leib, dass er zerbrach
25   Wohl zu hundert Stücken.
Da mussten beide zücken
Die Schwerter von den Seiten.
Hier hub sich ein Streiten,
Das Gott mit Ehren möchte sehn,
30   Sollt' ein Kampf vor ihm geschehn.
Schlimm ward den Schilden mitgespielt,
Die jedweder vor sich hielt
So lange sie noch währten. . . . .
Sehr längen könnt' ich den Bericht
35   Von ihrem Kampf; doch will ich's nicht. . . . .
Doch ist mir für gewiss gesagt,
Sie waren beide nicht verzagt.
Denn Streiche tauschten sie genug,

Bis der Gast dem Wirte schlug
Durch den Helm einen Schlag
Herab bis wo das Leben lag.
   Und als er völlige Kunde
Gewann der tötlichen Wunde,
Da zwang ihn des Todes Schmerz
Mehr als ein verzagtes Herz,
Dass er sich wandt' und nahm die Flucht.
Herr Iwein dachte nicht der Zucht,
Er verfolgt' ihn bis zu seinem Schloss.
Den halbtoten Mann verdross
Des Fliehens nicht in seinem Mut.
Auch war sein Ross also gut,
Dass er beinah entkommen wär.
Herr Iwein dachte, wenn er
Ihn nicht erschlüge oder finge,
Dass es ihm dann so erginge
Wie voraus Herr Kei es ihm verhiess,
Der niemand unverspottet liess;
Und was die Tat ihm hülf' am Ende,
Wenn er keinen Zeugen fände
(Denn Menschen waren ja da nicht)
Für seinen eignen Siegsbericht:
So schnitte der die Ehr' ihm ab.
Da folgt' er ihm in gleichem Trab
Und hofft' ihn stets zu fahen,
Bis sie die Burg ersahen.
   Nun war des Burgwegs Breite
Zwein zu geringer Weite:
So fuhren im Gedränge
Die beiden durch die Enge
Bis an den Pallas.   Davor
Gehangen war ein Falltor,
Da galt's hindurch zu fahren
Und sich dabei zu wahren:
Denn auf wen es niederschlug,
Zeitlebens hatte der genug.
Sei's Mann, sei's Ross, wer nicht den Pfad

Scharf innehielt und seitwärts trat,
Dass an der Falle der Haft
Berührt ward, der die Federkraft
Regierte und das schwere Tor
5 Zurückhielt und so hoch empor,
So nahm es einen jähen Fall
Und schlug so heftig zu Tal,
Dass ihm niemand entrann.
So war geblieben mancher Mann.
10   Nun ritt der Burgherr vor ihm her,
Des Werks Bewandtnis kannte der:
Ihn selber konnt' es nicht erfassen;
Denn er hatt' es machen lassen.
Mächtig war die Wucht; sie schnitt
15 Unfehlbar, wenn sie niederglitt
So durch Eisen als Gebein.
Nun konnte sich Herr Iwein
Nicht behüten davor,
Zum Falle bracht' er das Tor,
20 Und schlug zur selben Stunde
Dem Burgherrn eine Wunde,
Und kam davon, wie, sag' ich gleich.
Er hatte zu dem scharfen Streich
Sich vorgebogen eben:
25 Das erhielt ihm das Leben,
Dass, wie das Falltor niederschoss,
Es ihn nicht fasste, nur sein Ross.
Das ward in des Sattels Mitten,
Wenn ich es recht erfuhr, durchschnitten;
30 *Ihm* schnitt's die Schwertscheide
Und die Sporen beide
Von der Ferse weg: der Todespein
Entging er durch ein Glück allein. . . . . . .
     Ich will euch von dem Hause sagen,
35 In das Herr Iwein war verschlagen.
Es war so schön, er selbst gestand
Es nachmals, ein so schönes fand
Er weder vor noch nach der Zeit:

Hoch, fest, geräumig, weit
Und ganz von Golde bedeckt.
Wer von Furcht ungeschreckt
Darin zu weilen hätte,
5 Dem gefiele wohl die Stätte.
Nun sucht' er hin und her darinnen
Und konnte doch, um zu entrinnen,
Weder Tür noch Fenster finden.
Wie sollt' er sich der Haft entwinden?

66. Iwein and Lunete.

10 Indem er so mit Sorgen rang,
Da ward, es dauerte nicht lang,
Ein Seitenpförtchen aufgetan.
Und eine Jungfrau sah er nahn,
Eine ritterliche Maid;
15 Nur jetzt entstellte sie das Leid.
Anfangs schwieg sie und sprach
Nur: „Weh, Herr Ritter, weh und ach!
Dass Ihr hieher gekommen seid,
Das ist Eure jüngste Zeit:
20 Ihr habt meinen Herrn erschlagen.
Man mag so jämmerliches Klagen
An meiner lieben Frauen
Und dem Gesinde schauen,
Dazu so grimmigen Zorn,
25 Dass Ihr das Leben habt verlorn.
Dass Ihr nicht jetzt schon seid erschlagen,
Das fristet einzig das Klagen
Und das Leid um meinen Herrn;
Doch Euer Tod ist nicht mehr fern."
30 Da sprach er: „Leben und Leib
Verlier' ich doch nicht wie ein Weib:
Mich findet niemand ohne Wehr."
Sie sprach: „So schütz' Euch Gott; wenn der
Euch nicht beschirmt, so seid Ihr tot.
35 Doch gehabte sich in grosser Not

Wohl noch nie ein Mann so gut:
Ihr seid in Wahrheit wohlgemut;
Das sollt' Euch auch zu statten kommen.
Habt Ihr mir auch viel Heil benommen,
5 Ich hass' Euch doch nicht allzu sehr:
Warum, das sag' ich Euch nunmehr.

„Von meiner Herrin einst gesandt
Ward ich in König Artus Land;
Ich bracht' ihm Botschaft von ihr.
10 Herr, die Rede glaubet mir,
Da schied ich also hindann,
Dass nicht ein einziger Mann
Je ein Wort zu mir sprach.
Verdient wohl hatt' ich die Schmach
15 Durch unhöfisches Gebaren.
Doch ich, hierin noch unerfahren,
Hielt ihrer Grüsse mich so wert,
Als eine, die zu Hofe fährt.
Ich weiss wohl, dies entgalt ich.
20 Herr, Ihr alleine grüsstet mich,
Kein andrer unter ihnen allen.
Die Ehre war mir ein Gefallen:
Den lohnt Euch meine Dankbarkeit.
Herr, ich weiss wohl, wer Ihr seid:
25 Euer Vater war mir wohl bekannt,
König Urien ist er genannt.
Ihr sollt vor Schaden sicher sein;
Herr, nehmt dieses Ringelein.
Um seinen Stein ist's so bewandt:
30 Wer ihn hat in blosser Hand,
Den mag niemand, all die Frist,
Dass er in blosser Hand ist,
Sehen oder finden.
Wie das Holz von der Rinden,
35 So seid Ihr verborgen.
Ihr habt nichts zu besorgen."
Sie gab den Ring ihm in die Hand.
Ein Bette, das daneben stand,

So schön geschmückt und bestellt,
Dass kein König auf der Welt
Je ein besseres gewann,
Drauf wies sie ihn zu sitzen an.
Als er nun nieder war gesessen,
Fragte sie: „Wollt Ihr was essen?"
„Gerne," sprach er, „wenn ich's hätte."
Sie ging hinaus und kam zur Stätte
Zurück nach kurzer Zeit und trug
Guter Eilkost genug.
Die nahm er an mit grossem Dank.
Als er gekostet Speis und Trank,
Hub das Gesinde solchen Schall
Vor beiden Toren überall,
Als wollten sie's ihm nicht vertragen,
Der ihren Herren hätt' erschlagen.
      Sie sprach: „Herr Iwein, hört Ihr?
Sie suchen Euch.   Nun folget mir
Und geht nicht von dem Bette fort.
Die Busse für des Burgherrn Mord
Bezahlt Ihr sonst mit dem Leben.
Der Euch ward von mir gegeben,
Den Stein beschliesst in Eure Hand,
Und meine Seele steht zu Pfand,
Dass Euch nichts zu Leid geschieht,
Da Euch niemand ersieht. . . . ."

67. Iwein and Laudine.

      Hiermit war Urlaub genommen.
Die Leute, die derweil gekommen
Waren zu dem vordern Tor,
Die fanden von dem Ross davor
Die hintre Hälfte weggeschlagen.
Wer wollt' es ihnen anders sagen?
Ihnen kam es unbedenklich vor,
Höbe man hinweg das Tor,
So fänden sie ihn drinnen.

Ohne längeres Besinnen
Aufriss man beide Pforten
Und fand nichts weiter dorten
Als das halbe Ross, inmitten
5 Des Sattels scharf durchschnitten.
Da begannen sie vor Zorn zu toben,
Gott und den Teufel nicht zu loben:
„Wohin ist nun der Mann gekommen,
Oder wer hat uns benommen
10 Die Augen mit den Sinnen? . . . ."
Sie verstellten ihm das Tor.
Es konnt' ihm doch misslingen,
Da sie mit Schwertern gingen,
Um sich schlagend wie die Blinden. . . . .
15   Als er in solchen Sorgen sass,
Da widerfuhr ihm alles das,
Was seine Freundin, die Magd,
Ihm Wort für Wort vorausgesagt.
Auf der Bahre sah er vor sich tragen
20 Den Burgherrn, den er hatt' erschlagen.
Und nach der Bahre ging ein Weib
So schön, dass er so schönen Leib
An einem Weibe niemals sah.
Vor Leid zerraufte sie sich da
25 Lockenhaar und Kleider.
Auf der Welt war leider
Wohl einem Weibe nie geschehn,
Da sie getötet musste sehn
Den geliebtesten Mann,
30 Den ein Weib je lieb gewann. . . . .
     Nun ward uns wohl aus manchem Mund
Schon die alte Sage kund,
Wer den andern hab' erschlagen,
Würde der zu ihm getragen,
35 Wie alt auch wär die Wunde,
Sie blut' aufs neu zur Stunde.
Nun seht, so begannen
Seine Wunden auch und rannen,

Als er zum Pallas ward getragen,
Wo der war, der ihn hatt' erschlagen.
Als die Frau das ersah,
Mit lauter Stimme rief sie da:
„Fürwahr, er ist hier inne
Und hat unsre Sinne
Mit seinem Zauber bestrickt."
War alles Suchen auch missglückt,
Aufs neu durchsuchten sie die Stätte.

.   .   .   .

Sie hatten ihn gesucht genug;
Da ihn der Stein des übertrug,
Dass ihm nichts arges geschah.
Weil ihn da niemand ersah,
Liessen sie es endlich sein.
Ins Münster trug man ihn hinein,
Wo das Hochamt ward gehalten,
Und liess Gebet und Spenden walten.
Als es nun galt, ihn zu begraben,
So kläglich ward da ihr Gehaben,
Man hört' ihr Jammern weit und breit.
    Die Jungfrau stahl sich in der Zeit
Von dem Gesinde hindann
Und grüsste den verborgnen Mann
Und bracht' ihm Trost, die höf'sche Magd.
Auch war der Ritter nicht verzagt:
Die Minne hatt' ihm hohen Mut
Gegeben, wie sie immer tut;
Ihm schuf der Tod nicht Sorgen.
Doch hielt er's noch verborgen
Vor der Magd, dass alle Sinne
Ihm befing der Feindin Minne.
Er dachte nur, wie er sie sähe.
Nun war bei ihm in solcher Nähe
Die Begräbnisstätte,
Dass er nicht besser hätte
Vernommen ihre Klagen,
Stünd er auch bei dem Schragen.   .   .   .   .

Er gedacht' in seinem Mute:
„Ach Herre Gott, der gute,
Wer leiht mir solche Sinne,
Dass ich so heftig minne,
5   Die mich tötlich hassen soll?
Wie fügt' es jemals sich so wohl,
Dass sie mir gnädig würde,
Da ich so schwere Bürde
Trag' an meiner frischen Schuld?
10   Ich weiss wohl, dass ich ihre Huld
Nimmermehr gewinnen kann,
Denn ich erschlug ihr den Mann.
„Es heisst wohl auch zu sehr verzagen,
Der Hoffnung gänzlich zu entsagen.
15   Ist mir doch eins nicht unbekannt,
Was mir zum Trost ist gewandt:
Bemeisterte Frau Minne
Sich so auch ihrer Sinne,
Wie sie der meinen Meister ist,
20   So möchte sie in kurzer Frist
So unbillige Sachen
Wohl dennoch billig machen.
Scheint es unmöglich gleich an sich,
Bezwänge Minne sie wie mich
25   Und riet' ihr, sich zu mir zu wenden,
Wie sehr sie Hass nun mag verblenden,
Und hätte sie noch mehr zu klagen,
Sie müsste doch dem Zorn entsagen
Und mich in holdem Herzen hegen.
30   Frau Minne muss sie mir bewegen:
Mit aller meiner Würdigkeit
Benähm' ich selbst ihr nie dies Leid.
Wüsste sie auch, welche Not
Mich zwang zu ihres Herren Tod,
35   So wäre wohl noch Rat zu finden,
Und könnte sie mein Herz ergründen,
Und wie ich ihr zur Busse geben
Will mich selbst und all mein Leben.

„Da nun Minne und ihr Rat
Mein sich unterwunden hat,
So hat sie allen Grund dazu,
Dass sie eins von zweien tu:
5 Sie wend' ihr Herz hieher zu mir
Oder kehre meins von ihr,
Denn anders bin ich verloren. . . . .
Ich erschlug ihr, ach, den Mann.
Diese Strafe, diese Rache
10 Zu leiden wäre meine Sache:
Sie liesse besser Gott fürwahr
Mich züchtigen an Haut und Haar.
O weh, dass die Gute
In ihrem Unmute
15 So schön noch ist und wonnereich!
Wem wäre sie alsdann erst gleich,
Wenn sie keinen Kummer hegte?
Ja Gott im Himmel legte
Alle Kunst und alle Kraft,
20 Seinen Fleiss und seine Meisterschaft
An diesen preislichen Leib:
Sie ist ein Engel, nicht ein Weib!"

(Simrock.)

WOLFRAM VON ESCHENBACH (about 1170–1220).

Wolfram von Eschenbach is the greatest Middle High German epic poet. He was a Bavarian knight from the little town of Eschenbach, near Ansbach. In the 17th century his monument could still be seen in the Liebfrauenkirche of his native place. About 1203 he obtained a permanent position at the court of the generous Landgrave Hermann of Thuringia in Eisenach. Here he also met and became friends with Walther von der Vogelweide. He was not a learned poet like Hartmann von Aue. According to his own statement he could neither read nor write. But he evidently acquired a certain amount of German, French, and Latin literature by hearing other people read and translate it for him. — Besides eight songs, mostly so-called "Tagelieder," he wrote epic poems only. The oldest and most important one is the *Parzival*, composed between 1200 and 1210, and consisting of sixteen books. Here the legend of the Holy Grail is combined with a Celtic fairy tale of the happy, good-looking simpleton, and the stories of Arthur's Round Table. The poem is partly based on the unfinished *Perceval le Gallois ou le Conte del Graal* of Chrétien de Troyes.

Parzival is not simply an epic of chivalry; it gives the thrilling experiences of a human soul that passes through life and its temptations, unblemished by *zwîvel* and vacillation of character. — *Titurel* is the title given to a number of fragments written in a certain strophic meter (Titurel strophe). Its principal contents is the love story of Schionatulander and Sigune, who likewise figure episodically in *Parzival*. — *Willehalm* (Wilhelm von Orange) is a more important work; it represents Wolfram's version of the *Bataille d'Aleschans*.

PARZIVAL (between 1205 and 1220).

Parzival, whose father Gahmuret died in battle, in the service of the Caliph of Bagdad, is brought up by his mother Herzeloyde in the solitude of a forest. In order that the son may not some day share the fate of his father, the mother tries to keep him ignorant of everything connected with chivalry and knighthood. She teaches him that "God is brighter than the day, yet His countenance is like the countenances of men." Hence Parzival, meeting some knights in brilliant armor, imagines each one a god. He is enchanted with them, and they advise him to go to Artus' court. From this time. the youth's wish to become a knight is so strong that his mother has to yield. She dresses him in fool's clothes, hoping that he may be laughed at and induced to return home. After several adventures, Parzival reaches the court of King Artus, who then resided at Nantes. Owing to his brave deeds he is soon received among the knights of the Round Table. As such, he delivers the beautiful queen Condwiramurs from the enemies who are besieging her castle; for this knightly deed he wins her heart and hand, and she becomes his wife. Eventually he arrives at the castle of the Holy Grail. There King Anfortas, wounded by a poisonous lance, is waiting anxiously for his deliverance, which will take place as soon as a stranger knight inquires voluntarily after the sufferings of the king and the wonders of the castle. Unfortunately, Parzival follows literally the advice previously given by the old knight Gurnemanz, his instructor in the laws of knighthood, *i. e.* not to ask much (,,ir ensult niht vil gevrâgen"); hence in the decisive moment he omits the question by which he might have gained possession of the Grail castle with all its splendor, and thus, owing to his thoughtlessness (,,tumpheit," *i. e.* childish simplicity), he misses the good fortune destined for him. Now begins a hard time for Parzival. Having reached the camp of Artus, he learns there what a fatal mistake he made by omitting to ask Anfortas the cause of his sufferings. The sorceress Cundrie, the ill-favored messenger of the Grail, suddenly appears and curses Parzival for his lack of sympathy. Dishonored and embittered, he leaves Artus' table to seek the Grail and repair his fatal omission. For four years Parzival wanders through the world in despair, at war with God and himself, until at last deep repentance for his ungodliness seizes him. On a Good Friday he comes to a pious hermit, Trevrizent, who instructs the young man concerning God, explains to him the wonder of the Holy Grail, and reveals to him that he is destined to be its king. Now Parzival gives up all doubt, lays aside all pride, and the hour of his salvation approaches. In a series of successful fights, he conquers worldly knighthood, represented by Gawan. Parzival again becomes a member of the Round Table, goes to the Grail castle, and delivers his uncle from his sufferings. The same messenger of the Holy Grail who once cursed Parzival now declares to him that he is inwardly purified, worthy to become King of the Holy Grail.

68. INTRODUCTION.

Wenn Wankelmut beim Herzen wohnt,
Wie das mit Leid der Seele lohnt!
Denn scheckig nach der Elstern Art
Ist, wer die Treu mit Untreu paart,
Mit Schmach die Ehre, Fluch mit Heil:
An ihm hat Höll' und Himmel teil.
Wer ganz der Falschheit sich gesellt,
Ist schwarz wie Satans finstre Welt.
Doch ein getreuer steter Sinn
Der wandelt licht zum Lichte hin.

69. HERZELOYDE.

Ach, wie so mancher, mir zum Grame,
Wird doch des Weibes schöner Name!
Die Stimme wohl klingt allen hell;
Doch viele sind zur Falschheit schnell
Und wenige von Falschheit rein:
Die sollten doch geschieden sein.
Wie oft mein Herz mit Scham empfand,
Das alle diese gleich benannt!
Dein echter Brauch, o Weiblichkeit,
Hat immer Treue zum Geleit.
Man sagt, der Hölle Glut vermeidet,
Wer Armut wegen Treue leidet.
Das tat ein Weib, und ew'ge Gaben
Wird es dafür im Himmel haben.
Frau Herzeloyd, die reiche, liess
Drei Lande, wo sie Herrin hiess.
Nie hat an ihr zu keinen Stunden
Aug' und Ohr ein Falsch gefunden.
Zum Nebelgrau ward ihr die Sonne;

Sie floh von aller Erdenwonne,
Und gleich war ihr so Nacht wie Tag.
Ihr Herz nur noch des Jammers pflag.
    So zog die jammervolle Frau
Hinweg nach einer Waldesau,
In wilder Einsamkeit gelegen,
Doch wahrlich nicht der Blumen wegen:
Was galt ein Kranz in ihrer Qual,
Ob er nun rot war oder fahl?
Sie flüchtet aus der Welt Getriebe
Den Sohn, den Erben ihrer Liebe,
Und sie befahl dort ihren Leuten,
Das Feld zu baun, den Wald zu reuten.
Doch allen unter strengstem Drohn
Verbot sie, dass vor ihrem Sohn
Der Name Ritter würde laut:
„Denn hörte das mein Herzenstraut,
Sollt' er von Rittern wissen,
Würd' er mir auch entrissen.
Drum haltet klug die Zung' in Haft
Und schweiget ihm von Ritterschaft!"
    Das blieb mit Ängstlichkeit gewahrt.
So in der stillen Wildnis ward
Der junge Königssohn erzogen,
Um königliches Tun betrogen,
Nur dass er einen Bogen schnitzte
Und Schäfte sich zu Bölzlein spitzte,
Im Wald die Vögel zu bekriegen.
Doch sah er tot nun vor sich liegen
Den Sänger, der so lustig war,
So rauft' er weinend sich das Haar.
Schön wuchs er auf, ein Heldenspross.
Am Bach, der durch die Wiesen floss,
Wusch er sich alle Morgen
Und wusste nichts von Sorgen.
Nur wenn im Tann der Vogelsang
Ihm so süss zum Herzen drang,
Zersprang ihm fast die Brust vor Sehnen;

Zur Mutter lief er unter Tränen.
Sie sprach: „Was hat man dir getan?
Du warst da draussen auf dem Plan."
Er konnt' ihr keine Antwort geben,
Wie wir's von Kindern oft erleben.
Sie forschte nach, bis sie ihn fand,
Wie er vor Bäumen gaffend stand
Und auf den Sang der Vöglein hörte.
Da merkte sie, was ihn verstörte,
Und auf die Vöglein fiel ihr Hass;
Sie wusste freilich nicht, um was.
Sie rief den Pflügern und den Knechten,
Dass sie den Schall zum Schweigen brächten,
Hiess alle, die da sangen,
Erwürgen oder fangen.
Doch mancher der bedrängten Schar,
So wohlberitten, wie sie war,
Entkam dem allgemeinen Mord
Und sang vergnügt sein Liedlein fort.
Da sprach der Knabe: „Mutter mein,
Wes zeiht man denn die Vögelein?"
Er bat für sie und liess nicht nach.
Sie küsst' ihn auf den Mund und sprach:
„Ja, lieber Sohn, was frevl' ich nur
An Gott in seiner Kreatur?
Warum will ich ein Vöglein hassen?
Soll es um mich sein Jubeln lassen?"
„Gott? Was ist Gott? O Mutter, sag!"
„Sohn, er ist lichter als der Tag
Und hat einst zu der Menschen Frommen
Menschenantlitz angenommen.
Sohn, fleh' ihn an in jeder Not,
Der treu der Welt stets Hülfe bot.
Schwarz aber ist der Hölle Wirt,
Der nie der Untreu müde wird;
Von dem kehr die Gedanken,
Sei standhaft ohne Wanken!"
So lehrt ihr Mund ihn Tun und Meiden,

Das Finstre von dem Lichten scheiden.
Dann sprang er wieder fort ins Feld.
Er lernt, wie man den Wurfpfeil schnellt,
Und brachte manchen Hirsch als Beute
5　Für die Mutter und die Leute.
Ob trockner Boden oder Schnee,
Dem Wilde tat sein Schiessen weh.
Ein Maultier hätte dran genug,
Was unzerwirkt er heimwärts trug.

70. PARZIVAL AND THE KNIGHTS.

10　　Einst ging er seinen Weidengang
An einem breiten Bergeshang
Und brach zum Blatteln einen Zweig.
Ganz in der Nähe lief ein Steig.
Da schallte Hufschlag ferneher;
15　Er wiegte seinen kurzen Speer
Und sprach: „Was hab' ich da vernommen?
Ha, möchte doch der Teufel kommen!
Liess' er sich noch so grimmig sehn,
Ich wollt' ihn sicherlich bestehn.
20　Viel Graus von ihm die Mutter sagt;
Mich dünkt, ihr Herz ist zu verzagt."
So stand der Knabe kampfbereit.
Da sprengten durch die Einsamkeit
Drei stolze Ritter farbig ganz,
25　Von Kopf zu Fuss im Waffenglanz,
Und er in Einfalt ohne Spott
Hielt jeden da für einen Gott,
Rief knieend mit erhobnen Händen:
„Hilf, Gott!　Du kannst wohl Hülfe spenden."
30　Da zürnt der vorderste der Herren,
Als er ihn sah den Weg versperren:
„Der täppische Waleise
Hemmt uns auf unsrer Reise!"
　　Ein Lob, das sonst wir Baiern tragen,
35　Muss ich von den Waleisen sagen:

Die sind noch dümmer gar als wir,
Doch mannhaft, voller Kampfbegier.
Ist einem von uns Witz verliehn,
Der wird als Wunderkind beschrien.
     Da kam in Hast, den Zaum verhängt,
Ein vierter Ritter nachgesprengt.
Die andern waren seine Mannen;
Sie suchten Räuber, die entrannen.
Er zügelt des Kastiliers Lauf
Und ruft: „Was ist? Wer hält uns auf?"
So ritt er zu dem Knaben vor,
Der blickt verzückt an ihm empor:
Wann sah er je so Lichtes wieder?
Lang fiel der Wappenrock hernieder,
Dass er den Tau vom Grase strich;
Viel goldne Glöcklein wiegten sich
Am Stegreif; auch sein Arm erklang
Von Schellen, wenn das Schwert er schwang.
So hielt der Fürst in prächt'ger Zier
Und fragte: „Jungherr, sahet Ihr
Zwei Ritter hier vorüberkommen,
Die eine Maid mit Raub genommen?"
Jedoch der Knabe hört ihn nicht.
Dem war er Gott: er strahlt so licht,
Ganz wie die Mutter ihn beschrieb.
„Hilf, Gott!   Dir ist ja Helfen lieb!"
So ruft er immer wieder
Und neigt sich betend nieder.
Da spricht der Fürst: „Gott bin ich nicht;
Doch steh' ich gern in seiner Pflicht.
Vier Ritter siehst du da vor dir."
„Was ist das: Ritter?   Sag es mir!
Hast du nicht Gottes Kraft, so sag,
Wer Ritters Namen geben mag."
„Den teilt der König Artus aus,
Und kommt Ihr, Jungherr, in sein Haus,
So wird er's Euch gewähren,
Bringt Euch zu Ritters Ehren.

Ihr scheint von Ritters Art geboren."
Sie stehn im Anschaun ganz verloren,
Wie Gottes Kunst an ihm erschien:
Ein schönres Menschenbild als ihn
5   Sah man nicht seit Adams Tagen.
Und wieder hub er an zu fragen:
„Ei, Ritter Gott, was mag das sein?
Du hast so manches Ringelein
Um deinen Leib gewoben,
10   Hier unten und dort oben."
Damit betastet seine Hand,
Was er von Eisen an ihm fand
Und liess nicht ab, so viel sie lachten,
Den Harnisch eifrig zu betrachten:
15   „Die Jungfraun meiner Mutter auch,"
So sprach er, „haben das im Brauch,
Dass sie an Schnüren Ringlein tragen,
Die nicht so ineinander ragen."
Er schwatzte fort im Kindesmut:
20   „Sag doch, wozu sind sie dir gut?
Wie fest sie dich verstricken!
Ich kann's nicht von dir zwicken."
Da zeigte ihm der Fürst sein Schwert:
„Nun sieh, wenn einer Streit begehrt,
25   So muss ich mich mit Schlägen wehren;
Dass mich die seinen nicht versehren,
Gegen Schuss und gegen Stich
Muss ich also wappnen mich."
„Ei," rief darauf der Knabe schnell,
30   „Trügen die Hirsche solches Fell,
Dann könnt mein Wurfspiess keinem an,
So fäll' ich manchen doch im Tann."
Die Ritter murrten: ihren Lauf
Hielt' allzu lang der Dümmling auf.
35   Da sprach der Fürst: „Gott hüte dein!
Ach, wäre deine Schönheit mein!
Du hättest ein vollkommnes Leben,
Wär dir nur auch Verstand gegeben.

Der Himmel halte Leid dir fern!"
Von hinnen sputen sich die Herrn.
Sie trafen in der Lichtung dann
Frau Herzeloydens Pflüger an,
Die säten, eggten und mit Hieben
Die starken Ochsen vorwärts trieben.
Der Fürst erhielt dort den Bescheid,
Dass eine kummervolle Maid
Zwei Ritter früh vorüberführten,
Die schleunigst ihre Sporen rührten.
Die Leute standen und verzagten,
Indes die Helden weiter jagten:
O weh, was ist uns da geschehn?
Hat unser Jungherr die gesehn,
So werden wir der Frau verhasst.
Sie legt es uns mit Recht zur Last,
Dass er mit uns von Hause lief
Am frühen Morgen, da sie noch schlief.

71. Parzival's Departure.

Heut mocht' ein andrer birschen:
Sein Sinn stand nicht nach Hirschen.
Er rennt nach Haus zur Mutter wieder,
Erzählt — und sprachlos sinkt sie nieder.
Doch als sie wieder kam zu Sinn,
Sprach die entsetzte Königin:
„Wer sagte dir von Rittertum?
O sprich, mein Sohn! Du weisst darum?"
„Vier Männer sah ich, Mutter mein:
Gott selbst hat nicht so lichten Schein;
Die sagten mir von Ritterschaft.
Artus in seiner Königskraft
Verleiht die Ritterehren,
Soll sie auch mir gewähren."
Da ging ein neuer Jammer an.
Sie wusste keinen Rat und sann:
Was sollte sie erdenken,
Sein Trachten abzulenken?

Das einzige, was er begehrt
Und immer wieder, ist ein Pferd.
Sie dacht' in Herzensklagen:
Ich will's ihm nicht versagen;
5　Doch soll es ein gar schlechtes sein,
Da doch die Menschen insgemein
Schnell bereit zum Spotte sind,
Und Narrenkleider soll mein Kind
An seinem lichten Leibe tragen:
10　Wird er gerauft dann und geschlagen,
So kehrt er mir wohl bald zurück.
Aus Sacktuch schnitt aus einem Stück
Sie Hos' und Hemd; das hüllt ihn ein
Bis mitten auf sein blankes Bein,
15　Mit einer Gugel obendran.
Zwei Bauernstiefel wurden dann
Aus rauher Kalbshaut ihm gemacht.
　　Sie bat ihn: „Bleib noch diese Nacht!
Du sollst dich nicht von hinnen kehren,
20　Eh du vernahmst der Mutter Lehren:
Ziehst pfadlos du durch Wald und Heiden,
Sollst du die dunkeln Furten meiden;
Sind sie aber seicht und rein,
So reite nur getrost hinein.
25　Du musst mit Anstand dich betragen
Und niemand deinen Gruss versagen.
Wenn dich ein grauer weiser Mann
Zucht will lehren, wie er's kann,
So folg' ihm allerwegen
30　Und murre nicht dagegen.
Eins achte ferner nicht gering:
Wo eines guten Weibes Ring
Du kannst erwerben und ihr Grüssen,
So nimm's; es wird dir Leid versüssen.
35　Küsse keck das holde Weib
Und drück' es fest an deinen Leib.
Denn das gibt Glück und hohen Mut,
Sofern sie züchtig ist und gut.

Und endlich, Sohn, sollst du noch wissen:
Zwei Lande wurden dir entrissen
Von Lähelins, des stolzen, Hand,
Der deine Fürsten überrannt.
Ein Fürst von ihm den Tod empfing,
Indes dein Volk er schlug und fing."
„Das soll er wahrlich nicht geniessen:
Ich werd' ihn mit dem Pfeile spiessen."
    Dann in der frühsten Morgenzeit
War schon der Knabe fahrtbereit,
Der nur vom König Artus sprach.
Sie küsst' ihn noch und lief ihm nach.
O Welt von Leid, was da geschah!
Als ihren Sohn sie nicht mehr sah,
Dort ritt er hin, wann kehrt er wieder?
Fiel Herzeloyd zur Erde nieder.
Ihr schnitt ins Herz der Trennung Schlag,
Dass ihrem Jammer sie erlag.
Doch seht, ihr vielgetreuer Tod,
Er wehrt von ihr der Hölle Not.
O wohl ihr, dass sie Mutter ward!
Sie fuhr zum Lohn des Heiles Fahrt,
Sie, eine Wurzel aller Güte,
Ein Stamm, auf dem die Demut blühte.
Ach, dass die Welt uns nicht beschied
Ihr Blut auch nur zum elften Glied!
Drum ist so wenigen zu traun.
Doch sollen nun getreue Fraun
Mit Segenswünschen ihn geleiten,
Den wir dort sehn von dannen reiten.

72. ARRIVAL AT THE GRALBURG.

    Wer wissen will, wie's mit ihm ward
Auf seiner Abenteuerfahrt,
Dem kann ich von dem Helden
Nun grosse Wunder melden.
Lasst reiten Gachmuretens Kind,
Und wer im Herzen treugesinnt

Dem Wandrer ist, der wünsch' ihm Heil!
Ihm wird nun hohe Pein zu teil,
Dazwischen Freud' und Ehre.
Noch lag des Abschieds Schwere
5   Lastend auf des Helden Sinn.
Er träumt von seiner Königin,
Ihr, aller Frauen Blüte
An Schönheit und an Güte.
Sein Ross drang unaufhaltsam vor
10 Durch Baumgefälle, Sumpf und Moor;
Es fühlte keines Lenkers Hand,
Und welchen Weg es heut durchrannt,
Den hätt' ein Vogel kaum erflogen.
Hat uns die Märe nicht gelogen,
15 Ritt er noch weiter diesen Tag
Als den, da Ither ihm erlag,
Und jenen, da er Abschied nahm
Von Graharz und nach Brobarz kam.
    Schon rückt die Abendzeit heran;
20 Da lag vor ihm ein See im Tann,
Wo er auf Rufesweite nah
Ein Boot mit Fischern ankern sah,
Und unter ihnen ruhte
Ein Mann im Pfauenhute;
25 Der trug so prächtige Gewande,
Als ob ihm dienten alle Lande.
Den bat er: „Gott und Euch zu ehren,
Geruhet, Herr, mich zu belehren,
Wo ich hier Herberg finden kann."
30 „Herr, sprach der traurig ernste Mann,
Auf dreissig Meilen in der Rund'
Ist mir kein Menschenwohnsitz kund,
Als eine Burg nicht fern von hier.
Die sucht! Denn sonst, wo bliebet Ihr?
35 Dort, wo die Felsen enden,
Müsst Ihr nach rechts Euch wenden.
Wenn Ihr das Ross zum Graben lenkt,
So heisst, dass man die Brücke senkt,

Dass Euch der Zugang werde frei."
Er dankt dem Herrn und ritt vorbei.
Der rief noch: „Wenn Ihr nicht verirrt,
Bin dort ich selbst heut Euer Wirt,
Und Euer Dank sei wie die Pflege.
Habt acht! Es gehn da falsche Wege:
Dort, wo die Halden abwärts gleiten,
Könntet Ihr leicht irre reiten.
Das wär mir leid, bei meinem Wort!"
    Der Held ritt von den Männern fort
Und folgte gleich in scharfem Traben
Dem rechten Pfad bis an den Graben.
Die Brücke war emporgeschlagen:
Wer nicht vom Winde wird getragen
Oder fliegt mit Vogelsschwingen,
Der denke nicht, dort einzudringen.
Die Feste, die er vor sich sah,
Wie glattgedrechselt stand sie da,
Unnahbar trotzend jedem Sturm.
Manch ein Palast und manch ein Turm
Ragt auf mit wunderbarer Wehr.
Zög' aller Völker Macht daher,
Man achtet' ihrer nicht ein Haar,
Und lägen sie da dreissig Jahr.
    Ein Knappe, der ihn wahrgenommen,
Fragt ihn, von wannen er gekommen
Und was am Orte sein Begehr.
„Der Fischer," rief er, „schickt mich her.
Er wollte gastlich mein gedenken
Und sprach: Heisst Euch die Brücke senken,
Und ist's geschehn, so reitet ein!"
„Herr, Ihr sollt willkommen sein.
Da es der Fischer Euch versprach,
Beut man Euch Ehre und Gemach
Ihm, der Euch sandte, zu Gefallen."
Er rief's und liess die Brücke fallen.
Der Held ritt durch des Tores Gang
Auf einen Burghof breit und lang,

Der ganz mit Gras bewachsen war.
Ihn mied schon manch ein traurig Jahr
Ritterspiel und Rossgestampf,
Fliegender Banner lust'ger Kampf.
Doch er, der Gast, sah nichts von Leid;
Denn zum Empfange dienstbereit
War eine Ritterschar zur Stätte;
Jungherrlein sprangen um die Wette,
Ergriffen seinen Zügel
Und hielten ihm den Bügel.
Er stieg vom Ross und trat ins Haus;
Rasch zog man ihm die Waffen aus.
Er wusch sich, und sein Angesicht
Erglänzt wie neuen Tages Licht.
Dann in arabischer Seide Pracht
Ward ihm ein Mantel dargebracht;
Er legt' ihn leicht mit offner Schnur
Um seine Schultern und erfuhr,
Dass ihn, geliehn als Ehrenspende,
Die Königin Repanse sende.
Man schenkt den Wein und, ihm zu dienen,
Zeigt ihre Trauer heitre Mienen.
Ihn, der sich keines Schwanks versann,
Lief unversehns der Hofnarr an
Und lud ihn im verstellten Grimme
Vor seinen Herrn mit grober Stimme.
Er reckte nach dem Schwert die Hand;
Doch da er's nicht mehr bei sich fand,
Ballt' er die Faust mit Zornesglut,
Dass aus den Nägeln rann das Blut.
„Nein," rief man, „was er sich erfrecht,
Spassen ist des Narren Recht,
Mag's uns auch nicht ums Lachen sein.
Herr, lass ihm Nachsicht angedeihn!
Ihr habt nichts andres hier vernommen,
Als dass der Fischer heimgekommen.
Geht hin! Ihr seid sein werter Gast,
Und schüttelt ab des Zornes Last!"

73. In the Festival Hall.

Hundert Lichterkronen hingen
Im Königssaal, zu dem sie gingen;
Von kleinen Kerzen strahlt die Wand.
Hundert Ruhebetten fand
Man rings im Kreise aufgeschlagen,
Auf denen hundert Polster lagen.
Je viere sassen dort an Tischen,
Mit einer Scheidewand dazwischen,
Davor ein Teppich farbenbunt.
Drei Marmorherde stehn im Rund,
Viereckig, kunstvoll aufgerichtet;
Drauf liegt ein seltnes Holz geschichtet,
Geheissen Lignum Aloe.
Wer sah so grosse Feuer je
Hier bei uns in Wildenberg?
Das war ein köstlich Wunderwerk.

Man trug den Burgherrn auf ein Bette
Nah bei der mittlern Feuerstätte.
Ihm war vom Glück Valet gegeben;
Ein qualvoll Sterben war sein Leben.
Und doch empfing er voller Gnaden
Den lichten Gast, den er geladen;
Zu sich setzt huldreich er den Degen.
Er brauchte seines Siechtums wegen
Grosse Feuer, warm Gewand;
Daher umhüllt ihn mancherhand
Gedoppelt Pelzwerk weit und lang,
Das er sich um die Glieder schlang.
Gedoppelt auch war an der Mütze
Der Zobel, dass sein Haupt er schütze,
Die einer Borte Gold umspann,
Ein Glanzrubin als Knopf daran

Still sassen rings der Ritter Reihn;
Da plötzlich zog der Jammer ein.
Ein Knappe kam zum Saal gerannt
Mit einer Lanze in der Hand,

Die aus der Schneide Blut ergoss,
Das ihm bis in den Ärmel floss,
Und durch den weiten Palas scholl
Geschrei und Weinen jammervoll.
5   Die Wände trug er sie entlang,
Bis er hinaus zur Türe sprang,
Durch die er sie hereingetragen.
Da stillte sich des Volkes Klagen.

Im Hintergrund zum andernmal
10 Erschliesst sich eine Tür von Stahl.
Da kommt ein lieblich Mädchenpaar,
Den Kranz im langen blonden Haar.
Sie tragen Kerzen hellentbrannt
Auf goldnen Leuchtern in der Hand.
15 Ein andres Paar folgt diesen zwein
Mit Tischgestell aus Elfenbein.
Ihr roter Mund glüht minniglich,
Alle vier verneigen sich,
Und von den zweien werden jetzt
20 Die Stollen vor den Herrn gesetzt.
Dann tritt die holde Schar beiseit.
Sie stehn im braunen Scharlachkleid
Von gleicher Farb' und gleichem Schnitte,
Mit Gürteln um die schlanke Mitte.
25 Acht andre Jungfraun folgen dann;
Mit Kerzen schreiten vier voran;
Vier andre tragen einen Stein,
Den hell am Tag der Sonne Schein
Durchstrahlt. Dafür ist er bekannt:
30 Der Stein war ein Granat-Jachant,
Den man zu eines Tisches Platte
Dünn und leicht geschnitten hatte.
Zum Burgherrn treten diese acht
Und neigen sich; dann legen sacht
35 Die letzten vier den edlen Stein
Auf das Gestell von Elfenbein.
Drauf tritt auch diese Schar beiseit;
Von grünem Sammet lang und weit

War ihr Gewand, das schmal und lang
Ein zierer Gürtel eng umschlang.
Auch ihren blonden Scheitel schmückt
Ein Kränzlein leicht aufs Haar gedrückt.
Und wiederum vier Jungfräulein
Geleiten unter Kerzenschein
Zwei junge Gräfinnen herbei;
Die tragen Silbermesser zwei
Auf weissen Tüchern in den Saal
Mit Klingen schärfer noch als Stahl.
Die legen sie mit Schweigen,
Indem die sechs sich neigen,
Auf dem jachantnen Tische nieder
Und treten zu den andern wieder;
Nun mögen's ihrer achtzehn sein.
Doch sieh, noch sechse treten ein,
Den letzten sechs im Anzug gleich:
An ihnen schimmert bunt und reich
Zwiefarbig halbgeteilte Tracht
Aus Goldgewirk und Seidenpracht.
Dann kam die Königin herein;
Ihr Antlitz gab so lichten Schein:
Sie meinten all, es wolle tagen.
Als Kleid sah man die Jungfrau tragen
Arabiens schönste Weberei.
　　Auf einem grünen Achmardei
Trug sie des Paradieses Preis,
Des Heiles Wurzel, Stamm und Reis.
Das war ein Ding, das hiess der Gral,
Ein Hort von Wundern ohne Zahl.
Repanse de Schoie sie hiess,
Durch die der Gral sich tragen liess.
Die hehre Art des Grales wollte,
Dass, die sein würdig pflegen sollte,
Die musste keuschen Herzens sein,
Von aller Falschheit frei und rein.
Die Jungfraun tragen vor dem Gral
Sechs Glasgefässe lang und schmal,

Aus denen Balsamfeuer flammt.
Sie wandeln züchtig insgesamt
Mit abgemessnem Schritte
Bis in des Saales Mitte.
Die Königin verneigte sich
Mit ihren Jungfraun feierlich
Und setzte vor den Herrn den Gral.
Gedankenvoll sass Parzival
Und blickte nach ihr unverwandt,
Die ihren Mantel ihm gesandt.
Drauf teilt sich all das Gralgeleite;
Zwölf Jungfraun stehn auf jeder Seite,
Und in der Mitte steht allein
Die Magd in ihrer Krone Schein.

74. The Banquet.

Nun traten vor des Mahls Beginn
Die Kämmrer zu den Rittern hin,
Ein jeder ihrer vier zu dienen
Mit lauem Wasser, das er ihnen
In schwerem goldnem Becken bot,
Dabei ein Jungherr wangenrot,
Das weisse Handtuch darzureichen.
Da sah man Reichtum ohnegleichen.
Der Tafeln mussten's hundert sein,
Die man zur Türe trug herein,
Vor je vier Ritter eine;
Darauf von edlem Leine
Deckten sie mit Fleisse
Tischtücher blendend weisse.
Der Wirt in seiner stummen Qual
Nahm selber Wasser; Parzival
Wusch sich mit ihm zugleich die Hände.
Drauf bracht' ein Grafensohn behende
Ein seidnes Handtuch farbenklar
Und bot es ihnen knieend dar.
Ein jeder Tisch, so viel da stehn,

Ist von vier Knappen zu versehn:
Die einen knien, um vorzuschneiden;
Aufwärter sind die andern beiden.
Nun rollen durch den Saal vier Wagen,
Die Goldgeschirr in Fülle tragen;
Das wird von Rittern unverweilt
An all die Tafeln ausgeteilt.
Man zog im Ring sie Schritt für Schritt,
Und jedem ging ein Schaffner mit,
Dem dieser Hort zur Hut befohlen,
Ihn nach dem Mahl zurückzuholen.
Hundert Knappen traten dann
Mit Tüchern auf der Hand heran;
Voll Ehrfurcht kamen sie gegangen,
Das Brot vom Grale zu empfangen.
    Denn wie ich selber sie vernommen,
Soll auch zu euch die Märe kommen:
Was einer je vom Gral begehrt,
Das ward ihm in die Hand gewährt,
Speise warm und Speise kalt,
Ob sie frisch sei oder alt,
Ob sie wild sei oder zahm.
Wer meint, dass dies zu wundersam
Und ohne Beispiel wäre,
Der schelte nicht die Märe.
Dem Gral entquoll ein Strom von Segen,
Vom Glück der Welt ein vollster Regen,
Er galt fast all dem Höchsten gleich,
Wie man's erzählt vom Himmelreich.
    In kleinen goldnen Schalen kam,
Was man zu jeder Speise nahm:
Gewürze, Pfeffer, leckre Brüh'n.
Ass einer zaghaft oder kühn,
Sie fanden insgesamt genug,
Wie man's mit Anstand vor sie trug.
Wein, Maulbeertrank, Siropel rot,
Wonach den Becher jeder bot,
Und welchen Trank er möchte nennen,

Den konnt' er gleich darin erkennen,
Alles durch des Grales Kraft.
Die ganze werte Ritterschaft
War so zu Gaste bei dem Gral.
5   Wohl sah mit Staunen Parzival
Die Pracht der Wunder sich bezeigen;
Jedoch aus Anstand wollt' er schweigen.
Er dachte: Der getreue Mann
Gurnemanz befahl mir an,
10   Vieles Fragen zu vermeiden.
Drum will ich höflich mich bescheiden
Und warten, bis man ungefragt
Von diesem Haus mir alles sagt,
Wie man bei Gurnemanz getan.
15   Drauf sah er einen Knappen nahn
Mit einem Schwerte schön und stark;
Die Scheide galt wohl tausend Mark,
Der Griff ein einziger Rubin.
Das ward vom Wirt dem Gast verliehn:
20   „Ich hab' es oft im Kampf getragen,
Bis Gott am Leibe mich geschlagen.
Herr, nehmt es als Ersatz entgegen,
Sollt' man Euch hier nicht wohl verpflegen."
    Ach, dass auch jetzt er nicht gefragt!
25   Um seinetwillen sei's geklagt,
Da mit dem Schwert, das er empfing,
Die Mahnung doch an ihn erging.
Auch jammert mich sein Wirt zumal;
Denn von der ungenannten Qual
30   Würd' er durch seine Frage frei.
Damit war nun das Mahl vorbei.
Die Diener griffen nach dem Gold;
Die Wagen wurden hergerollt
Und vollgeladen insgesamt,
35   Und jede Jungfrau tat ihr Amt,
Jedoch die letzte nun als erste.
Mit dem Geleite trat die hehrste
Vor allen wieder zu dem Gral,

Und vor dem Wirt und Parzival
Neigt wiederum die Herrin sich
Mit allen Jungfraun feierlich,
Worauf den Gral sie mit sich nahmen
Zur Tür hinaus, durch die sie kamen.
Parzival blickt ihnen nach
In das eröffnete Gemach;
Dort lag der schönste alte Mann,
Von dem er Kunde je gewann,
Weisser noch als Reif sein Haar.
Ich sag euch später, wer das war;
Der Hausherr auch, die Burg, das Land,
Wird euch zur rechten Zeit genannt.

Drauf sprach der Wirt dem Gaste zu:
Herr, Ihr bedürft nun wohl der Ruh;
Ich denke, dass Ihr müde seid.
Geht, Euer Lager steht bereit.

75. TAKING LEAVE.

Ach und Weh den beiden,
Dass sie nun so sich scheiden!
Indem der Gast auf diesen Rat
Sich rasch erhob und vor ihn trat,
Bot ihm der Burgherr gute Nacht.
Von Rittern ward er hingebracht,
Wo ihm in einem prächt'gen Zimmer
Sein Bette stand in Glanz und Schimmer.
Schwer muss mir meine Armut werden,
Da solch ein Reichtum blüht auf Erden.
Goldseide hüllt das Lager ein;
Die glühte wie von Feuerschein.
Da sonst kein Bette war zu sehn,
Bat er die Herrn, zur Ruh zu gehn.
Sein Antlitz an der heitern Stätte
Strahlt mit den Kerzen um die Wette.
Wann sah man einen lichtern Tag?
Vor seinem Bett ein Polster lag;

Er sass, und Jungherrn, holde, kleine,
Entschuhten seine blanken Beine
Und zogen mit geschwinder Hand
Von seinem Leibe das Gewand.

5   Doch Parzival lag nicht allein;
Sein Schlafgeselle war die Pein
Voll harter Mühsal, Drang und Streit.
Im Schlafe sandte kommend Leid
Seine Boten ihm voraus.

10   Ihn übermannte gleicher Graus
Wie seine Mutter er bedroht
Im Traum nach Gachmuretens Tod.
Mit Schwerterhieben war der Traum
Ringsum gesteppt an seinem Saum,

15   Dazu mit manchem Lanzenstich.
Von Anprall wild und fürchterlich
Litt er im Schlafe solche Not:
Er wollt' im Wachen wohl den Tod
Lieber dulden dreissigfach.

20   So überhäuft ihn Ungemach,
Bis er vor Angst und Kümmernissen
Entsetzt emporfuhr aus den Kissen;
Ihm schwitzten Adern und Gebein.
Durchs Fenster brach der Tag herein.

25   Er sprach: „Wo sind die Knaben,
Die mir zu dienen haben?
Noch keiner hier?   Wer bringt mein Kleid?"
Er wartet ihrer lange Zeit,
Bis er zum andernmal entschlief.

30   Still blieb es; niemand sprach noch rief;
Sie hielten alle sich verborgen.
Doch endlich um den mittlern Morgen
Erwacht' aufs neu der junge Gast.
Und hob sich aus dem Bett in Hast.

35   Sieh, auf dem Teppich nahebei
Sein Harnisch und der Schwerter zwei,
Eins, das vom Burgherrn er bekommen,
Und seins, das Ithern er genommen.

Ach, dacht' er, wie ist das gemeint?
Ich soll mich wappnen, wie mir scheint.
Wie meine Nacht voll schwerer Pein,
Soll auch mein Tag voll Mühsal sein.
Dräut meinem Wirte Kriegesnot,
So leist' ich gerne sein Gebot,
Und treulich kämpf' ich auch für sie,
Die mir voll Huld den Mantel lieh.
O dürft' ich meinen Dienst ihr weihn,
Doch nicht um Minne, wahrlich nein!
Mein Weib, die Königin, ist doch
So schön wie sie und schöner noch.
Da es nicht anders konnte sein,
So wappnet er sich ganz allein
Von Kopf zu Fuss und schnallt zum Streite
Die beiden Schwerter an die Seite.
Sein Ross er an der Treppe fand,
Wo's unten angebunden stand;
Daneben lehnte Speer und Schild.
Zu reiten war er nicht gewillt,
Da er noch durch die Zimmer lief
Und suchend nach den Leuten rief.
Niemand zu hören noch zu sehn!
Er läuft zum Hof, umherzuspähn,
Wo er am Abend abgestiegen.
Er sieht das Gras zertreten liegen,
Den Tau von Füssen abgestreift.
Indem ihn heller Zorn ergreift,
Kehrt er zu seinem Ross im Lauf
Und springt mit lautem Schelten auf.

Die Pforte sieht er weit erschlossen;
Dadurch geht breite Spur von Rossen.
Was frommt's, dass er noch weile?
Er spornt sein Ross zur Eile,
Dass unter ihm die Brücke hallt.
Die zückt aus einem Hinterhalt
Ein Knecht empor mit jähem Schnall,
Dass fast sein Renner kommt zu Fall,

Er dreht sich um, den Knecht zu fragen.
„Fahrt hin, der Sonne Hass zu tragen!"
So scholl zurück der Ruf des Manns,
„Was wollt Ihr? Ihr seid eine Gans!
5   Könnt Ihr nicht auftun Euer Maul?
Wärt Ihr doch nicht so redefaul
Und hättet Ihr den Wirt gefragt!
Nun bleibt Euch hoher Preis versagt."
Wie das? Erklärung fordert er;
10   Doch ward ihm keine Antwort mehr.
Der Knappe, ohne umzusehn,
Tut ganz, als schlief' er ein im Gehn
Und wirft die Pforten, dass es knallt.

                               (*Hertz.*)

GOTTFRIED VON STRASSBURG (died about 1220).

Scarcely anything is known about the history of Gottfried's life. From his writings, however, we can infer that he knew both Latin and French. He was likewise well acquainted with court life, although he did not belong to the nobility like his famous contemporaries Hartmann von Aue, Wolfram von Eschenbach, and Walther von der Vogelweide. He is termed "Meister" by his fellow-writers. About 1215, he wrote the love story of Tristan and Isolde, but died before it was finished, leaving 20,000 verses of the legend. Ulrich von Türheim and Heinrich von Freiberg supplied the ending. Gottfried's source was an epic poem by the French Trouvère Thomas, *Le Roman de Tristan.*

TRISTAN (about 1210).

Tristan, the son of Riwalin of Parmenia, and Blanscheflur, having lost his parents at an early age, is educated by his father's faithful marshal Rual, who brings him up as his own son. At fourteen, he is already versed in the accomplishments of chivalry. Carried away by Norse merchants, he is landed on the coast of Kurnewal; thence he finds his way to the castle of King Marke of Tintajoel (Tintagel), and astonishes the court by his knightly deeds. Having, through Tristan's foster-father, found out his real parentage, Marke adopts him as his heir; a festival is held during which the young man goes through the ceremony of the "Schwertleite," *i. e.* he is raised to the rank of a knight. King Marke sends Tristan, who has distinguished himself greatly in many heroic feats, to Ireland, in order to win for him Isolde, the beautiful daughter of the king. Isolde accepts the offer, and goes with Tristan on the ship in order to become Marke's bride. One of her women friends, the trusted companion Brangæne, receives secretly from the Queen mother a love-potion which she is to give to her mistress and Marke during the wedding, in order to insure a happy union.   By an unfortunate accident, Tristan and Isolde on the voyage drink this love-potion, in mistake for wine, and they immediately grow passionately fond of each other.   The ship reaches Kurnewal, and the wedding of King Marke and Isolde takes place shortly afterwards.   Although Tristan and Isolde, with the help of Brangaene, try to keep their love a secret, the king's suspicion is roused, and eventually Tristan and Isolde are banished.   After the young couple have lived in a "Minnegrotte" for some time, a reconciliation with Marke takes place.   But again they are discovered, and Tristan is forced to flee.   At the court of the Duke of Arundel he meets another Isolde, *i. e.* "Isolde of the White Hands," daughter of the duke.   For her a new passion arises within his heart which seems to mingle with the passion for the "blonde Isolde." — Here Gottfried's poem breaks off, and for a conclusion we have to turn to Ulrich von Türheim, who wrote about 1240, and Heinrich von Freiberg, whose more successful version was written about 1300. — Tristan marries the white-handed Isolde, but still loves the other.   After many adventures he is wounded by a poisoned spear.   Only the blonde Isolde can heal him.   He sends a messenger hoping to induce her to come to him.   If she is on the returning ship, a white sail is to be hoisted; if not, a black sail.   When the ship comes in sight, the white-handed Isolde deceives her husband telling him it bears a black and not a white sail.   Thus when the blonde Isolde arrives, she finds her lover dead from grief, and she dies herself at the sight.   Now only King Marke learns the sad story of the love-potion.   By his wish the bodies are buried in Kurnewal.   A rose is planted on Tristan's grave, and one on Isolde's; and as they grow, the roses intertwine.

76. Introduction.

Ich hab' ein Werk mir ausersehn;
Der Welt zu Liebe soll's geschehn
Und edlen Herzen zum Behagen,
Den Herzen, die wie meines schlagen,
5   Der Welt, wie sie ins Herz mir scheint.
Hier ist nicht aller Welt gemeint,
Nicht die, von der ich höre sagen,
Dass sie den Schmerz nicht könne tragen
Und nur in Freuden wolle schweben:
10   Die lass' auch Gott mit Freuden leben!
    Nein, dieser Welt und ihrem Drang
Hat meine Rede fremden Klang;
Ihr Weg und meiner scheiden sich:
Zu einer andern wend' ich mich,

Die willig trägt in *einem* Herzen
Die süsse Qual, die lieben Schmerzen,
Die Herzenslust und Sehnensnot,
Liebes Leben, leiden Tod,
5   Lieben Tod und leides Leben.
Dem Leben will ich meins ergeben,
Der Welt mich als ein Weltkind weihn,
Mit ihr verderben und gedeihn.
Ihr zugesellt mit treuem Sinn
10 Bracht' ich die jungen Tage hin,
Die mir für alles Leid im Leben
Lehr' und Leitung sollten geben,
Und ihr zur Kurzweil soll geschehn
Das Werk, das ich mir ausersehn,
15 Dass sie mit meiner Märe
Ihres Herzens Schwere
Zur Hälfte doch sich lindre
Und ihre Not sich mindre.
Denn was den Sinnen gibt zu tun,
20 Dass sie nicht länger müssig ruhn,
Das entlädt beladnen Mut,
Das ist für Herzenslasten gut.
Bei Liebesleide Müssigkeit,
Da wächst mir stets das Liebesleid.
25 Drum ist es gut, wer Herzensklage
Und Sehnensnot im Herzen trage,
Dass er sich spät und frühe
Um Zeitvertreib bemühe,
Dadurch sein Herz zur Ruhe kommt;
30 Denn das ist, was dem Herzen frommt.
Doch rat' ich damit nimmermehr,
Dass, wer nach Liebe trägt Begehr,
Sich solchen Zeitvertreib erküre,
Der reiner Liebe nicht gebühre:
35 An holden Liebessagen,
Da such' er sein Behagen
Mit Herzen und mit Munde
Und sänfte so die Stunde.

Nun aber wendet mancher ein,
Der ganz des Irrtums nicht zu zeihn:
Wer sich im Liebesleide
An Liebesmären weide,
Der schüre nur der Liebe Pein.
In diese Rede stimmt' ich ein,
Wenn nicht ein Zweifel bliebe:
Wer liebt mit wahrer Liebe,
Wie weh sie auch im Herzen tu',
Den drängt sein Herz doch stets dazu.
Nur heisser liebt ein echter Mut,
Je mehr er brennt in Schmerzensglut.
Dies Leid ist so an Freuden reich
Und seine Last so sanft und weich,
Dass, übt es seinen Herzensbann,
Kein edles Herz es missen kann.
Ich weiss es sicher wie den Tod
Und hab's erkannt in eigner Not:
Wer minnt mit edlem Sinne,
Liebt Mären von der Minne.
Drum wer nach solchen trägt Begier,
Der hat nicht weiter als zu mir.
Ich künd' ihm süsse Schmerzen
Von zweien edlen Herzen,
Die Liebe trugen echt und wahr,
Ein sehnend junges Ehepaar,
Ein Mann, ein Weib, ein Weib, ein Mann,
Tristan Isold, Isold Tristan.
    Treu, wie ich las die Kunde
Von ihrem Liebesbunde,
So leg' ich sie mit willigem Sinn
Allen edlen Herzen hin,
Dass sie durch Kurzweil dran genesen;
Das ist sehr gut für sie zu lesen.
Gut? fraget ihr.   Ja, innig gut,
Macht lieb die Liebe, rein den Mut,
Stählt die Treue, ziert das Leben;
Wohl kann's dem Leben Zierden geben.

Denn wo man höret oder liest,
Wie Herz sich treu zum Herzen schliesst,
Da lernen die Getreuen
Sich recht der Treue freuen.

5   Liebe, Treue, steter Mut,
Ehre und manch andres Gut
Stehn nirgends so dem Herzen nah,
Sind nirgends ihm so lieb wie da,
Wo man von Herzeliebe sagt

10 Und Herzeleid von Liebe klagt. . . . . . .
Nun wird noch heute gern vernommen
Und rührt uns immer süss aufs neue
Ihre innigliche Treue,
Ihr Glück und Jammer, Wonn' und Not.

15 Und liegen sie auch lange tot,
Ihr süsser Name lebt uns doch;
Auch soll der Welt zu gute noch
Lang ihr Tod und ewig Leben,
Den Treubegiergen Treue geben,

20 Den Ehrbegiergen Ehre.
Die ewig neue Märe
Von ihrer Treue Lauterkeit,
Von ihrer Herzen Lust und Leid
Ist aller edlen Herzen Brot:

25 So lebt in uns ihr beider Tod.
    Wer nun begehrt, dass man ihm sage
Ihr Leben, Sterben, Freud' und Klage,
Der neige Herz und Ohren her:
Er findet alles sein Begehr.

                                    (*Hertz.*)

77. Tristan's Schwertleite. (First Part.)

30   Nun die Gesellen sind bereit
    Mit angemessnem Schmuck und Kleid,
    Wie stell ich nun mein Sprechen an,
    Dass ich den werten Tristan,
    Meinen Helden, so bereite

Zu seiner Schwertleite,
Dass man es gern vernähme
Und der Märe wohl zu Statten käme?
Ich weiss nicht, wie ich's also sage,
5   Dass es gefalle und behage
Und dieser Märe lieblich steh'.
Denn zu meiner Zeit und eh
Ward so mit Kunst schon und Bedacht
Von Zier gemeldet und Pracht
10   Und reichem, köstlichem Gewand:
Hätt' ich zwölffach den Verstand,
Den ich nur einfach habe,
Zwölffache Dichtergabe,
Und wär mir so gelungen,
15   Dass ich zwölf Zungen
Im Munde trüg', und reden
Könnte mit einer jeden,
Wie ich mit der einen kann,
Doch wüsst' ich's nicht zu fangen an,
20   Dass ich von Gepränge
Und Pracht so Gutes sagt' und sänge,
Dass nicht schon Bessres ward gesagt.
Ja, was an Ritterzier behagt,
Ist so mannigfach beschrieben
25   Und ist mit Reden so zertrieben,
Dass ich davon nicht reden kann,
Dass sich ein Herz erfreue dran.
    Herr Hartmann der Auwäre,
Ahi! wie der die Märe
30   So aussen als nach innen
Mit Worten und mit Sinnen
Durchfärbet und durchschmücket!
Wie seine Rede zücket
Auf der Aventüre Sinn!
35   Wie hell und klar von Anbeginn
Sind seine Wörtlein von Krystall
Und bleiben es auch immer all!
Mit Sitten treten sie heran

Und schmiegen nahe sich uns an
Und gelieben sich dem reinen Mut.
Die gute Rede für gut
Nehmen und verstehen können,
5　Die müssen dem von Aue gönnen
Den Kranz und seinen Lorbeerzweig.
Wer aber einem Hasen gleich
Auf der Worthaide
Hohe Sprüng' und ferne Weide
10　Mit Würfelworten sucht und jagt,
Und, ohne dass er andre fragt,
Das Lorbeerkränzlein sich verspricht,
Der versäume unsre Stimmen nicht;
Wir sind immer bei der Wahl gewesen.
15　Wir, die die Blumen helfen lesen,
Womit durchflochten und geschmückt
Das Lorbeerreis wird aufgedrückt,
Wir fragen nach des Manns Begehr;
Will er das Reis, so tret er her
20　Und bring' uns seiner Blumen Zier:
An den Blumen dann erkennen wir,
Ob sie den Kranz so lieblich schmücken,
Dass sich der Auer vor ihm bücken
Und ihm das Reis soll zugestehn.
25　Doch weil noch keiner ward gesehn,
Dem es so wohl steht zu Gesicht,
Helf Gott, so nehmen wir's ihm nicht;
Und soll das Kränzlein keiner haschen,
Seine Worte sei'n denn wohl gewaschen,
30　Und eben seine Red' und schlicht,
Dass man den Hals nicht drüber bricht,
Wenn man aufrecht kommt gegangen,
Nicht will mit Hahnenschritten prangen.
Doch die in Mären wildern,
35　Uns wilde Märe schildern,
Die mit den Ketten klirren
Und stumpfen Sinn verwirren,
Die Gold aus schlechten Sachen

Den Kindern wollen machen,
Die ihre Büchse rütteln,
Statt Perlen Staub entschütteln,
Die möchten schatten mit der Stange,
Nicht mit dem grünen Laubbehange,
Mit Zweigen noch mit Aesten.
Ihr Schatten tut den Gästen
Gar selten an den Augen wohl,
Wenn ich die Wahrheit sagen soll;
Er füllt uns nicht mit Mut die Brust,
Er giesst ins Herz uns keine Lust;
Ihre Rede hat die Farbe nicht,
Die froh zu edeln Herzen spricht.
So wilder Märe Jäger
Müssen Ausleger
Mit ihren Mären lassen gehn:
Wir können *so* sie nicht verstehn,
Wie man sie lesen hört und liest;
Den Klugen auch die Zeit verdriesst,
Dass er im schwarzen Buche
Nach der Glosse suche. . . . .

    Wen soll ich ferner auserlesen?
Noch viele sind, und sind gewesen,
An Sinn und Rede wonniglich.
Von *Veldeck Herr Heinrich*,
Der sprach aus vollem Sinne!
Wie wohl er sang von Minne!
Wie schön ist seines Sinnes Hülle,
Als hätt' er seiner Weisheit Fülle
Aus dem Quell des Pegasus genommen,
Von dem die Weisheit all ist kommen.
Ich hab' ihn selber nicht gesehn,
Die besten aber gestehn,
Die da in seinen Jahren
Und seither noch Meister waren,
Die geben all ihm *einen* Preis:
Er impfte das erste Reis
In unsrer deutschen Zungen:

Davon sind Aest' entsprungen,
Von welchen Blüten kamen,
Denen sie die Zier entnahmen
Zu jedem meisterlichen Funde.
5   Seitdem ward diese Kunde
So weithin verbreitet,
So mannigfach geleitet,
Dass alle, die nun sprechen,
Sich da die Fülle brechen
10 Von Blüten und von Reisen,
An Worten und an Weisen.
      Der Nachtigallen ist noch viel,
Davon ich hier nicht sprechen will:
Sie gehören nicht zu diesem Reigen.
15 Drum will ich andres gern verschweigen,
Als was ich immer muss gestehn,
Dass sie alle wohl ihr Amt versehn
Und singen wohl zu Preise
Ihre süsse Sommerweise.
20 Ihr Sang ist lauter und ist gut,
Er gibt der Welt viel hohen Mut
Und tut so recht von Herzen wohl.
Die Welt wär' Überdrusses voll,
Die Weile würd' uns allen lang
25 Ohne den lieben Vogelsang.
Der mahnt und mahnte stets den Mann,
Der je zur Freude Mut gewann,
Viel Lieb- und Gutes zu beginnen;
Lässt ihn zu manchem Mut gewinnen,
30 Das sanft den edeln Herzen tut;
Er weckt ihm freundlichen Mut.
Es erneut den jugendlichen Drang,
Wenn der süsse Vogelsang
Der Welt von ihren Freuden spricht.
35 Nun vergesst der Nachtigallen nicht;
Die sind ihr Amt zu tun bereit
Und können all ihr sehnlich Leid
So wohl besingen und besagen.

Welche soll das Banner tragen,
Seit die *Hagenauerin*,
Der ganzen Schar Geleiterin,
So der Welt verstummen musste,
Die aller Töne Hauptkunst wusste
Und ihr Siegel auf der Zunge trug?
An die gedenk' ich oft genug,
Woher von ihren Tönen,
Den süssen, den schönen,
Sie so viele hab' entnommen,
Dass ihr das Wunder sei gekommen
So mancher Wandlung, mancher Weisen,
Des Orpheus Zunge, des weisen,
Entscholl wohl ihrem Munde
Mit aller Töne Kunde.
    Da nun die Welt sie nicht mehr hat,
So geb' uns einer guten Rat
(Das tät' ein sel'ger Mann fürwahr):
Wer leitet nun die liebe Schar,
Wer weiset dies Gesinde?
Mich dünkt, dass ich sie finde,
Die nun das Banner führen soll:
Ihre Meisterin, die kann es wohl,
Die *von der Vogelweide*.
Hei, wie die über Heide
Mit hoher Stimme klingen kann
Und wunderhoch sich schwingen kann!
Wie fein sie organieret,
Ihr Singen wandelieret!
Sie tut es, mein' ich, in dem Ton,
Der da schallt vom Berge Citheron,
Wo die Göttin Minne
Gebeut von hoher Zinne.
Die ist am Hofe Kämm'rerin,
Die sei der Schaar Geleiterin,
Die kann den Weg ihr weisen wohl,
Die weiss wohl, wo sie suchen soll
Der Minne Melodieen.

Sie und die da mit ihr ziehen,
Die mögen immer singen,
Dass sie zu Freuden bringen
Ihr Trauern und ihr sehnlich Klagen;
5   Das geschehe noch in meinen Tagen!

78. Tristan's Schwertleite.   (Second Part.)

Der Worte legt' ich genug
Von guter Leute Kunst und Fug
Nun gefügen Leuten vor,
Und unbereit noch wie zuvor
10   Ist Tristan zu der Schwertleite.
Ich weiss nicht, wie ich ihn bereite;
Der *Sinn* getraut sich nicht dazu,
Und die *Zunge* weiss nicht, was sie tu',
Verlassen von des Sinnes Rat,
15   Der ihr das Amt verliehen hat;
Doch was sie irrt, die beiden,
Das kann ich euch bescheiden.
Die zwei hat das geirret,
Was tausend andern wirret:
20   Dem Mann, der nicht wohl reden kann,
Kommt dem ein wohl beredter Mann,
So erlischt ihm auch die Kunde,
Die er noch hatt', im Munde.

. . . .

Nun war der Jüngling reich an Mut,
25   Der Vogt von Parmenie,
Und seine Massenie
Mit ihm ins Münster gekommen
Und hatten Messe vernommen
Und empfangen auch den Segen,
30   Wie Brauch ist allerwegen.
Herr Marke nahm Tristanden,
Seinen Neffen, da zuhanden
Und legt' ihm Schwert und Sporen an.
„Sieh," sprach er, „Neffe Tristan,

Nun dir dein Schwert gesegnet ist,
Und du zum Ritter worden bist,
So bedenke, was den Ritter preist,
Und auch dich selber, wer du seist,
Und hab' vor Augen allezeit
Deine Geburt und Edelkeit.
Sei an Demut unbetrogen,
Sei wahrhaft und wohlgezogen,
Sei den Armen hold und gut
Und mit den Reichen hochgemut.
Lass deinen Leib in Würde schau'n;
Ehr' und minne alle Frau'n.
Sei immer mild und immer treu,
In Mild' und Treue täglich neu,
Und mein Ehrenwort verpfänd' ich dir,
Dass Gold und Zobel nicht die Zier
Dem Speer bringt und dem Schilde,
Wie Treue tut und Milde."
    Hiermit bot er den Schild ihm dar,
Küsst ihn und sprach: „Nun, Neffe, fahr,
Und gebe Gott nach seiner Kraft
Dir Heil zu deiner Ritterschaft;
Sei immer höfisch, immer froh."
Da versorgte Tristan ebenso
Die Gefährten Mann für Mann,
Wie ihm der Oheim getan,
Mit Speer und Sporn und Schilde.
Demut, Treue, Milde
Die legt' er eines jeden Kür
Mit sinnreicher Lehre für.
Dann aber ward nicht lang verweilt,
Zum Ritt und Buhurd geeilt
Ward, das glaubet auf mein Wort.
Doch wie sie sich getummelt dort,
Wie sie mit Schäften stachen
Und wie manchen sie zerbrachen,
Das mögen die Garzone sagen,
Die sie zusammen halfen tragen;

Ich bin ihr Turneien
Nicht da zu beschreien.
Doch zu *einem* Dienst erbiet' ich mich:
Ich wünsche ihnen williglich,
5   Dass sich ihr aller Ehre
In allen Dingen mehre,
Und ihnen ritterliches Leben
Zur Ritterschaft Gott möge geben.

(Simrock.)

LATER EPIC POETRY AND BEAST EPIC.

KONRAD FLECK'S FLORE AND BLANSCHFLUR
(about 1215).

In Flore and Blanscheflur (=Flos and Blancflos, *i. e.* rose and lily), Konrad
Fleck, a Swiss poet, shows himself a disciple of Gottfried von Strassburg.
Here one of the great love sagas of the Middle Ages, belonging to the cycle
of Charlemagne (like the Rolandslied and Wolfram von Eschenbach's "Willehalm"), is treated with poetic ability. The French source of the epic was
Ruprecht von Orbent's "Fleur et Blanchefleur." The two lovers are the
legendary grandparents of the great Emperor. Their daughter is Bertha. wife
of Pipin and mother of Charlemagne.

79. FLOR GOES IN SEARCH OF THE LOST BLANKFLOR.

Für Blankflor aufzusuchen neue Blüten
10   Ging unterdes auf Waldeswegen Flor,
Den Sturm nicht ahnend, der begann zu wüten.
Da sagten ihm es Blumen leise vor:
Du gehst hier schlechte Blumen zu gewinnen,
Daheim verlierst du eine schön're, Tor.
15   Aufsprang er, und zum ersten Mal nicht innen
Ward er, dass Blumen er zertrat im Lauf;
Heim kam er; aber Blankflor war von hinnen.
Geboten hatte man sie zum Verkauf
Kaufleuten, die von da nach Rom sie brachten,
20   Und andre brachten weiter sie darauf
Nach Babylon.   Wie viel des Golds aus Schachten
Für sie gegeben ward und andres Gut,

Ward mir erzählt; doch konnt' ich drauf nicht achten.
Flor aber tat, wie Blumenliebe tut:
Er seufzte Duft und weinte statt der Tränen
Aus seinen Augenknospen Rosenblut.
Ein Grabmal fand er stehn auf grünem Plan,
Das man erbaut hatt' ihm zum Hintergange,
Und eine goldne Aufschrift stand daran:
Blankflora ruht in dieses Grabs Umfange,
Die, als sie spielend unter Blumen sass,
Gestochen ward von einer gift'gen Schlange.
Als Flor hinzutrat und die Aufschrift las,
Sprach ihm ins Ohr mit lispelndem Geräusche
Ein Windeshauch Nicht Blankflors Grab ist das,
Gib Acht, dass man nicht deine Liebe täusche!
Nicht dazu ist's, dass Gott den Schlangen gab
Ihr Gift, dass Liebe stürbe dran, so keusche.
Und als nun Flor sah auf die Gruft herab,
Und sah, dass an ihr standen keine Blumen,
Da rief er selbst: das ist nicht Blankflors Grab,
Es würde sonst gewisslich sich beblumen.

80. Conclusion.

Der schönste Ausgang der Geschicht' ist dies,
Den ich einst lesen hört' aus alten Schriften:
Dass sie der König selbst ohn' Hindernis
Zurück entliess nach ihren heim'schen Triften,
Wo Flos und Blankflos drauf ein ehlich Paar
Geworden, um ein gross Geschlecht zu stiften.
Ja, in denselben Büchern heisst es gar,
Dass solchen blühenden Geschlechtes Ranke
(Nur im wievielsten Grad, ist mir nicht klar)
War König Kaiser Karl, der grosse Franke.
Ob solches Grund hat, weiss man nicht genau.
Doch schmeichelhaft für uns ist der Gedanke.

(*Rückert.*)

81. Rudolf von Ems' Der gute Gerhard von Köln
(between 1225 and 1230).

Rudolf von Ems takes his name from Ems near Chur in Switzerland (or from Hohenems in Vorarlberg, Austria), where he was vassal (Dienstmann) of a Graf von Montfort. He died in 1254 in Italy, whither he had accompanied Konrad IV. This writer belongs to the school of Gottfried von Strassburg, whom he imitated in style and form. He was a learned poet, knew French and Latin, and had studied German literary productions. *Der gute Gerhard* is a narrative poem after a Latin source. It is the earliest and best of his works. The hero is a merchant of Cologne who owing to his energy, magnanimity, and humility becomes a noble example for Otto der Grosse. An angel had told the latter that the merchant Gerhard was far more pleasing to God than he. Anxious to meet the noble man, the Emperor travels to Cologne, and Gerhard tells him the story of a journey, on which, with his richly loaded ships, he was driven out of his course, and landed in Morocco; here, in return for his costly wares, the sultan offered Gerhard a large number of Christian prisoners who had beeen cast by a storm on the shore of Morocco, and who were lying in bondage. The captives were distinguished knights and ladies from England.

> Ich trat zur Kemenate
> Getrost und frohen Muts
> Und rühmte sie beraten
> Mit Ballen reichen Guts.
> 5   Ich fand sie leer der Wonne
> Und alles Leides voll,
> Da traten vor die Sonne
> Mir Wolken kummervoll.
>
> Zwölf junge Ritter lagen
> 10   In schwerer Banden Haft,
> Die solchen Elends pflagen,
> Dass ihnen schwand die Kraft.
> Je zweie band die Kette,
> Die viel der Pfunde wog,
> 15   Die Herrn zum niedern Bette
> Durch ihre Schwere zog.
>
> Den edeln Haftgenossen
> Wuchs kaum der erste Bart;

Doch schienen sie entsprossen
Gar tugendreicher Art.
Wie grimmig ihre Schöne
Der Kummer hat entstellt,
Sie deuchten Fürstensöhne,
Geborne Herrn der Welt.

Mit solchen Schätzen fand ich
Die Kammer angefüllt;
Erschreckt, gepeinigt stand ich,
Den Blick vor Leid verhüllt.
Der wollte sich nicht senken
Auf solcher Marter Not;
Muss ich daran gedenken,
Mein Glück ist heut noch tot.

Da zog mich aus dem Jammer
Der Wirt und hiess mich gehn:
Ihr sollt in andrer Kammer
Noch grössern Kaufschatz sehn.
Ich folgt' ihm mit Vertrauen
Und dachte sicherlich
Da einen Schatz zu schauen,
Der meinem Schatze glich.

Zu andern Kemenaten
Ging ich an Stranmurs Hand;
Die fand ich so beraten,
Wie ich die erste fand.
Ein Kauf ward mir geboten
Darin, nicht schön noch reich,
Lebendig glichen Toten
Zwölf greise Ritter bleich.

Ich sah zwölf alte Herren,
Ehrwürdig von Gestalt
Ein eng Gemach versperren,
So finster, feucht und kalt.

Die edeln Haftgenossen
Gedachten kaum der Flucht,
Da zwei und zwei geschlossen
Hielt schwerer Kette Wucht.

5   Ich las in ihren Zügen
(Der Gram entstellt und schwächt,
Doch konnten sie nicht lügen,)
Ihr fürstliches Geschlecht.
Noch mehr als von den Jahren
10   Schien ihnen Bart und Haar
Von Leid, das sie erfahren,
Schneeweiss und silberklar.

Ihr Los muss ich beklagen
Mehr als der Jungen Pein;
15   Denn Alter hat zu tragen
Genug an sich allein;
Die Jugend überwindet
Mit Lachen manche Not,
Daran das Alter schwindet
20   Und kläglich stirbt den Tod.

Mit seufzender Geberde
Sah ich das Ungemach,
Der greisen Herrn Beschwerde,
Ihr stilles Weh und Ach.
25   Dem schien mir nichts zu gleichen,
Was ich noch je gesehn.
Da gab der Wirt ein Zeichen,
Mit ihm hinaus zu gehn.

Wir gingen von den Armen;
30   Das Gehen ward mir schwer.
Im Herzen wuchs Erbarmen
Je länger mir je mehr.
Nun schloss Stranmur die Pforten
Der dritten Kammer auf;

Da war nach seinen Worten
Der allerreichste Kauf.

Der Kauf, den wir da fanden,
Der war wohl schön und reich,
5 Kein Hort in allen Landen
Kommt seinem Preise gleich.
Die Sorgen zu zerstreuen,
Zu stählen Mannesmut,
Die Herzen zu erfreuen,
10 Ist kein Gewinn so gut.

Ich fand da Treu und Güte,
Bescheidenheit und Zucht,
Der Jugend holde Blüte,
Der Schönheit süsse Frucht.
15 Mich freut noch heut und immer,
Dass er den Schatz mir bot,
War gleich sein lichter Schimmer
Getrübt von bittrer Not.

Nun lasst euch mehr vertrauen:
20 Wir fanden sitzen dort
Im Kreise fünfzehn Frauen:
Das war der Kaufmannshort.
Sie trugen all die Krone
Der Jugend und der Huld;
25 Sie zierten zweifelsohne
Auch Demut und Geduld.

Sie mussten mir gefallen
Um ihrer Schönheit Preis,
An eine doch vor allen
30 Gewandt war Gottes Fleiss.
Sie schien wie unter Sternen
Der Mond scheint hell und klar;
Auch sollt' ich künftig lernen,
Dass sie die Fürstin war.

So sass mit blühnden Wangen
Der edeln Frauen Kranz;
Von Leide halb verhangen
Den Augen war der Glanz.
5   Doch konnt' ich ihre Schmerzen
Nur ahnen, nicht verstehn;
Doch freut' es mich von Herzen,
Sie so getrost zu sehn.

Und trugen sie nicht Ketten,
10   Gefangen sah ich doch,
Die aufgezwungen hätten
Der Welt ein süsses Joch.
Nun hielten diese Mauern
Sie in gestrenger Haft.
15   So musst' ich sie bedauern
Mehr als die Ritterschaft.

(Simrock.)

MEIER HELMBRECHT (between 1236 and 1250).

This is a peasant romance (Bauerngeschichte) in rhymed couplets, probably written by Wernher der Gartenære (Werner the Gardener), a poet of Upper
Bavaria. — Meier Helmbrecht, a peasant's son, spoiled by father and mother,
tired of work and village life, enters the service of a robber-knight, and spends
his days plundering and pillaging.   After a year he returns to his home, but
gives himself such airs that his parents do not recognize him in the beginning.
His dreadful behavior horrifies them, and they try everything in their power to
persuade him to give up his shameful life of robbery.   But all in vain.   He even
causes his sister to marry one of his robber companions, "Lämmerschlind"
(Sling-the-Lamb).   But at the wedding festival, officers of the law appear on the
scene, and execute nine of Helmbrecht's freebooting friends.   He himself escapes,
but loses his sight as well as a hand and a foot.   His father wants him no
longer, and finally peasants hang him on a tree, thus avenging the many
injuries he had inflicted on them.

82. HELMBRECHT'S APPAREL.

Der eine schreibt, was er gesehn,
Und der erzählt, was ihm geschehn,
Der dritte spricht von Minnen,
20   Der vierte vom Gewinnen,

Der fünfte singt von Geld und Gut,
Der sechste nur von stolzem Mut:
Hier sei erzählt, was mir geschah,
Was ich mit eignen Augen sah.
Ich sah, und das ist wirklich wahr,
Eines Bauern Sohn mit blondem Haar;
In Locken dicht, gekräuselt fein,
Hüllt's Nacken ihm und Schultern ein.
Und dass nicht gar zu lang es hing,
Er es in eine Haube fing,
Die war von Bildern fein und zier.
Gar manchen Vogel sah man hier
Wie nimmer wohl auf einer Hauben.
Da waren Sittiche und Tauben
Genähet drauf mit fleiss'ger Hand.
Nun hört, wie's um die Haube stand.
    Helmbrecht, so hiess der junge Mann,
Von dem die Mär jetzt hebet an.
Nach seinem Vater hiess er so,
Der war ein Meier, schlicht und froh.
Zuerst nun künd' ich euch genug,
Wahrhaft und ohne allen Trug,
Von Wundern, der die Haube voll.
Vom Nacken, wo das Haar entquoll,
Bis hin zum Scheitel war das Lün
Mit Vögeln dicht besetzt, es schien,
Als wären sie gekommen halt
Soeben aus dem Spessartwald.
Nie war noch eines Bauern Schopf
So schön geziert wie Helmbrechts Kopf.
Auch überm rechten Ohr des Gecken
Sah Bilder man die Haube decken.
Genäht war drauf mit kund'ger Hand
— Hört wohl, wie's damit ist bewandt —
Wie Troja einst belagert ward,
Als Paris frech vermessner Art
Dem Griechenkön'ge nahm sein Weib,
Die er geliebt wie den eignen Leib,

Und wie man Troja dann gewann
Und Aeneas daraus entrann
Und meerwärts fuhr auf schnellen Kielen,
Indessen Trojas Türme fielen
5   Samt mancher steingefügten Mauer.
O weh, dass je ein schlechter Bauer
So teure Haube sollte tragen,
Von der so vieles ist zu sagen!
Wollt ihr nun mehr noch hören,
10   Was auf der andern Seite war
Gestickt in Seide ganz und gar?
Ich will euch wahrlich nicht betören.
Es standen — glaubt mir's — linker Hand
Der König Karl und Held Roland,
15   Turpin und Olivier,
Und was die Kampfgenossen vier
Getan mit ihrer Wunderkraft
Im Kampf mit wilder Heidenschaft. . . . .
Nun hört, was hinten alles stand.
20   Dort zwischen beiden Ohren nur,
Von einer bis zur andern Schnur!
Man sah — mein Mund euch Wahrheit sagt —
Wie einst vor Raben in der Schlacht
Frau Helchens traute Knaben
25   Das Leben gar verloren haben,
Da Wittich sie erlegte,
Der kühne, zornbewegte,
Zusamt Diethern den Berner.
Lasst euch auch sagen ferner,
30   Was noch der dumme Tölpel trug
Am Lün ganz vorn — 's ist wahr genug!
Vom rechten Ohr zum linken,
Da sah man, wonnig anzuschaun,
Viel Ritter stehn und schöne Frau'n.
35   Und in der Mitte war ein Tanz
Gestickt in hellem Seidenglanz
Von Junkern und von Jungfräulein;
Das sollte nicht vergessen sein.

Je zwischen zweien Frauen stand,
So wie es noch beim Tanz bekannt,
Ein Ritter, Hand in Hand gefangen.
Dort aber je zwei Jungfraun schlangen
Die zarten Hände nach der Sitte
Mit dem Knappen, der in ihrer Mitte.
Da standen Fiedler auch dabei.

. . . .

. . . .

83. HELMBRECHT VISITS HIS PARENTS.

Als sie in Freuden assen,
Da konnt's nicht länger lassen
Der Vater, ihn zu fragen
Nach höfischem Betragen,
Wie er's gelernt bei Hof jetzund.
    „Mein Sohn, die Sitten tu mir kund,
So bin auch ich dazu bereit,
Zu sagen, wie vor langer Zeit
In meinen jungen Jahren
Die Leut' ich sah gebaren."
„Ach Vater, das erzähle jetzt,
Ich geb' auch Antwort dir zuletzt
Auf aller deiner Fragen Ziel.
Der neuen Sitten kenn' ich viel."
    „Vor Zeiten, da ich war noch Knecht,
Hat mich mein Vater schlecht und recht
— Grossvater war er dir genannt —
Oftmals nach Hofe hingesandt
Mit Käse und mit Eiern,
Wie's heut noch Brauch bei Meiern.
Da hab die Ritter ich betrachtet ·
Und alles ganz genau beachtet.
Sie waren edel, kühn und treu,
Von Trug und niederm Sinne frei,
Wie's leider heut nicht oft zu schau'n
Bei Rittern und bei Edelfrau'n.

Die Ritter wussten manches Spiel,
Das edlen Frauen wohlgefiel.
Eins wurde Buhurdier'n genannt,
Das tat ein Hofmann mir bekannt,
5   Als ich ihn nach dem Namen fragte
Des Spiels, das da so wohl behagte.
Sie rasten dort umher wie toll,
— Drob war man ganz des Lobes voll —
Die einen hin, die andern her.
10   Jetzt sprengte dieser an und der,
Als wollt' er jenen niederstossen.
Bei meinen Dorfgenossen
Ist selten solcherlei geschehn,
Wie dort bei Hof ich's hab' gesehn.
15   Als sie vollendet nun das Reiten,
Da sah ich sie im Tanze schreiten
Mit hochgemutem Singen:
Das lässt Kurzweil gelingen.
Bald kam ein muntrer Spielmann auch,
20   Der hub zu geigen an, wie's Brauch.
Da standen auf die Frauen,
Holdselig anzuschauen.
Die Ritter traten jetzt heran
Und fassten bei der Hand sie an;
25   Da war nun eitel Wonne gar
Bei Frauen und der Ritterschar
Ob süsser Augenweide.
Die Junker und die Maide,
Sie tanzten fröhlich allzugleich
30   Und fragten nicht, ob arm, ob reich.
Als auch der Tanz zu Ende war,
Da trat ein Sänger in die Schar
Und las von einem, Ernst genannt;
Und was von Kurzweil allerhand
35   Am liebsten jeder mochte treiben,
Das fand er dort: Nach Scheiben
Mit Pfeil und Bogen schoss man viel;
Die andern trieben andres Spiel,

Sie freuten sich am Jagen.
O weh, in unsern Tagen
Wär nun der Beste, das ist wahr,
Wer dort der Allerschlechtste war.
Da wusst' ich wahrlich, was uns mehrt
Die Ehr' und auch, was sie verkehrt.
Die falschen, losen Gesellen,
Die boshaft sich verstellen
Und Recht und Sitte höhnen —
Niemand wollt's ihnen gönnen
Zu essen von des Hofes Speise.
Heut ist bei Hofe weise,
Wer schlemmen und betrügen kann;
Der ist bei Hof der rechte Mann
Und hat an Geld und Gut und Ehr'
Ach, leider immer noch viel mehr
Als einer, der rechtschaffen lebt
Und fromm sich Gottes Huld erstrebt.
So viel weiss ich von alter Sitte;
Nun, Sohn, tu mir die Ehr', ich bitte,
Erzähle von der neuen nun."

    „Das, Vater, will ich treulich tun.
Jetzt heisst's bei Hof nur: „Immer drauf,
Trink, Bruder, trink, und sauf und sauf,
Trink dies, so sauf' ich das, juchhe!
Wie könnt' uns wohler werden je?"
Nun höre, was ich sagen will:
Einst fand man edler Ritter viel
Bei schönen, werten Frauen.
Heut kann man sie nur schauen,
Wo unerschöpflich fliesst der Wein.
Und nichts macht ihnen Müh und Pein
Vom Abend bis zum Morgen,
Als nur das eine Sorgen,
Wenn nun der Wein zur Neige geht,
Ob sie der Wirt auch wohl berät
Und neuen schafft von gleicher Güte.
Da suchen Kraft sie dem Gemüte.

Ihr Werben und ihr Minnen
Gilt schönen Schenkerinnen:
„Komm, süsses Mädchen, füll den Krug,
's gibt Narr'n und Affen noch genug,
Die statt zu trinken ihren Leib
Elend verhärmen um ein Weib."
Wer lügen kann, der ist ein Held;
Betrug ist, was bei Hof gefällt,
Und wer nur brav verleumden kann,
Der gilt als rechter höf'scher Mann.
Der Tüchtigste ist allerorten,
Wer schimpft mit den gemeinsten Worten.
Wer so altmodisch lebt wie ihr,
Der wird bei uns, das glaubet mir,
In Acht und schweren Bann getan.
Und jedes Weib und jeder Mann
Liebt ihn nicht mehr noch minder
Als Henkersknecht und Schinder.
Und Acht und Bann ist Kinderspott."

84. A Wedding Feast.

Als alles nun vollendet schien,
Schickt Helmbrecht seinen Boten hin.
Der war zurück bald wie der Wind
Und brachte mit sich Gotelind.
Als Lämmerschling vernommen,
Dass Gotelind gekommen,
Da ging er ihr entgegen froh
Und grüsst mit höf'scher Zucht sie so:
„Willkommen, Herrin Gotelind!"
„Das lohn' Euch Gott, Herr Lämmerschlind."
Zärtliche Blicke flogen
Wie Pfeile von dem Bogen
Wohl zwischen beiden hin und her.
Sie sah zu ihm; zu ihr sah er.
Herr Lämmerschling schoss seinen Pfeil
In Gotelindes Herz, dieweil

Er Nachdruck gab mit schönen Worten:
Das war zu lohnen allerorten,
Wie's ziemte edler Weiblichkeit,
Gotlind, so gut es ging, bereit.
　　Nun geben wir der Gotelind
Zum Manne schnell den Lämmerschlind
Und Lämmerschlind geschwinde
Soll freien Gotelinde.
Ein Mann stand auf in grauen Haaren,
Der war in Reden wohl erfahren
Und kannte diesen Brauch genau.
Er stellte beide, Mann und Frau,
In einen Kreis und sprach sofort:
„Wollt, Lämmerschling, Gotlind Ihr dort
Als ehlich Weib, so sprechet ja."
„Gern will ich," sprach der Bursche da.
Zum zweiten Male fragt' er ihn;
„Ich will," sprach jener wie vorhin.
Zum dritten Mal der Alte fragte:
„Nehmt Ihr sie gern?"　Der Bursche sagte:
„So lieb, bei Gott, mir Seel und Leib,
Ich nehme gerne dieses Weib."
Zu Gotelinden sprach er dann:
„Wollt Ihr zum ehelichen Mann
Den Herren Lämmerschling allhier?"
„Ja, Herr, wenn Gott ihn schenket mir."
„Nehmt Ihr ihn gern?" fragt wieder er.
„Gern, Herr, gebt nur sogleich ihn her!"
Zum dritten: „Wollt Ihr wirklich ihn?"
„Ja doch, ich sagt' es schon vorhin."
Da gab zum Weib er Gotelinde
Herrn Lämmerschlind geschwinde
Und gab den edlen Lämmerschlind
Zum Mann der Jungfrau Gotelind.
Drauf sangen sie in Freud und Lust,
Er auf den Fuss ihr treten musst.
　　Nun ist das Essen auch bereit.
So ist's für uns denn hohe Zeit,

Dem Paare hier aus den Gesellen
Die Hofbeamten zu bestellen.
Der Marschall wurde Schlingdasland.
Der füllt die Krippen bis zum Rand.
5   Zum Schenken nahm man Schluckdenwidder,
Und Höllensack ging hin und wieder
Den Gästen Plätze anzuweisen.
Als Truchsess musste man ihn preisen,
Dem nie getraut noch jung und alt.
10 Der Rüttelschrein ward Kämmrer bald
Und Küchenmeister Kühefrass.
Der gab es gern, was man da ass;
Und was man briet, und was man sott,
Dazu gab Kirchenraub das Brot.
15 Man fand wohl reiche Hochzeit kaum.
Der Wolfesdarm und Wolfesgaum
Und der Geselle Wolfesrüssel,
Die leerten manche Schüssel
Und manchen Becher, weit und tief;
20 Der Wein da unerschöpflich lief.
Da schwand den Burschen Speis' und Trank,
Als bliese just da, Gang auf Gang,
Ein schneller Wind vom Tische
Das Wildbret und die Fische.
25 Jeglicher schlang hinab, was dort
Der Truchsess rührig fort und fort
Ihm aus der Küche aufgetragen.
Ja, sollte noch ein Hund benagen
Die Knochen, die man ihm gelassen,
30 Der konnte wenig dran erfassen.
Wohl wahr ist's, was ein Weiser singt,
Dass jeder gierig noch verschlingt
Von seiner Speise, was er kann,
Wenn ihn der grimme Tod fasst an.
35 Drum schlemmten sie in Saus und Braus,
Denn dieses war ihr letzter Schmaus,
Bei dem sie lustig assen
Und froh beisammen sassen.

85. The Arm of the Law.

Gotlinde hub da plötzlich an:
„Ach, Lämmerschling, mein lieber Mann,
Mir schauert es durch Mark und Bein,
Es könnten Feinde nahe sein,
Die uns Verderben sinnen.
Ach könnt' ich doch von hinnen!
Ach Vater, Mutter, dass zu euch
Mich nimmer führet Weg noch Steig!
Ich fürchte, dass Herr Lämmerschling
Mit seinen Säcken mir noch bring
Viel Schand', und Schaden noch dazu;
Das raubt mir Frieden nun und Ruh.
Wie wohl wär' ich daheim geborgen;
Nun drücken mich die schweren Sorgen!
Des Vaters Armut wäre mir
Viel besser als im Reichtum hier
Zu sitzen voller Angst und Pein.
Es muss ein wahres Sprichwort sein,
Was uns die Alten schon gelehrt,
Dass einer, der zu viel begehrt,
Zuletzt nichts wird erlangen.
Habgieriges Verlangen
Verdammt des heil'gen Gottes Mund
Und stürzet in der Hölle Schlund.
Zu spät, ach, komm' ich zu Verstand.
Dass ich dem Bruder nachgerannt
So hurtig mit vermessnem Sinn,
Drob nimmt mich Schmerz und Reue hin."
So sah gar bald die arme Braut,
Viel besser sei's, das magre Kraut
Zu essen an des Vaters Tisch,
Als hier bei Lämmerschling den Fisch.
　　Als so sie nach dem Essen
Ein Weilchen noch gesessen,
Und mancher Spielmann reiche Habe
Für seiner Spässe lust'ge Gabe

Von Braut und Bräutigam genommen,
Da sah von ungefähr man kommen
Den Richter und vier Häscher bald.
Des Rechtes siegende Gewalt
Warf nieder gleich die starken zehn.
Ihm konnte niemand mehr entgehn,
Ob er geschlüpft ins Ofenloch,
Ob feig er unter Bänke kroch.
Wer sonst vor vieren noch nicht wich,
Den liess die grosse Kraft in Stich,
Wenn ihn *ein* Häscher bei dem Haar
Hervorzog; glaubt mir, es ist wahr:
Wie stark und kühn der Dieb auch sei,
Und schlüg' er auch auf einmal drei,
Er muss vor Häschers Namen,
Hört er ihn nur, erlahmen.
So wurden ohne Aufenthalt
Sie alle zehn durch Rechts Gewalt
Mit festem starkem Eisenband
Gebunden von des Schergen Hand.
Gotlind verlor ihr Brautgewand;
An einem Zaune man sie fand
Ohnmächtig im Elende.
Sie hatte nichts als ihre Hände,
Die blosse Brust zu decken;
Dem Tode war sie nah vor Schrecken.
Was sonst ihr übles noch geschehn,
Mag künden, wer's mit angesehn.
Gott ist ein rechter Wundermann,
Das zeigt euch die Geschichte an.
Und schlüg' ein Dieb ein ganzes Heer,
Vorm Schergen steht er nimmermehr.
Kommt der ihm nur von fern in Sicht,
Erlischt ihm gleich des Mutes Licht;
Er wird vor Schrecken bleich und fahl.
Wie schnell er sonst war überall,
Ihn fängt ein lahmer Scherge leicht.
Der kühne Mut sogleich ihm schweigt,

Und Prahlerei wird plötzlich still,
Wenn Gott der Herr selbst richten will.

(Bötticher.)

REYNARD THE FOX (1498).

An Alsatian monk, Heinrich der Glîchesære, wrote the first German Beast
Epic about 1180. It is founded on the French *Roman de Renart*. Only 700
verses have been preserved. An East Flemish version of the French poem,
Reinaert de Vos, by Willem, dates from about 1250. In a West Flemish
rendering of 1375, the story is remodeled and extended. Based on the latter is
Hinrek von Alkmar's edition (1498), of which only a few fragments have been
preserved; here the didactic and satiric spirit takes a more prominent part than
in the preceding works. A Low Saxon writer made a translation of Alkmar's
poem; this Low German version was printed at Lübeck in 1498. Gottsched's
High German treatment (1752) is in prose. Goethe's *Reineke Fuchs* (1794),
written in hexameters, is modeled after Gottsched's version, and the Low German poem. D. W. Soltau's translation (1803) is in short couplets. In modern
times the old Beast Epic Reineke Vos was retranslated into Low German
(Plattdeutsch) by the Holstein writer J. Mähl.

86. KING NOBEL'S FEAST.

Es war an einem Maientag,
Wie Blum' und Laub die Knospen brach;
Die Kräuter sprossten; froh erklang
Im Hain der Vögel Lobgesang;
Der Tag war schön, und Balsamduft
Erfüllte weit umher die Luft,
Als König Nobel, der mächtige Leu,
Ein Fest gab, und liess mit Geschrei
Hoftag verkünden überall.
Da kamen hin mit grossem Schall
Viel edle Herrn und stolze Gesellen;
Es war kaum möglich, sie zu zählen.
Der Kranich Lütke, Matz der Star
Und Marks der Häher kamen sogar;
Denn Nobel wollte Herrn und Sassen
Ein frohes Gastmahl feiern lassen;
Darum er alles her berief,
Was ging, was kroch, was flog, was lief,

Tier' und Gevögel, gross und klein,
Bis auf Reinhard den Fuchs allein,
Der sich so frevelhaft benommen,
Dass er nicht durft nach Hofe kommen.
5　　　Wer Böses tut, der scheut das Licht;
So ging's auch diesem falschen Wicht;
Er hatt' am Hofe schlimmen Geruch,
Drum er zu kommen Bedenken trug.

(Soltau.)

87. How Märten the Monkey goes to Rome, and meets Reineke, whose Cause he promises to plead before the Pope.

Märten der Affe, der vernommen,
10　Dass Reinke woll' nach Hofe kommen,
War eben in Begriff, nach Rom
Zu reisen, als er traf den Ohm.
Er tröstet' ihn, und ob bekannt
Ihm auch bereits der Sache Stand,
15　So fragt' er doch nach manchem Stücke.
Da sprach der Fuchs: ,,Mir ist das Glücke
In diesen Tagen sehr zuwider.
Es haben mich aufs neue wieder
Zwei Feinde, Krähe und Kanin,
20　Verklagt, ins Elend mich zu ziehn.
Der eine hat sein Weib verloren,
Der andr' ein Stück von seinen Ohren.
Könnt' ich nur vor den König kommen;
Es sollt den beiden wenig frommen.
25　Was mir am meisten schaden kann,
Ist, dass ich immer noch im Bann.
Dem Propst, auf den der König baut,
Ist diese Sache anvertraut.
Warum man in den Bann mich tat,
30　Ist dies: ich gab einst guten Rat
Dem Isegrim, der Mönch geworden,
Dass er entlaufen aus dem Orden.
Als er ins Kloster sich begeben,

Schwur er, dass er das harte Leben
Im Orden länger nicht könn' tragen,
Das Fasten und Gebetesagen.
Ich half ihm fort; jetzt reut es mich,
Weil er, seitdem er dort entwich,
Mir schadet, wie er weiss und kann,
Und mich beim Könige klagt an.
Ich selber kann nach Rom nicht gehn,
Dann wär's um Weib und Kind geschehn;
Denn Isegrim wird es nicht lassen,
Sie, wo er mag und kann, zu fassen,
Mit all den andern Mordgesellen,
Die stets aus Hasse nach uns stellen.
Käm' ich nur von dem Banne frei,
Wär mir das andre einerlei,
Ich könnte leicht in meinen Sachen
Von aller Schuld mich ledig machen."
    Drauf Märten: „Reinke, lieber Ohm,
Ich gehe graden Wegs nach Rom,
Will helfen Euch in allen Stücken
Und Euch nicht lassen unterdrücken.
Ich bin des Bischofs Secretär,
Darum fällt mir dies gar nicht schwer;
Ich will den Propst nach Rom citieren
Und dort so gegen ihn plaidieren,
Dass Ihr alsbalde excusiert
Und gänzlich werdet absolviert,
Der Propst mag wollen oder nicht.
Ich weiss es, wie in Rom man spricht,
Und was man tun muss und was lassen.
Simon, mein Ohm, weiss anzufassen
Das Ding, er ist ein mächt'ger Mann,
Der jedem hilft, der zahlen kann.
Herr Schalkefund, ein grosser Herr,
Doctor Greifzu und andre mehr,
Herr Wendemantel, Losefund,
Die alle stehn in unserm Bund.
Ich habe Geld voraus gesandt,

Das macht am besten mich bekannt.
Ja, Quark, da heisst es viel citieren:
Geld ist's, worauf sie sich piquieren!
Wär eine Sach auch noch so krumm,
5   Mit Geld schaff' ich sie um und um.
Wer Geld bringt, gleich in Gnade steht,
Wer das nicht hat, der kommt zu spät.
Drum, Ohm, der Sache, die in Bann
Euch brachte, nehm' ich gern mich an.
10 Ich mach' Euch ledig, auf mein Wort,
Geht frei nach Hof, Ihr findet dort
Mein treues Weib, Frau Riechgenaun,
Die hat des Königes Vertraun
Und auch die Huld der Königin;
15 Denn sie ist von gewandtem Sinn:
Die sprechet an; denn sie ist klug
Und hilft den Freunden ohne Trug.
Sie hilft auch gern mit ihren Gaben:
Wer Recht sich sucht, muss Freunde haben.
20 Sie hat bei sich der Schwestern zwei,
Dazu noch meiner Kinder drei,
Und manchen noch von dem Geschlecht
Der Euren, die zu Eurem Recht
Euch helfen.   Doch wenn's nicht gelingt,
25 So helfe ich Euch unbedingt.
Eilt nur es wissen mich zu lassen;
So will ich all des Landes Sassen,
Sei's König, sei's Weib, Kind und Mann,
Ja, alle bring' ich in den Bann,
30 Das ganze Land in's Interdikt,
Dass man die Leichen nicht beschickt,
Noch tauft, noch singt, weil's untersagt; —
Drum Neffe, bleibt mir unverzagt!
Der Papst, ein alter kranker Mann,
35 Nimmt keines Dinges mehr sich an,
Man lässt ihn gänzlich ausser Acht;
Dagegen hat die ganze Macht
Herr Niegenug, ein Cardinal,

Der jung und rüstig, klug zumal.
Ich kenn' ein Weibchen, das er liebt,
Und die ihm wohl ein Briefchen giebt,
Das Weibchen ist mir wohlbekannt,
5   Und was sie will, bringt sie zu Stand.
Sein Schreiber heisst Johann Partei,
Der kennt die Münzen alt und neu,
Herr Horchgenau ist sein Cumpan
Und auch bei Hof ein grosser Mann.
10 Herr Drehnundwenden ist Notarius
Und beider Rechte Baccalarius;
Wenn der ein Jahr noch practiciert,
Das Recht er an der Nase führt.
Bezahlebar und Gabenhalter,
15 Die sind bei Hofe Rechtsverwalter;
Wem diese zwei das Recht absprechen,
Dem wird es immerdar gebrechen.
So gibt es da gar manche List,
Daran der Papst unschuldig ist.
20 Kann man die Herrn als Freunde finden,
So sind vergeben alle Sünden
Und aufgehoben jeder Bann.
Seht Reinke, Ohm, da haltet dran!
Der König hörte schon das Wort,
25 Ich führe Eure Sache fort.
Er weiss auch wohl, ich kann's erwerben,
Dass Ihr mir nimmer dürft verderben.
Der König wird bedenken recht,
Wie viel' im Aff- und Fuchsgeschlecht
30 Ihm Rat gegeben, der ihm frommt;
Das wird Euch helfen, wie's auch kommt."
    „Ihr wisst," sprach Reinke, „Trost zu schenken!
Werd' ich erlöst, will ich's gedenken!"
    So schieden sie, und Reinke schritt, —
35 Und niemand als der Dachs ging mit, —
Zum Hof des Königs unverweilt,
Wo man ihm wenig Lob erteilt.

(Marbach.)

LYRIC POETRY (AND "SPRUCHPOESIE").

The lyric poetry of the 12th century shows a particular development; with regard to its principal tendency it is termed "Minnepoesie." The feelings chiefly expressed in this poetry are love (Minne), honor, and piety. Cp. Walther von der Vogelweide's verses:

88. DIE MINNE.

„Die Minne ist nicht Mann noch Weib,
Hat weder Seel, noch hat sie Leib;
Sie hat auf Erden nicht ein Bild,
Ihr Nam' ist kund, sie selbst verhüllt.
5   Nur eines wisse: dass noch nie
Zu falschem Herzen Minne trat!
Und wiss' auch dies: dass ohne sie
Sich Gottes Huld dir niemals naht!"

As regards form, we have to distinguish, (1) the "Lied" divided into strophes; intended for singing; (2) the "Leich" (more complicated and artificial both as regards strophe and rhyme; not found frequently); (3) the "Spruch" (a smaller poem with didactic tendency and in various meters).

The chief collections of minnesongs are: the Weingartner MS. (formerly belonging to the convent Weingarten) edited by Fr. Pfeiffer and F. Fellner. Stuttgart (Lit. Ver., Nr. 5), 1843; the great Manessische or Heidelberg MS. (the most beautiful of all Old German manuscripts) edited by Fr. Pfaff. Heidelberg, 1899 seq.; the old Heidelberg MS., edited by Fr. Pfeiffer. Stuttgart (Lit. Ver., Nr. 9), 1844.

"MINNESANG'S FRÜHLING" (about 1150-1180).

DER VON KÜRENBERG.

89. DER FALKE.

Ich zog mir einen Falken
10   wohl über ein ganzes Jahr.
Schon hatt' ich ihn gezähmet
nach meinem Willen gar:
Als ich nun sein Gefieder
mit rotem Gold umwand,
15   Da flog er hoch und höher
und zog fort in ein andres Land.

Jüngst sah ich stolzen Fluges
    schweben ihn dahin,
Seidne Borten fesseln
    seinen Fuss und Sinn.
Sah sein stolz Gefieder
    ganz von rotem Gold. —
Sende Gott zusammen,
    die sich herzlich lieb und hold!

(Kinzel.)

90. TRENNUNG.

Es geht mir wohl von Herzen,
    dass ich weine;
Ich und mein Geselle
    müssen uns scheiden.
Daran sind schuld die Lügner.
    Gott gebe ihnen Leid!
Wenn man uns zwei versöhnte,
    so hätt' ich fröhlich Zeit.   *(Simrock.)*

DIETMAR VON EIST (AIST, AST; about 1150).

91. FRÜHLINGSTROST.

Ei sieh!   Nun kommt die schöne Zeit,
Der kleinen Vögel süsser Sang.
Es grünt die Linde weit und breit,
Zergangen ist der Winter lang.
Nun zieren Blumen wunderhold
Die Heide grün mit lichtem Schein.
Des wird manch Herze wieder froh,
Getröstet soll auch meines sein.

92. ERINNERUNG.

Oben auf der Linde
Ein kleiner Vogel lieblich sang,
Vor dem Wald es hell erklang.

Da flog mein Herz geschwinde
An einen wohlbekannten Ort.
Viel Rosenblumen sah ich stehn.
Die mahnen die Gedanken mein,
5 Dass sie zu einer Jungfrau gehn.

93. Sehnsucht.

Es stand ein Weib alleine
Und blickte über die Heide,
Und harrte des Geliebten.
Da sah sie Falken fliegen.
10 „O Falke, wie du glücklich bist!
Du fliegst wohin dir lieb ist.
Du erwählest dir im Walde
Einen Baum, der dir gefalle!
Also hab' auch ich getan.
15 Ich erkor mir einen Mann,
Den wählten meine Augen.
Des neiden mich die Frauen.
O liessen sie den Freund mir noch!
Begehr' ich ihrer Trauten keines doch!"

(*Kinzel.*)

Spervogel.

94. Neuer Mut.

20 Wohl ziemt dem Helden, dass er froh nach Leide sei.
Kein Unglück ward so gross, es war ein Heil dabei.
Ja schaut, wie in der Welt es pflegt meist zu geschehn:
Nach Wettersturme müssen wir wohl die Sonne sehn.
Verliern wir eitles Gut, hei! darum nicht verzaget,
25 Ihr viel stolzen Helden, es wird noch mehr gewaget!

95. Lebensregel.

Wer einen Freund will suchen, wo keiner je gefunden,
Und sucht Wildspur im Walde, wenn schon der Schnee verschwunden,
Und kaufet ungesehen, was ihm ein andrer misst,

Und will ein Spiel noch halten, das schon verloren ist,
Und bei ein'm bösen Herren ohne Lohn verbleibet:
Der lernt Nachreue kennen, wenn er das lange treibet.

96. Der schönste Schmuck.

Tut auch ein reines Weib nicht schön geschmücket gehn,
Die Tugend zieret sie, wie nie ein Kleid so schön,
Sie steht wie eine Blume, sie glänzt wie Sonnenschein
Des Morgens in der Frühe, so lauter und so rein.
Die Falsche schmückt sich schön; ihr Ruhm bleibt immer klein.

(Ströse.)

Heinrich von Veldeke (cp. above, p. 171).

97. Frühlingslust.

Der schöne Sommer will uns nahn;
Drum sind die Vöglein froh im Walde
Und eifern lustig, dass sie balde
Die schöne Zeit aufs best' empfahn.
Nun gebührt sich's, dass der Aar
Winke her dem süssen Winde;
Neues Blättergrün fürwahr
Hab' erblickt ich an der Linde.

98. Wintertrauer.

Seit der Sonne lichter Schein
Vor der Kälte sank danieder,
Und den Vöglein all im Hain
Nun verstummt sind ihre Lieder,
Schwebt das Herz in Gram und Pein;
Denn der Winter brach herein.
An den Blumen zeigt er wieder
Seine Nacht; wohin man sieht,
Rings erstarben
Ihre Farben,
So dass mir geschieht
Leid, und Lust entflieht.   *(Storck.)*

FRIEDRICH VON HAUSEN.

99. ZWIESPALT.

Es will mein Herze und mein Leib sich scheiden;
So lange waren innig sie gesellt!
Mein Leib will einzig kämpfen mit den Heiden,
Doch hat mein Herz ein andres sich erwählt
5 Vor aller Welt.   Wie quält es mich so sehr,
Dass Herz und Leib sich nicht mehr folgen beide.
Viel taten meine Augen mir zu leide.
Entscheiden kann den Streit allein der Herr.

Von solchen Nöten glaubt' ich mich errettet,
10 Da ich das Kreuz annahm zur Ehr des Herrn,
Mein Herze enger nur mit mir verkettet:
Doch bleibt beständig es in weiter Fern.
Welch reiches Leben sollte mir erstehn,
Liess fahren nur mein Herz sein töricht Streben.
15 Doch fragt es — merk' ich — nichts nach meinem Leben,
Und wie es mir am Ende soll ergehn.

Doch, da ich, Herz, es nimmermehr kann wenden,
Dass du mich traurig lässt und einsam hier,
So bitt' ich Gott, dass er dich wolle senden
20 Dahin, wo man sich freundlich neiget dir.
O weh!   Wie wird sich enden noch dein Wahn!
Wie durftest du entfliehen meinen Händen?
Wer soll dir deinen Kummer helfen enden
So treulich, wie ich sonst es hab' getan?   (*Kinzel.*)

GOLDEN AGE OF THE MINNESANG (1180–1226).

HARTMANN VON AUE (about 1170–1210; cp. above, p. 179).

He was so grief-stricken after the death of his beloved liege lord that he took
part in the crusade of 1197.

100. KREUZLIED (1197).

25 1. Dem Kreuz gebührt sich reiner Mut
Und keuscher Sinn,

Dann bringt es Heil und alles Gut
Uns zum Gewinn.
 Auch ist es eine starke Haft
Dem jungen Mann,
Der seines Leibes Leidenschaft
Nicht zügeln kann.
 Es will, dass man hinfort
Sich zähm' in Werk und Wort;
Was taugt es auf dem Kleid,
Wofern man nicht das Herz ihm weiht?

2. Das Leben, Ritter, setzt zum Pfand
Mit frohem Mut
Für ihn, der euch mit milder Hand
Gab Leib und Gut.
 Wer stets den Schild auf hohen Preis
Vor Menschen trug,
Versagt dem Herrn *der* Müh' und Schweiss,
Das ist nicht klug.
 Denn, wem es aufgespart,
Dass ihm gelingt die Fahrt,
Das Höchste wird sein Teil:
Der Menschen Lob und Gottes Heil.

3. Viel Tage bin ich nachgerannt
Welttand und Trug
Und weilte gern, wo nichts ich fand,
Als List und Lug.
 Mich zog die Welt in ihren Bann
Mit falschem Gruss;
Da folgt' ich ihr als junger Mann
Mit keckem Fuss.
 Nun hilf mir, Jesu Christ,
Dass ich des Teufels List
Auf immer werd' entrückt
Mit deinem Zeichen, das mich schmückt.

4. Seitdem der Tod hinweggerafft
Mir meinen Herrn,

Lag alles, was die Welt sich schafft,
Dem Herzen fern.
 Mir starb der Freude bester Teil
Mit seinem Tod;
5 Erwürb' ich nun der Seele Heil,
Das täte not.
 Ihm werd' es zum Gewinn,
Fahr' über Meer ich hin!
Sein sei der halbe Lohn;
10 Sähn wir uns einst vor Gottes Thron!

          (*Storck.*)

WOLFRAM VON ESCHENBACH (about 1170–1220; cp. above, p. 195).

Wolfram von Eschenbach has left eight songs, most of which are "Tage-lieder," a species introduced into the German lyric by him.

101. TAGELIED.

Wächter.

Seine Klauen
Durch die Wolken sind geschlagen,
Er steigt empor mit grosser Kraft,
 Ich seh' ihn grauen
15 Täglich, wenn er kommt zu tagen,
Den Tag, der lieber Nachbarschaft
 Berauben will den werten Mann,
Den ich herein mit Sorgen liess.
Ich bring ihn hinnen, wenn ich kann;
20 All seine Würdigkeit mich's leisten hiess.

Frau.

Wächter, du singest
Was mir Freuden viel zerstreut
Und mehret meines Herzens Klage.
 Märe du bringest,
25 Die mich leider nicht erfreut,
Immer morgens vor dem Tage.

Die sollst du mir verschweigen gar,
Bei deiner Treu gebiet' ich's dir,
Und lohn' es, wenn ich kann, fürwahr.
So bleibt noch mein Geselle hier bei mir.

Wächter.

5   Er muss von hinnen
Bald und sich nicht säumen mehr:
Nun gib ihm Urlaub, Herrin wert.
   Lass ihn minnen
So still bei seiner Wiederkehr,
10 Dass ihm kein Unstern widerfährt.
   Er ergab sich meiner Treue ja,
Dass ich ihn bringen sollt hindann.
Es ist nun Tag; Nacht war es, da
Mit Küssen mir dein Gruss ihn abgewann.

Frau.

15 Was dir gefalle,
Wächter, sing, und lass ihn hier,
Der Minne bracht' und Minn' empfing.
   Von deinem Schalle
Zu früh erschraken beide wir.
20 Wenn noch kein Tagstern ob ihm ging
   Empor, der her nach Minn' ist kommen,
Noch nirgend schien des Tages Licht,
Hast du ihn oftmals mir genommen
Aus blanken Armen, aus dem Herzen nicht.

(*Simrock.*)

WALTHER VON DER VOGELWEIDE.

Walther von der Vogelweide, the greatest lyric poet of the Middle Ages, was
born in the south of Germany. Although of noble descent, he was so poor that
he had to earn his living by his poetry. At an early age he came to the court of
Leopold V in Vienna, where he met the minnesinger Reinmar der Alte, ten
years his senior, whose influence is noticeable in Walther's early lyrics. In
1198 he left Austria, and was a "fahrender Sänger" for about twelve years.
When after the death of Henry VI (died 1196), Barbarossa's son, two rivals:
Philip of Suabia and Otto the Guelf, presented themselves for the vacant throne

of the German empire, and a civil war seemed unavoidable, Walther von der
Vogelweide began to employ his poetic talent in the interests of politics. Having written two political "Sprüche" in favor of Philip, he went over to this
king, at whose coronation he was present, and with whom he went to Magdeburg at Christmas, 1199. After Philip's death in 1208, Walther spent some time
at the court of Otto IV; but he was never very closely connected with that king,
who gave him but scant reward for his political songs. The poet frequently
spent some time at the court of the Landgrave of Thuringia, and had the oppor-
tunity of meeting Wolfram von Eschenbach, with whom he took part in the
legendary "Sängerkrieg." When Frederic II (of the dynasty of the Staufen)
ascended the throne in 1215, the lyric poet found in him a grateful patron, who
gave him a "Lehen," so that he could pass his last days free from want.
Walther went with Frederic to Rome in 1220 for the latter's coronation. From
two "Kreuzlieder," which are among the last songs he wrote, it may be inferred
that he accompanied his master to the crusade of 1228. It is supposed that
Walther spent his last years in Würzburg, and is buried there. — A. Schön-
bach (*Walther von der Vogelweide*, 1895) testifies to the poet's strong personality
in the following words: „Walther entfaltet eine Vielseitigkeit, in der es ihm
niemand gleich tut. Seine Lieder der niederen Minne sind der schönste Ausdruck
der Empfindung, dessen die Sprache damals fähig war und bewegen uns heute
noch nach sechs Jahrhunderten mit ihrer ursprünglichen Kraft das Gemüt. Seine
Sprüche sind von einem Pathos für Kaiser und Reich eingegeben, das vor und
nach Walther unerhört war. Seine religiöse und reflektierende Dichtung bietet
das Tiefste, was seine Zeit aus der subjektiven Erfahrung zu gestalten wusste.
Er hat für alle Zeiten gewirkt, nicht nur, weil seine Sprache so klar und
durchsichtig ist, so schön der Fluss seiner Verse, sondern vor allem, weil er aus
der Beschränktheit seiner Lebenserfahrung, seiner Bildung, seiner Zeit das
allgemein Menschliche mit sicherstem Gefühl herauszugreifen versteht und es
in einfache und darum unzerstörbare Worte kleidet. Deshalb muss er auch
uns als Klassiker deutscher Poesie gelten."

102. THE JOYS OF MAY.

Wollt ihr schauen, was im Maien
Wunder man gewahrt?
Seht die Pfaffen, seht die Laien,
Wie das stolz gebart!
Ja, er hat Gewalt!
Ob er Zauberlist ersonnen?
Wo er naht mit seinen Wonnen,
Da ist niemand alt.

Uns wird alles wohl gelingen:
Lasst uns diese Zeit

Lustig tanzen, lachen, singen,
Nur mit Höflichkeit.
Ei, wer wär nicht froh?
Da die Vögelein nun alle
Singen mit dem schönsten Schalle,
Täten wir nicht so?

Wohl dir Mai, wie du beglücktest
Alles weit und breit,
Wie du schön die Bäume schmücktest,
Gabst der Haid' ein Kleid.
War sie bunter je?
„Du bist kürzer, ich bin langer,"
Also streiten auf den Anger
Blumen mit dem Klee.

(*Simrock.*)

103. Spring and Women.

Wenn die Blumen aus dem Grase dringen
Und dem Spiel der Sonne sie entgegen
Fröhlich lachen in des Maitags Früh,
Wenn die kleinen Vögelein wohl singen
Ihre besten Weisen, die sie pflegen:
Dem kann andre Wonne gleichen nie.
Ist's doch fast ein Himmelreich.
Fragt ihr mich, was diesem gleich,
Sag' ich euch, was besser doch
Meinen Augen stets getan, und tät' auch wieder heute noch.

Wenn ein' edle Frau, hold anzuschauen,
Zierlich angetan, das Haar bekränzet,
Tritt zur Kurzweil ein in frohen Kreis,
Stattlich, hochgemut, mit ihren Frauen,
Züchtig umschaut und durch Sitte glänzet
Wie vor Sternen trägt die Sonn den Preis:
Dünkt der Mai uns wonnereich,
Welche Wonne käme gleich
Solches Weibes Huldgestalt?
Unsre Augen sehn nur sie, vergessen sind die Blumen bald.

Nun wohlan, wollt ihr die Wahrheit schauen,
Lasst uns mitgehn zu des Maien Feste!
Seine ganze Schönheit steht uns offen.
Schauet ihn und schaut die edlen Frauen:
5 Sagt, was dünket euch nun wohl das Beste?
Hab' ich nicht die rechte Wahl getroffen?
O, wer da mich wählen hiesse,
Dass ich dies um jenes liesse,
Meine Wahl wär schnell geschehn:
10 Du, Herr Mai, würdst eh zum März, eh ich dich, Herrin, liesse gehn.

104. THE DREAM.

Als der Sommer kommen wollt
Und im Gras die Blumen hold
Wonniglich entsprangen:
Wo die Vögel sangen,
15 Kam ich einst gegangen,
Sah die Wiese prangen,
Wo ein lautrer Quell entsprang,
Der am Walde lief entlang,
Drin die Nachtigall hell sang.

20 An der Quelle stand ein Baum.
Allda hatt' ich süssen Traum.
Aus der Sonnenhelle
Kam ich zu der Quelle,
Unter breiten Linden
25 Schatten kühl zu finden.
An dem Born ich niedersass,
Meines Leidens bald vergass,
Dass ich schnell entschlief im Gras.

Und im Traume däucht mir gleich,
30 Wie mir diente jedes Reich,
Wie die Seel' ohn Sorgen
Ewig wär geborgen,
Und dem Leib gegeben,

Wie er wollt, zu leben.
Unaussprechlich war ich froh.
Wollte Gott, es wäre so.
Schönres träumt' ich nirgendwo.

Gerne schlief ich immer hier.
Da begann — unselges Tier! —
Eine Kräh zu schreien.
Mag ihr das gedeihen,
Wie ich's wünsch von Herzen!
Denn es kehrt' in Schmerzen
Sich mein Traum, und ich erschrak.
Wenn ein Stein zur Hand mir lag,
War's der Krähe letzter Tag!

(Kinzel.)

105. Stalk-Oracle.

In Zweifelsucht und trübem Wahn
War ich befangen und gedachte
Zu lassen ihren Dienst fortan,
Als mich ein Trost ihr wieder brachte.
Trost mag es wohl nicht heissen, sei es drum. —
Ja ist's auch nur ein kleines Tröstelein,
So klein, verkünd' ich's euch, ihr spottet mein;
Doch freut sich selten jemand, der nicht weiss, warum.

Mich macht ein kleines Hälmchen froh:
Es sagt, mir solle Gnade kommen;
Ich mass dasselbe kleine Stroh,
Wie ich's bei Kindern wahrgenommen.
Nun höret all' und merkt, ob sie es tu:
Sie tut, tut's nicht, sie tut, tut's nicht, sie tut:
Wie oft ich mass, stets war das Ende gut:
Das ist mein Trost nun: da gehört auch Glaube zu.

(Simrock.)

106. True Love.

Du herzliebes Mägdelein,
Gott segne heut dich und allzeit!

Könnt mein Wunsch ein bessrer sein,
So wär' ich gern dazu bereit.
Was soll ich dir sagen mehr,
Als dass dir niemand holder ist denn ich?　Davon mein Herz ist schwer.

5　　Sie verweisen mir, dass ich
So niedrig richte meinen Sang.
Wer nicht kann besinnen sich,
Was Liebe ist, bleib' ohne Dank!
Ihn traf wohl die Liebe nie.
10　Die nach dem Gut und nach der Schönheit lieben, weh, wie lieben die?

　　Schönheit ist oft liebeleer;
Zur Schönheit niemand sei zu jach.
Liebe freut das Herze mehr.
Der Liebe steht die Schönheit nach.
15　Liebe macht die Frauen schön,
Das kann die Schönheit nimmermehr, sie kann die Liebe nicht erhöhn.

　　Trag' ich's denn, wie stets ich's trug,
Und wie ich's immer will ertragen!
Du bist schön und hast genug.
20　Was wollen sie mir davon sagen?
Immerhin, ich bin dir hold
Und nehm dein gläsern Ringelein für einer Kön'gin Ring von Gold.

　　Hast du Treu und Redlichkeit,
So bin ich aller Sorgen bar,
25　Dass mir jemals Herzeleid
Mit deinem Willen widerfahr.
Hast du diese aber nicht,
So sollst du nie die meine werden.　O weh dann, das Herz mir bricht!

107. Philip's Coronation.

Die Kron' ist älter doch als König Philipp ist!
30　　So ist es gar ein Wunder, wenn man's recht ermisst,
Wie sie so passend hat der Schmied gemacht.

Sein kaiserliches Haupt, das ziemt ihr also wohl,
Dass sie ein Guter nimmer rechtlich scheiden soll.
Das eine mehrt des andern Ehr' und Pracht.
Sie lachen beid' einander an,
Die Edelsteine und der junge süsse Mann.
Die Augenweide sehn die Fürsten gern.
Wer noch den König suchen geht,
Der schau nur, wenn der Waise auf dem Haupte steht:
Der Stein ist aller Fürsten Leitestern.

108. Philip in Magdeburg.

Zu Magdeburg am Tag, da Christus ward geboren
Von einer Magd, die er zur Mutter sich erkoren,
Schritt König Philipp, stattlich anzusehen,
Daher. Des Kaisers Bruder und des Kaisers Kind
In *einem* Kleid, ob doch der Namen dreie sind,
Sah man mit Reiches Kron' und Scepter gehen.
Er hatt nicht Eil'; er schritt gemach;
Die hochgeborne Königin sanft folgte nach,
Ros' ohne Dornen, Taube sonder Gallen.
So feine Zucht war nirgendwo:
Der Thüring' und der Sachse dienten da also,
Dass jedem klugen Mann es musst gefallen.

(Kinzel.)

109. Germany Above All.

Heisst mich froh willkommen sein,
Der euch Neues bringet, das bin ich.
Eitle Worte sind's allein,
Die ihr noch vernahmt; jetzt fraget mich.
Wenn ihr Lohn gewähret
Und den Sold nicht scheut,
Will ich manches sagen, was die Herzen freut:
Seht, wie ihr mich würdig ehret.

Ich verkünde deutschen Frau'n
Solche Dinge, dass sie alle Welt

Noch begier'ger wird zu schaun:
Dafür nehm' ich weder Gut noch Geld.
　　Was wollt' ich von den Süssen?
Sie sind mir zu hehr:
Drum bescheid' ich mich und bitte sie nichts mehr,
Als dass sie mich freundlich grüssen.

Lande hab ich viel gesehn,
Nach den Besten blickt' ich allerwärts.
　　Übel möge mir geschehn,
Wenn sich je bereden liess mein Herz,
　　Dass ihm wohlgefalle
Fremder Lande Brauch:
Wenn ich lügen wollte, lohnte mir es auch?
Deutsche Zucht geht über alle.

Von der Elbe bis zum Rhein
Und zurück bis an der Ungern Land,
　　Da mögen wohl die Besten sein,
Die ich irgend auf der Erden fand.
　　Weiss ich recht zu schauen
Schönheit, Huld und Zier,
Hilf mir Gott, so schwör ich, sie sind besser hier,
Als der andern Länder Frauen.

Züchtig ist der deutsche Mann,
Deutsche Frau'n sind engelschön und rein;
　　Töricht, wer sie schelten kann,
Anders wahrlich mag es nimmer sein:
　　Zucht und reine Minne,
Wer die sucht und liebt,
Komm in unser Land, wo es noch beide giebt.
Lebt' ich lange nur darinne!

(Simrock.)

110. A Warning for the Clergy.

Als Gottes Sohn auf Erden war,
Versuchte ihn der Juden Schar.

Sie fragten, dass man ihn berücke:
Ob sie als Freie sollten leben
Und doch dem Kaiser Steuer geben.
Doch schnell durchbrach er ihre List und Tücke,
5   Liess sich die Münze weisen
Und sprach: „Wes Bild ist hier zu sehen?"
„Des Kaisers Bild," sprach da der Juden Rotte.
Da riet er den Unweisen,
Dass sie dem Kaiser liessen stehen
10   Sein Kaiserrecht und Gottes Recht auch Gotte.

(*Kinzel.*)

LATER MINNESINGERS.

NEIDHART VON REUENTHAL (about 1180–1250).

Neidhart von Reuenthal was born in Bavaria, but having lost the favor of the Duke of Bavaria, he settled in Austria. He took part in the crusade of Leopold VII of Austria (1217–1219), and afterwards lived in Vienna at the court of Friedrich der Streitbare (died 1246) until his death. A monument was erected to him outside the "Stephanskirche" in Vienna. He was not so much a court singer in the strictest sense of the word as a writer of popular poetry. He is the master of the "volksmässige Lyrik der Höfe" (Lachmann calls it "höfische Dorfpoesie"), *i. e.* the poetry which takes its material from the life of the peasants, describes and satirises their coarseness, vanity, dances, love-affairs, etc., for the amusement of knights and courts.

III. SPRING.

Durch Talesgründ' und Bergeshöhn
Erklingt der Vögel Lustgetön,
    Schmolz der Schnee,
    Grünt der Klee.
15   Winter, hinweg! du tust so weh.

Die Bäume standen falb und greis
Und haben all ihr neues Reis
    Vögel voll;
    Lust erscholl,
20   Davon gebührt dem Mai der Zoll.

Ein altes Weib, die all den Tag
Und über Nacht am Sterben lag,
    Sprang im Kreis
    Wie 'ne Geiss
5   Und stiess die Jungen dutzendweis.

(*Storck.*)

112. To the Dance!

,,Nun ist der kühle Winter gar zergangen,
Die Nacht ist kurz, der Tag beginnt zu langen:
    Uns kommt die wonnigliche Zeit,
Die Freude aller Welt verleiht,
10   Die Vögel sangen nie so lustig weit und breit.

,,Gekommen ist uns lichte Augenweide,
Der Rosen wunderviel sind auf der Haide,
    Die Blumen dringen durch das Gras;
Von Taue war die Wiese nass,
15   Wo mir mein Gesell zu einem Kranze las.

,,Der Wald hat seiner greisen Tracht vergessen,
Der Mai ist auf den grünen Zweig gesessen,
    Gewonnen hat er Laubes viel:
Nun schmück dich bald, mein traut Gespiel;
20   Du weisst, dass ich dahin mit einem Ritter will.''

Die Mutter hörte das und wollt es rügen:
,,Nun lass hinfort dein Leugnen und dein Lügen.
    Dein Wankelmut ist offenbar.
Wind' ein Kränzlein um dein Haar;
25   Denn ohne Kleider musst du, willst du zu der Schar.''

,,Mutter mein, wer gab euch das zu Lehen,
Dass ich euch sollt' um meine Kleider flehen,
    Davon ihr keinen Faden spannt?
Stellt solchen Lärmen ein zuhand.
30   Wo ist der Schlüssel? schliesst mir auf die Leinewand.''

Das Linnen war in einen Schrein versperret;
Der ward mit einem Stuhlbein aufgezerret;
Die Alte sah's nicht mehr hernach.
Als das Kind die Kiste brach,
Verstummt war ihre Zunge, dass sie nichts mehr sprach.

Sie nahm hervor das Röcklein trotz der Alten;
Das war gelegt in viele kleine Falten;
Ihr Gürtel war ein Riemen schmal.
Hin zu dem von Reuenthal
Warf die stolze Magd den bunten Federball.

(*Simrock.*)

DER TANNHÄUSER (middle of 13th century).

Tannhäuser is a satirist of the Minnesang, representing its time of decline
like Neidhart von Reuenthal (Ulrich von Lichtenstein, Heinrich von Meissen,
etc.). Although of noble descent (van Tanhusen) he led the life of a wandering
poet from about 1240 to 1270. He lived some time at the court of the Austrian
duke Frederic II, as well as at the Bavarian and other courts. In his poetry,
he imitates the French *pastourelle*, which resembles the German peasant lyric.

113. MINNESONG.

Die Herrin will die Dienste mir
Vergelten, die sie hat empfahn:
Das sollt ihr alle danken ihr;
Sie hat so wohl an mir getan.
Wenn ich ihr wenden kann den Rhein,
Dass er nicht mehr vor Coblenz geh,
So will sie tun den Willen mein;
Weiss ich den Sand ihr von der See
Zu bringen, drein die Sonne sinkt
Zur Ruh, so will sie mir gewähren;
Den Stern auch, der darüber blinkt:
Den will sie nicht von mir entbehren.
Mir ist zu Mut,
Was sie mir tut,
Das soll mich alles dünken gut.
Sie nahm an mir die Ehr' in Hut, die reine;

Ausser Gott alleine,
So weiss die Holde niemand, die ich meine.

Ich muss dem Monde seinen Schein
Benehmen, wenn ich sie soll haben,
So lohnet mir die Fraue mein,
Mag ich die Erde rings umgraben;
   Sieht sie mich fliegen wie ein Star,
So tut sie, was ich nur begehre,
In Lüften schweben wie ein Aar,
Dazu auf einmal tausend Speere
   Vertun, wie einst Herr Gamuret
Mit reicher Tjost vor Kanvoleis,
So tut sie, was ich lang erfleht,
Sie wird mir hold um solchen Preis.
   Mir ist zu Mut,
   Was sie mir tut,
   Das soll mich alles dünken gut.
   Sie nahm an mir die Ehr' in Hut, die reine;
   Ausser Gott alleine
So weiss die Holde niemand, die ich meine.

Nehm' ich der Elbe nur den Fluss,
So tut sie alles, was sie soll,
Der Donau nur den jähen Schuss;
Ihr Herz ist ganzer Tugend voll.
   Den Salamander muss ich ihr
Nur aus dem Feuer bringen her,
So will die Liebe lohnen mir
Und leisten jegliches Begehr.
   Mag ich den Regen und den Schnee
Verhindern, das verhiess sie mir,
Dazu den Sommer und den Klee,
So mag mir wohlgeschehn von ihr.
   Mir ist zu Mut,
   Was sie mir tut,
   Das soll mich alles dünken gut.
   Sie nahm an mir die Ehr' in Hut, die reine;

Ausser Gott alleine,
So weiss die Holde niemand, die ich meine.

(*Simrock.*)

PRIAMELN (from 12th to 16th century).

The Priamel is a kind of short witty poem popular in Germany from the twelfth to the sixteenth century (especially in the fourteenth and fifteenth centuries). The special characteristic of these "Sprüche" is that they consist of several subjects with one common predicate or of several loosely connected premises followed by a short apodosis, which accentuates one essential feature of all statements mentioned before. Cp. Spervogel (12th century), who was the first to write this kind of poem (No. 95).

114. USELESS LABOR (15th century).

Wer darauf legt all seinen Fleiss,
Dass Raben er will baden weiss,
Und an der Sonne Schnee will dörren,
Und allen Wind in Kasten sperren,
Unglück und Schande tragen feil,
Und Narren binden an ein Seil,
Und glatt will scheren kahlen Kopf:
Der ist wohl ein unnützer Tropf.

115. ANOMALOUS NATURE.

Ein junges Mädchen ohne Lieb',
Ein grosser Jahrmarkt ohne Dieb',
Ein alter Wuch'rer ohne Gut,
Ein junger Bräut'gam ohne Mut,
Ein' alte Scheune ohne Mäus',
Ein Jenner ohne Schnee und Eis,
Ein alter Geissbock ohne Bart:
Ist alles widernatürlicher Art.

116. THE BEST.

In dem Haus fröhlich und tugendlich,
Auf der Gasse ehrsam und züchtiglich,
In der Kirche demütig und sinniglich,
Allerorten fromm und ehrenfeste,
Allzeit gott'sfürchtig: das ist das Beste.

LITERARY REFERENCES.

I. EARLIEST PERIOD. GOTHIC. P. 9.

p. 9. The *Skeireins*, an interpretation of the Gospel of St. John (of which fragments have come down to us), some signatures from the times of Theodoric the Great, a few disconnected lines and names as well as the fragments of a Gothic calendar, can hardly be considered original Gothic literature.

1. ULFILAS' TRANSLATION OF THE BIBLE. P. 9.

Recent editions are Stamm-Heyne's *Ulfilas* oder *Die uns erhaltenen Denkmäler der got. Sprache.* Text, Grammatik, Wörterbuch, neu hrsg. von Ferd. Wrede. 11. Ausgabe. Paderborn 1908 (=Bibliothek der ältesten deutschen Literatur-Denkmäler, I. Bd.), and *Die Gotische Bibel*, hrsg. v. W. Streitberg. I. Der gotische Text u. seine griech. Vorlage. Heidelberg 1908.

p. 9. *Dr. Martin Luther's Bibelübersetzung nach der letzten Original-Ausgabe.* Kritische Ausg. von H. E. Bindseil und H. A. Niemeyer. Teil 6. Halle 1854.

II. OLD HIGH GERMAN PERIOD. P. 9.

The originals are accessible in Braune's *Althochdeutsches Lesebuch.* 6. Ausg. Halle 1907.

PAGAN LITERATURE. P. 10.

2–3. THE MERSEBURG CHARMS. P. 10.

p. 10. G. Bötticher in *Denkmäler der Älteren Deutschen Litteratur*, hrsg. von G. Bötticher und K. Kinzel. Bd. I, 2. Ausg. Halle 1891. (9. Ausg., ib. 1905.) R. Koegel in *Geschichte der deutschen Lit.* I, 1, 212 (prose version).

4. THE LAY OF HILDEBRAND. P. 10.

Braune Lb. XXVII.

p. 12. K. Simrock in *Altdeutsches Lesebuch in Neudeutscher Sprache.* Stuttgart 1854. 2. Ausg., 1884. — Other translations: K. Simrock in *Das kleine Heldenbuch.* Stuttgart und Augsburg 1859. — L. Ettmüller in *Herbstabende und Winternächte.* 8.–12. Jahrhundert. I. Stuttgart 1865. — G. Bötticher in Dkm. Ä.D.L. I.

5. The Younger Lay of Hildebrand. P. 12.

The version of the 15th century is accessible in Kürschner's *Deutsche National-Litteratur*, Bd. VII, p. 301 seq. — Editions of the Volkslied are in K. Goedeke's *Deutsche Dichtung im Mittelalter*. 2. Ausg., pp. 548 and 549 (from Frankfurter Liederbuch, hrsg. v. Bergmann. Stuttgart 1845. Nr. 207), Dresden 1871; — and in D.N.L. XIII, 84 seq.

p. 15. K. Simrock: *Kleines Heldenbuch* V. (Das Hildebrandslied oder Der Vater mit dem Sohne). Stuttgart und Augsburg 1859. — Other New High German versions are those in Uhland's *Deutsche Volkslieder*. Vol. I, Nr. 132. Stuttgart 1844–45; — in L. Ettmüller's *Herbstabende und Winternächte*. 8.–12. Jahrh. I, 46 seq.; — and in A. v. Arnim and Clemens Brentano's *Des Knaben Wunderhorn*. Alte deutsche Lieder, gesammelt. 3 Teile. Heidelberg 1806–8; mit Einleitung und Anmerkungen hrsg. v. R. Boxberger. Leipzig 1883.

6. Hildebrand and Alebrand. P. 15.

p. 15. The Thidreksaga is edited by C. R. Unger: *Saga Thiðreks af Bern*. Christiania 1853. — Besides the Norwegian version there is an Old Swedish translation in Hyltén-Cavallius: *Sagan om Didrik af Bern*. Stockholm 1850–54.

p. 18. Friedrich H. von der Hagen: *Dietrich von Bern und die Nibelungen* in Altdeutsche und Altnordische Helden-Sagen. 2. Ausg., Bd. II. Breslau 1855. — Another translation is by A. Rassmann: *Die deutsche Heldensage und ihre Heimat*. 2. Ausg. Hannover 1863.

7–11. Edda. P. 18.

The most convenient edition of the older Edda is the one by K. Hildebrand, 2. edn. by Hugo Gering. Paderborn 1904. — Editions of the younger Edda are, e. g., by E. Wilken. Paderborn 1877; and by Finnur Jónsson. Kopenhagen 1900.

pp. 26, 31, 40, 51. H. Gering: *Die Lieder der sogenannten älteren Edda* (nebst einem Anhang: *Die mythischen und heroïschen Erzählungen der Snorra Edda*). Übersetzt und mit Anmerkungen versehen. Leipzig 1892.

p. 43. K. Simrock: *Die ältere und die jüngere Edda, nebst den mythologischen Erzählungen der Skalda*. Übersetzt und mit Anmerkungen versehen. 10. Ausg. Stuttgart 1896. — Other translations, e. g., by W. Jordan: *Die Edda*. 2. Ausg. Frankfurt a. Main 1890. — B. Wenzel: *Die ältere Edda* (Saemundar Edda), mit kurzen Erläuterungen. 2. Ausg. Leipzig 1882.

12–13. Beowulf. P. 51.

Editions of the original are by C. W. M. Grein. Göttingen 1867; — M. Heyne. 8. Ausg. (by A. Socin). Paderborn 1908; — O. Holder. 2. Ausg. Freiburg i. Br. 1899;—F. Holthausen. Heidelberg 1906.

p. 56. Hugo Gering: *Beowulf* (nebst dem Finnsburg-Bruchstück). Übersetzt u. erläutert. Heidelberg 1906. — Other renderings into German: L.

Ettmüller: *Beowulf. Heldengedicht des 8. Jahrh.* Zürich 1840. — K. Simrock: *Das älteste deutsche Epos*, mit Erläuterungen. Stuttgart 1859. — Hans von Wolzogen: *Beowulf* (Bärwelf). *Das älteste deutsche Heldengedicht.* Leipzig (1872). — M. Heyne: *Beowulf. Angelsächsisches Heldengedicht übertragen.* 2. Ausg. Paderborn 1898. — M. Trautmann: *Das Beowulfslied.* Text u. dt. Übersetzung. Bonn 1904.

CHRISTIAN LITERATURE. P. 56.

EARLY CHRISTIAN POETRY. P. 56.

14. THE WESSOBRUNN PRAYER. P. 56.

Braune Lb. XXIX.

15. THE MUSPILLI. P. 57.

Braune Lb. XXX.

p. 60. F. Vetter: *Zum Muspilli und zur germanischen Alliterationspoesie.* Wien 1872. (We give the poem in the original order, not in the one proposed by the translator.) — Other N.H.G. translations: K. Simrock: *Deutsche Sionsharfe.* Berlin 1857. — Dkm. Ä.D.L. I, 1.

16–20. THE OLD SAXON GENESIS. P. 60.

21–26. THE HELIAND. P. 70.

Braune Lb. XXXXIV, A) und B).

p. 70. Th. Siebs: *Die altsächsische Bibeldichtung.* Beilage zur Allgemeinen Zeitung. 1895. Nr. 54. — From the same year dates another N.H.G. translation, viz. F. Vetter: *Die neuentdeckte deutsche Bibeldichtung des neunten Jahrhunderts.* Text und Übersetzung. Basel 1895. — Heliand u. Genesis in Auswahl übs. v. J. Seiler, Dkm. Ä.D.L. II, 3 (2. Aufl. Halle 1907).

p. 84. K. Simrock: *Heliand.* Christi Leben und Lehre nach dem Altsächsischen. 3. Ausg. Berlin 1882. — Other translations are by K. L. Kannegiesser. Leipzig 1847; — G. Rapp. Stuttgart 1856; — C. W. M. Grein. Rinteln 1854. 2. Ausg. Kassel 1869; — E. Behringer. Aschaffenburg 1898.

27–33. OTFRIED'S BOOK OF THE GOSPELS. P. 84.

Braune Lb. XXXII.

p. 96. L. Freytag in *Zeitschrift für den deutschen Unterricht.* Hrsg. v. O. Lyon. 2. Jahrgang. Leipzig 1888. — Other translations: G. Rapp. Stuttgart 1858. — J. Kelle: *Christi Leben und Lehre, besungen von Otfried, aus dem Altdeutschen übersetzt.* Prag 1870. — Joh. Seiler (specimens), Dkm. Ä.D.L. II, 3.

34. THE LAY OF LUDWIG. P. 96.

Braune Lb. XXXVI.

p. 98. L. Ettmüller: *Herbstabende und Winternächte.* Gespräche über Deutsche Dichtungen und Dichter. Bd. I (8.–12. Jahrh.). Stuttgart 1865. —

Other translations by P. Piper. D.N.L. I, p. 258 seq.; — and in Bh. Hüppe's *Geschichte der deutschen National-Literatur mit Proben von Ulfilas bis Gottsched.* Coesfeld 1864. 3. Ausgabe neu hrsg. für Gymnasien und andere höhere Lehranstalten, sowie zum Privatunterricht bearb. v. B. Werneke und W. Lindemann. Paderborn 1878.

LATIN POETRY. P. 98.

35–39. WALTHARIUS MANU FORTIS. P. 98.

The latest edition is by H. Althof: *Waltharii Poesis.* Das Waltharilied Ekkehards I von St. Gallen, hrsg. u. erklärt. Leipzig 1899.

p. 114. G. Bötticher: *Hildebrandslied und Waltharilied.* Übersetzt u. erklärt. Dkm. A.D.L. I, 1. — Other N.H.G. translations: San Marte: *Heldengedicht aus dem Lateinischen des 10. Jahrh.* Magdeburg 1853. — A. Geyder: *Walther von Aquitanien.* Breslau 1854. — J. W. Scheffel: *Ekkehard.* Stuttgart 1857. (Appendix.) — H. Althof: *Waltharilied im Versmass der Urschrift.* Übersetzt u. erklärt. Leipzig 1896. — P. von Winterfeld: *Ekkehard I. Gedicht von Walther und Hildegund.* Innsbruck 1897.

40–41. WALDHERE FRAGMENTS. P. 114.

Ed. by M. Rieger in his *Alt- und Angelsächsisches Lb.*, pp. XVIII–XXII and by F. Kluge in the *Angelsächsisches Lb.* Halle 1888 und 1897.

p. 116. M. Trautmann: *Zur Berichtigung und Erklärung der Waldhere-Bruchstücke* (Bonner Beiträge zur Anglistik; hrsg. v. M. Trautmann. Heft V). Bonn 1900, and *Das Beowulfslied* (Bonner Beitr., etc. Heft XVI). Bonn 1904, pp. 185–187. — Another translation (in prose) is by R. Koegel in his *Geschichte der Deutschen Litteratur.* 1. Bd., pp. 236 and 237.

42–43. RUDLIEB. P. 116.

Ed. by F. Seiler: *Ruodlieb, der älteste Roman des Mittelalters.* Halle 1882.

p. 120. K. Simrock in *Altdeutsches Lb. in neudeutscher Sprache.* Stuttgart und Tübingen 1854. — Another translation is by M. Heyne (in iambic pentameter). Leipzig 1897.

III. EARLY MIDDLE HIGH GERMAN PERIOD. P. 121.

44–46. THE ANNOLIED. P. 121.

Critical edition by M. Roediger in the *Monumenta Germaniae historica. Deutsche Chroniken.* I. Hannover 1895.

p. 125. A. Stern: *Das Annolied.* Übersetzt aus dem Ripuarischen. Leipzig 1883. — Other N.H.G. translations: G. A. F. Goldmann: *Der Lobgesang auf den heiligen Anno,* m. Einleitung, Übersetzung und Anmerkungen. Leipzig und Altenburg 1816. — K. Roth: *Leben des heiligen Anno,* m. Übersetzung und erläuternden Anmerkungen. München 1847. — J. Kehrein: *Das Annolied.* Frankfurt a. M. 1865.

47. The Chronicle of Emperors. P. 125.

Ed. by E. Schröder in *Monumenta Germaniae historica.* Hannover 1893. — Extracts by P. Piper in D.N.L. II, 2.

p. 128. S. H. von Mosenthal in *Museum aus den deutschen Dichtungen österreichischer Lyriker und Epiker der frühesten bis zur neuesten Zeit,* ausgewählt und in neuhochdeutscher Sprache zusammengestellt. Wien 1854.

48. Konrad's Rolandslied. P. 128.

Editions of the original are by W. Grimm: *Ruolandes Liet.* Göttingen 1838; and by K. Bartsch. Leipzig 1874.

p. 128. R. E. Ottmann: *Das Rolandslied* des Pfaffen Konrad; nach der altdeutschen Vorlage übersetzt. Leipzig [1890]. — A free rendering by Chr. Stecher (S.J.) appeared in Graz 1880. — The best known translation of the French original is the one by W. Hertz: *Rolandslied.* Stuttgart 1861.

49. King Rother. P. 135.

The original is edited by K. v. Bahder in Paul's *Altdeutsche Textbibliothek.* Bd. 6. Halle 1884.

p. 140. K. Simrock in *Altdeutsches Lb. in neudeutscher Sprache.* Stuttgart und Tübingen 1854.

50–51. Lamprecht's Alexanderlied. P. 140.

The best edition is the one by K. Kinzel. Halle 1884.

p. 146. H. Weismann: *Alexanderlied.* Gedicht des 12. Jahrhunderts. Originaltext und Übersetzung mit erläuternden Anmerkungen etc. 2 Bde. Frankfurt a. M. 1850.

IV. MIDDLE HIGH GERMAN PERIOD. P. 147.

The originals are, for the most part, accessible in the Middle High German Readers by Wackernagel, Schade, Weinhold, Bachmann, etc., also in Kürschner's *D.N.L.* IV–XII, and in Goedeke's *Deutsche Dichtung im Mittelalter* (2. Ausg. Dresden 1871).

Extracts in Modern German are given in Vogt and Koch's *Geschichte der deutschen Literatur,* Bötticher and Kinzel's *Dkm. Ä.D.L.,* as well as in the Readers by Simrock, Conrads, Max Müller, Wenckebach, Calvin Thomas.

EPIC POETRY. P. 147.

Popular Epic. P. 147.

52–55. The Nibelungenlied. P. 147.

Ed. by K. Bartsch. 6. Aufl. Leipzig 1886, and by P. Piper in D.N.L. VI, 2 and 3 [1890–91].

p. 153. H. Kamp: *Nibelungenlied.* Metrisch übersetzt und erläutert. 1. Heft, 4. Auflage. Berlin 1893. — L. Freytag. Mit Einleitung, Anmerkungen

und Proben des Originals etc. 3. Ausg. Berlin 1896. — Of the many other
N.H.G. translations it may suffice to mention: K. Simrock: *Nibelungenlied.*
Berlin 1827. 58. Ausg. Stuttgart 1906. — L. Gerlach: (Aus dem Mittelhoch-
deutschen volkstümlich übersetzt). 2. Ausg., 1871. — H. A. Junghans. Leipzig
1875. — K. Bartsch: *Nibelungenlied.* 2. Ausg. Leipzig 1880. — A. Schroeter:
Nibelungenlied. 2 Teile in 1 Bd. Jena 1882. — G. Legerlotz: *Nibelungenlied
und Gudrun.* Im Auszug übertragen und hrsg. etc. Bielefeld 1891, 1899. —
E. Engelmann: *Nibelungenlied.* Für das deutsche Haus bearbeitet, mit Illu-
strationen. 4. Ausg. Stuttgart 1900.

56–60. GUDRUN. P. 159.

The original is ed. *mit erklärenden Anmerkungen* by K. Bartsch. 4. Aufl.
Leipzig 1880, and by P. Piper in D.N.L. VI [1895].

p. 171. H. Kamp: *Gudrun.* In metrischer Übersetzung. Berlin 1890. —
Other translations are by San Marte. Berlin 1839; — A. Keller. Stuttgart
1840; — K. Simrock. Stuttgart 1843 (15. Aufl., 1884); — W. v. Plönnies
(*Kudrun. Übersetzung und Urtext mit erläuternden Abhandlungen*). Leipzig
1853; — G. L. Klee. Leipzig 1878; — R. Weitbrecht. Stuttgart 1884; — E.
Engelmann. Stuttgart 1886; — L. Freytag (mit Anmerkungen). Berlin 1888;
— H. Löschhorn. Kudrun übertragen und erläutert. Dkm. Ä.D.L. I, 2.

COURT EPIC. P. 171.

61. HEINRICH VON VELDEKE'S ENEID. P. 171.

Ed. by P. Piper in D.N.L. IV, 1, Höfische Epik I (1892).

p. 179. F. Max Müller: *The German Classics.* (A new edition by F. Lichtenstein.) Vol. I. New York 1893.

62–63. HARTMANN VON AUE'S ARMER HEINRICH. P. 179.

A recent edition is by H. Paul. 4. Auflage. Halle 1904.

p. 184. G. Bötticher in Dkm. Ä.D.L. Halle 1891. — Other translations
are by K. Simrock. 2. Aufl. Heilbronn 1875; — G. Hausmann. Gotha 1886;
— Th. Ebner. Halle 1887. (Bibliothek der Gesamt-Literatur des In- und
Auslandes. Nr. 84.) — W. Vesper. München 1905. (Statuen deutscher Kultur.
Bd. II.)

64–67. HARTMANN VON AUE'S IWEIN. P. 184.

A convenient edition is the one by Fedor Bech. (Hartmann von Aue. Hrsg.
v. F. Bech. 3. Teil.) 3. Aufl. Leipzig 1891–93.

p. 185. Fr. Koch: *Iwein und Der arme Heinrich* in the „*Ritterbuch.*" Halle
1848.

p. 195. K. Simrock in *Altdeutsches Lb. in neudeutscher Sprache.* Stuttgart
1854. — Other translations: W. von Baudissin (mit Anmerkungen). Berlin
1845. — Ch. Stecher: *Iwain oder der Ritter mit dem Löwen.* Ein romantisches
Epos. Umgedichtet. Graz 1880.

68–75. WOLFRAM VON ESCHENBACH'S PARZIVAL. P. 195.

Ed. by K. Bartsch. 2. Aufl. Leipzig 1875–77, in 3 vols., and by P. Piper in D.N.L. 4 Bde. Stuttgart 1890–93.

p. 218. W. Hertz. *Parzival.* 4. Auflage. Stuttgart 1906. — Other translations: K. Simrock: *Parzival und Titurel;* mit erklärenden Anmerkungen. 2 Bde. Stuttgart 1842. 6. Auflage, 1883. — Sàn Marte in *Leben und Dichten Wolfram von Eschenbachs.* 2 Bde. Magdeburg 1836–41. 3. Aufl. Halle 1886. — G. Bornhak. Leipzig 1891. — G. Bötticher; in neuer Übertragung und zum Gebrauch an höhern Lehranstalten eingerichtet. 2. Aufl. Berlin 1893. — E. Engelmann: *Das Lied von Parzival und vom Gral.* Nach den Liedern des Wolfram von Eschenbach und des Christian von Troies für das deutsche Haus bearbeitet. Stuttgart 1895. — K. Pannier. Leipzig 1897.

76–78. GOTTFRIED VON STRASSBURG'S TRISTAN. P. 218.

Convenient editions with notes are the ones by Bechstein. 3. Aufl. Leipzig 1890–91, in 2 vols., and by W. Golther in D.N.L. IV, 2, 3. Stuttgart 1889.

p. 222. W. Hertz. 5. Auflage. Stuttgart und Berlin 1907. (The *schwertleite* is omitted in Hertz' version.)

p. 230. K. Simrock. Leipzig 1855. 2. Ausgabe (mit Fortsetzung und Schluss). 2 Teile. 1875. — Another version is by H. Kurz. Stuttgart 1844. 3. Ausg., 1877.

LATER EPIC POETRY AND BEAST EPIC. P. 230.

79–80. KONRAD FLECK'S FLORE AND BLANSCHFLUR. P. 230.

Ed. by W. Golther in D.N.L. IV, 3 [1889], 233 seq.

p. 231. Rückert. Cp. Weber's Lb. 4. Aufl. Leipzig 1878. (p. 109 seq.) Another rendering into N.H.G. is by Sophie von Knorring (geborne Tieck). Berlin 1822. — The translation by Joh. Wehrle, entitled *Blume und Weissblume,* Freiburg 1856, is a rare book and apparently little known.

81. RUDOLF VON EMS' DER GUTE GERHARD VON KÖLN. p. 232.

p. 236. K. Simrock: *Der gute Gerhard von Köln.* 2. Aufl. Stuttgart 1864.

82–85. MEIER HELMBRECHT. P. 236.

The editions of H. Lambel in „Erzählungen und Schwänke" (Deutsche Klassiker des Mittelalters. Bd. XII). 2. Ausg. Leipzig 1883; and of P. Piper in D.N.L. IV, Höfische Epik II, are handy ones.

p. 247. G. Bötticher in Ä.D.L. II. — Other translations: K. Schröder. 2. Ausg. Troppau 1869. — K. Pannier: *Meier Helmbrecht, die älteste deutsche Dorfgeschichte.* Köthen 1876. — M. Oberbreyer. Leipzig 1879. — L. Fulda: *Meier Helmbrecht von Wernher dem Gärtner.* Eine deutsche Novelle aus dem XIII. Jahrhundert. Halle 1890. — J. Seiler. Bielefeld 1898. — W. Vesper. München 1906. (Statuen deutscher Kultur. Bd. VIII.)

86–87. REYNARD THE FOX. P. 247.

Recent editions are those by F. Prien (Altdeutsche Textbibliothek, hrsg. v. H. Paul). Halle 1887; — and by E. Wolff in D.N.L. 19. Stuttgart (1893).

p. 248. D. W. Soltau. Braunschweig 1823. 2. Ausg. Lüneburg 1830. — *Reineke der Fuchs* (Volksbücher). Hrsg. von G. O. Marbach. Leipzig 1838. (= *Reineke der Fuchs*. Illustriert von Ludw. Richter. Leipzig 1852. 2. Aufl., 1881.) — Other N.H.G. versions: J. W. v. Goethe: *Reineke Fuchs*. 1794. — D. W. Soltau. Berlin 1803. — K. Simrock: *Reineke Fuchs aus dem Niederdeutschen* (Deutsche Volksbücher). Frankfurt a. M. 1845. — *Gottsched's Reineke Fuchs*, hrsg. von A. Bieling. Halle 1886.

LYRIC POETRY. P. 252.

Convenient selections of the originals (w. explan. notes) are found in D.N.L. VIII, 1, 2, by Fr. Pfaff: *Der Minnesang des 12.–14. Jahrhunderts.* 2 Bde. Stuttgart 1892–94; and in *Deutsche Liederdichter des 12.–14. Jahrhunderts* by K. Bartsch. 4. Ausg. (by Golther). Berlin 1901.

N.H.G. translations: L. Tieck: *Minnelieder aus dem schwäbischen Zeitalter.* Berlin 1803. — K. Simrock: *Altdeutsches Lb. in neudeutscher Sprache.* Stuttgart und Tübingen 1854. 2. Aufl., 1884. — R. von Liliencron: *Lieder und Sprüche aus der letzten Zeit des Minnesangs.* Weimar 1855. — W. Storck: *Buch der Lieder aus der Minnezeit.* Münster 1872. — K. Ströse: 1) *Altes Gold. Sprüche der Minnesänger des Mittelalters*, frei übertragen. 2. Aufl. Leipzig 1878. 2) *Deutsche Minne aus alter Zeit.* Ausgewählte Lieder der Minnesänger des Mittelalters, frei übertragen. 2. Aufl., 1875. — K. Pannier: *Minnesänger* (selection). Görlitz 1881. — R. Schneider: *Die namenlosen Lieder aus Minnesang's Frühling.* (mit Anmerkungen). Halberstadt 1885. — F. Weber: *Deutsche Liederdichter des 12., 13. und 14. Jahrh.* (selections). Halle 1888. — Br. Obermann: *Lieder aus dem 12.–14. Jahrhundert.* Leipzig 1889. — K. Kinzel: *Walther von der Vogelweide und des Minnesang's Frühling;* ausgewählt, übersetzt und erläutert. Halle 1891. 14. Aufl., 1907.

"MINNESANG'S FRÜHLING." P. 252.

GOLDEN AGE OF THE MINNESANG. P. 256.

102–110. WALTHER VON DER VOGELWEIDE. P. 259.

The best editions are those by Lachmann, Pfeiffer, Wilmanns, Paul. For a selection see F. Pfaff in D.N.L. VIII, 2.

N.H.G. translations: K. Simrock. 8. Aufl. Leipzig 1884. — Fr. Koch. Halle 1848. — G. A. Weiske. Halle 1852. — K. Pannier. Leipzig 1876. — A. Schroeter. Jena 1881. — E. Samhaber, Laibach 1882 (Leipzig 1900). — Wenzel. Plauen 1888. — E. Kleber. Strassburg 1894. — G. Legerlotz. Bielefeld 1891–97. — G. Bornhak (selection). Leipzig 1891. — W. Eigenbrodt. Halle 1898. — J. Nickol. Düsseldorf 1904. (*Lieder und Sprüche von Walther von der Vogelweide, in den besten nhd. u.s.w. Übertragungen;* mit Vollbildern, von F. Stassen.) — R. Zoozmann. Stuttgart 1907. — For selections from W. v. d. Vogelweide in N.H.G., cp. the collections mentioned on p. 277.

ABBREVIATIONS.

A.H.D. = Althochdeutsch.
Aufl. = Auflage.
Ausg. = Ausgabe.
Bd., Bde. = Band, Bände.
c. = century.
Dkm. Ä.D.L. = Denkmäler der Älteren Deutschen Litteratur, hrsg. von G. Bötticher und K. Kinzel. (2. Ausg. Halle 1891; 9. Ausg., 1905.)
D.N.L. = Kürschner's Deutsche National-Litteratur.
ed., edn. = edited, edition.
Go., got. = Gothic, gotisch.
hrsg. = herausgegeben.
ib. = ibidem = ebendaselbst (in the same place).
Jh., Jahrh. = Jahrhundert.
Lb. = Lesebuch.
M.H.D. = Mittelhochdeutsch.
M.H.G. = Middle High German.
ms., Ms. = manuscript, Manuscript.
N.H.D. = Neuhochdeutsch.
N.H.G. = New High German.
O.H.G. = Old High German.
O.S. = Old Saxon.
p., pp. = page, pages.
seq. = sequens, sequentia (the following).
trsl., trsln. = translated, translation.
vol. = volume.
w. = with.
Z. f. D.A. = Zeitschrift für Deutsches Altertum.

ALPHABETICAL INDEX.

FOUNDATIONS OF GERMAN

By C. F. KAYSER, Ph. D., Professor of German, Normal College of the City of New York; and F. MONTESER, Ph. D., Head of German Department, De Witt Clinton High School, New York.

$0.80

THIS course reduces to a minimum all preparatory work, and introduces the learner at the earliest possible moment to the literature of the language. Among its distinctive features are :

I. It includes only topics absolutely essential for any progress whatever, and it presents them as briefly as is consistent with perfect clearness.

II. It makes large use of " the living grammar." In this way it enlivens instruction in grammar, stimulates self-activity, and develops the feeling for correctness, which is the chief thing to be looked for in all language study.

III. It lends itself excellently to conversational practice. The vocabulary has been selected very carefully from everyday language, and the phrases of the German exercises are all of a colloquial and strictly idiomatic character. While primarily intended to illustrate definite grammatical phenomena, their tone and language are so natural that whole exercises may be turned into impromptu conversation, thus combining drill in speaking and in grammar. This is still more true of the connected readings, which are very simple.

IV. It offers a firm foundation on which a solid superstructure can be erected. The lessons are steadily progressive ; no attempt is made to minimize difficulties at the beginning. The English exercises give the pupil a chance to test his knowledge and power, while the exercises in word formation stimulate his interest in the building up of his vocabulary, which will be of great service in future sight reading.

AMERICAN BOOK COMPANY

GERMAN TEXTS

INTERMEDIATE

AMERICAN BOOK COMPANY